城镇化与社会变革丛书
URBANIZATION AND SOCIAL TRANSFORMATION SERIES

丛书主编 ▸ 李 铁

我国城市流动人口和北京市人口问题研究

RESEARCH ON URBAN POPULATION IN BEIJING AND FLOATING POPULATION IN CHINA

李 铁 范 毅等◎著

中国发展出版社
CHINA DEVELOPMENT PRESS

图书在版编目（CIP）数据

我国城市流动人口和北京市人口问题研究/李铁、范毅等著.—北京：中国发展出版社，2013.8

（城镇化与社会变革丛书/李铁主编）

ISBN 978-7-80234-982-7

Ⅰ.①我… Ⅱ.①李… ②范… Ⅲ.①城市人口—流动人口—研究—中国②人口—工作—研究—北京市 Ⅳ.①C924.24 ②C924.251

中国版本图书馆CIP数据核字（2013）第173759号

书　　名：我国城市流动人口和北京市人口问题研究
著作责任者：李　铁　范　毅等
出 版 发 行：中国发展出版社
（北京市西城区百万庄大街16号8层　100037）
标 准 书 号：ISBN 978-7-80234-982-7
经　销　者：各地新华书店
印　刷　者：北京科信印刷有限公司
开　　本：700mm×1000mm　1/16
印　　张：17
字　　数：247千字
版　　次：2013年8月第1版
印　　次：2013年8月第1次印刷
定　　价：45.00元

联 系 电 话：（010）68990630　68990692
购 书 热 线：（010）68990682　68990686
网 络 订 购：http：//zgfzcbs.tmall.com//
网 购 电 话：（010）88333349　68990639
本 社 网 址：http：//www.develpress.com.cn
电 子 邮 件：bianjibu16@vip.sohu.com

“城镇化与社会变革”丛书

编委会名单

《我国城市流动人口和北京市人口问题研究》课题组

上篇：北京市人口调控要有新思路

国家发改委城市和小城镇改革发展中心课题组

总 执 笔 人　李　铁

课题组成员　范　毅　王大伟　徐勤贤　李　可

邱爱军　文　辉　王　春　王　妍

下篇：促进人口有序流动合理分布的政策建议研究

课题组成员　李　铁　范　毅

总　序

中央政府又一次把城镇化作为拉动内需和带动经济增长的引擎，使得城镇化问题再次成为社会关注的热点。巧合的是，两次提出城镇化问题都和国际金融危机有关，上一次是亚洲金融危机，而这一次是全球金融危机。作为长期从事城镇化政策研究的团队，我们的研究积累对于中国的城镇化问题应该有着清醒的认识，但是对于社会，对于各级政府、企业家、学者和媒体人来说，如何去理解城镇化问题，就涉及将来可能出台什么样的政策，以及相关政策如何落实。因此，我们决定把多年的研究成果公诸于世，以“城镇化与社会变革”系列丛书的形式出版。丛书之所以以改革为主题，就是要清楚地表明，未来推进城镇化最大的难点在于制度障碍，只有通过改革，才能破除传统体制对城乡和城镇间要素流动的约束和限制，城镇化带动内需增长的潜力才能得到真正释放。

丛书出版之际，出版社邀请我作序，一方面希望从宏观的角度来评价十八大以来的城镇化政策要点，另一方面希望对国家发改委城市和小城镇改革发展中心（以下简称“中心”）从事城镇化政策研究的历程做一个简要的回顾。毕竟我全程参与了中心的组建和发展，也基本上经历了从城镇化政策研究到一系列政策文件出台的过程。其实，我内心的想法，无论目前把城镇化政策提到怎样的高度，毕竟与可操作的政策出台以及贯彻落实都还有很长的距离。我能更多地体会到，这项研究，凝聚着许多长期从事农村政策研究和城镇化研究的领导和专家的心血，也汇集了一些地方基层政府的长期实践。我们只是作为一个团队集中了所有的智慧，利用我们的平台优势把这些成果和资料积累下来。

1992 年，我在国家体改委农村司工作，有一次参加国土经济学会在新华社举办的关于小城镇问题的研讨会，原中央农研室的老领导杜润生先生发言，提到小城镇对于农村乡镇企业发展和农村资源整合的重要意义，回来后感受颇深。在年底农村司提出 1993 年度研究课题重点时，把小城镇和城镇化问题作为六个重点研究课题的选题之一，报告给了时任国家体改委副主任马凯同志。我记得其他选题还有农村税费改革、城乡商品流通和土地问题等等。马凯副主任只是在小城镇这个课题上画了一个圈，要求我们重点进行研究。这一个圈就决定了我后半生的命运，至今已经20年了。当时马凯同志分管农村司工作，他之所以要求我们从事小城镇和城镇化问题的研究，他的基本论断是“减少农民，才能富裕农民”。

在后来的城镇化研究中，很多人不理解，为什么当时中央提出“小城镇，大战略”？特别是一些经济和规划工作者，他们认为城镇化政策重点不应该是积极发展小城镇，而应该是发展大城市，可是谁也不去追问。当时城镇化的提法还是禁忌，户籍问题更是没人敢提。几千年来确保农产品供给问题似乎成为一种现实的担忧；已经形成的城乡福利上的二元差距，更是各级城市政府不愿意推进户籍管理制度改革的借口。只有在小城镇，因为福利差距没有那么大，基础设施和公共服务条件没有那么好，与农村有着天然的接壤和联系，而且许多乡镇企业又直接办在小城镇，在这里实现有关城镇化的一系列体制上的突破，应该引起的社会波动比较小。1993~1995年，在马凯同志的直接领导下，我们开始了小城镇和城镇化的研究。马凯同志亲自带队到各部委征求意见，1995年4月，协调国务院十一个有关部、委、局制定并印发了《全国小城镇综合改革试点指导意见》，这是第一个从全方位改革政策入手，以小城镇作为突破口，全面实行综合改革试点的指导性意见。其中涉及的内容包括户籍管理制度、土地流转制度、小城镇的行政管理体制、地方财税管理体制、机构改革和乡镇行政区划调整、基础设施的投融资改革、统计制度等多方面。

1998年国务院机构改革，国家体改委和国务院特区办合并为国务院经济体制改革办公室，原来的16个司局缩编成6个司局，涉及大量的司局级干部重组和自寻出路。为了坚持小城镇和城镇化的政策研究，把试点工作持续下去，在各方面的支持下，我放弃了留在机关内工作的机会。1998年6月，经中编委批准，以原国家体改委农村司为主体成立了小城镇改革发展中心。从此我开始了漫长而又寂寞的城镇化政策研究之路。

1997年的亚洲金融危机，我国的外向型经济受挫，很多专家提出扩大内需的思路，城镇化和小城镇终于第一次走上了政府宏观政策的台面。

1998年十五届三中全会开始提出“小城镇，大战略”。1999年，时任国务院副秘书长的马凯同志和中农办主任段应碧同志，把起草向中央政治局常委汇报的“小城镇发展和城镇化问题”的任务交给了国务院体改办。之后，我们又在国务院体改办副主任邵秉仁同志的领导下，直接参与起草了2000年6月中共中央、国务院颁布的《关于促进小城镇健康发展的若干指导意见》。这个文件下达之后，户籍管理制度原则上在全国县级市以下的城镇基本放开，农村进城务工人员只要在城里有了住所和稳定的就业条件，就可以办理落户手续，而其在农村的承包地和宅基地仍可保留。根据中央有关文件精神，2000年第五次全国人口普查后，我国把进城务工的农民第一次统计为城镇人口，我国的城镇化率一下子从原来的29%提高到36%。

2002年，党的十六大报告第一次写进了有关城镇化的内容，其中把“繁荣农村经济，加快城镇化进程”写到一起，这充分说明了城镇化对于“三农”问题的重要性。值得特别提出的是，我们的城镇化研究也从小城镇开始深入到进城的农民工，中心全体研究人员就农民工问题进行了大量的调查研究。2002年，根据马凯副秘书长和段应碧主任的安排，由中心组织人员起草了2003年国务院办公厅1号文件《关于做好农民进城务工就业管理和服务工作的通知》。

2003年，中心被并入了国家发改委，城镇化的研究工作转向了深入积累阶段。原来曾经全方位开展的改革试点工作虽然还在进行，但是实质性内容越来越少。在这一阶段反思城镇化，站在农村的角度去推进城市的各项相关改革，看来是越来越难了。中国的体制，城市实际上是行政管理等级的一个层面，而不是西方国家那种独立自治的城市。中国城市管理农村的体制，使得从农村的角度提出任何问题都是带有补贴和扶助的性质。而实际上，由于利益格局的确立，城市仍然没有摆脱依赖于从农村剥夺资源，来维持城市公共福利的积累和企业成本降低的局面。原来简单明了的城乡二元结构，已经被行政区的公共福利利益格局多元化了，因此要改革的内容已经远远超出了20世纪90年代凸显的城乡二元结构的范畴。原来长期研究农村改革、试图解决农村问题，现在成为城镇化出发点的思路，肯定也要相应地转型，使我们的研究团队站在城市的决策角度考虑问题。2009年，我们开始把中心研究的重点彻底地转向城市，单位的名称也同时作出了调整，改为“城市和小城镇改革发展中心”。这种转型的最大效果就是可以更多地偏重于决策者的思维，了解决策阶层所更关注的城市角度，有利于提出更好的政策咨询建议。

中心成立15年来，我和同事们到20多个省（直辖市、自治区）的数千个不同类型、不同规模的城镇调研，积累了大量的材料，并为一批城镇特别制定了发展规划。

我们所理解的城镇化政策是改革，这也是我们长期和社会上的一些学者，甚至包括政府决策系统的部分研究人员在观点上的一些重要分歧。因为城镇化要解决的是几亿进城农民的公共服务均等化问题，关系到利益结构的调整，所以必须通过改革来解决有关制度层面的问题。仅靠投资是无法带动城镇化的，否则只会固化当地居民和外来人口的福利格局。只有在改革的基础上，打破户籍、土地和行政管理体制上的障碍，提高城镇化质量，改善外来人口的公共服务，提升投资效率才能变为可能。

幸运的是，从2012年起，中央领导同志对于城镇化的重视达到了前所未有的高度。在国家发改委副主任徐宪平同志的支持下，我们终于把多年的研究积累作为基础性咨询，提供给政策研究和制定的部门。虽然关于城镇化所涉及的改革政策的全面铺开还需要时日，还需要观点上进一步的统一，但无论怎样，问题提到了台面，总会有解决的办法，任何事情都不能一蹴而就，但毕竟有一个非常好的开始。

同事们提议，是不是可以把这些年我们团队有关城镇化的研究成果出版成书？我同意了。2013年是全国深入贯彻落实十八大精神的开局之年，是一个好时候，全社会都在关注城镇化进程。此举可以把我们的观点奉献给社会，以求有一个更充分的讨论环境，寻求共识，推进城镇化改革政策的持续出台。

国家发改委城市和小城镇改革发展中心主任

李铁

2013年3月

序 >>> PREFACE

关于北京市人口的调控政策，很多人认为是针对于人口的政策，一些规划部门甚至认为和自己的工作毫不相干。可是对于从事城镇发展政策和城镇化政策研究的人来说，恰恰认为这应该是规划工作的重点。因为规划不能脱离开对人口的规划，更不能把没有户口的外来人口排除在外。很多规划之所以“见物不见人”，原因在于，规划中更关注户籍人口公共服务水平的提高，认为外来人口早晚也要返回到输出地，因此并没有把这些人作为规划重点。中央提出的城镇化发展战略已经明确了农村转移人口市民化将是重点，因此也必然要求每一个城镇在规划编制过程中必须要重视外来人口问题。

谈到外来人口问题，最典型和极端的例子就是北京市。20 世纪 80 年代以来，在规划中反复面对的难题就是如何控制北京市人口的增长，最主要的理由就是北京市人口的综合承载力严重不足。然而，北京市规划中对人口控制的目标从 80 年代开始的 1000 万人、1300 万人、1600 万人、1800 万人、2100 万人，直到最新编制的到 2020 年的 2400 万人。人口数量的增长始终超越了规划编制者和政府官员的主观目标。是什么原因导致规划目标、调控政策和实际状况发生如此之大的偏差？原因不外乎以下几点：一是是领导的意志，不希望北京人太多；二是规划的研究方法，过多强调技术、生态手段的运用，忽略了经济、社会的研究方法；三是对城市发展规律和以市场为主导的经济发展规律认识不足，特别是对中国特色的城市发展规律没有基本的认识。

在城市规划的现实案例中，比较普遍的做法大概有两种类型。一种是类似于北京、上海，公共服务水平远远优于其他城市，因此不希望外来人口太多，分享公共资源。另一类是希望把城市做大，可以获取更多的土地指标，也可以通过人口规模，提高行政等级。然而城市发展的现实状况总是超越了设想的目标。城市越大，对于外来人口的吸引力就越高。而那些希望引进更多人口的城市，往往把人口准入的门槛制定得较高，反而使吸引人口的目标难以落实。传统的规划研究者对于人口进入的原因并不感兴趣，他们只是做完规划了事，至于是否吸收了更多的人口或者规划人口是否达到目标，似乎并不在他们的视野之内，责任最后推给地方政府和决策者了之。

研究北京市人口调控的问题应采用经济学和社会学的分析方法，因为外来人口到北京来一定有其经济和社会原因，毕竟其基本需求就是寻租和就业的机会，而另一方面的限制因素就是生活成本。至于所谓的自然资源承载力，对于农民工，对于城镇间流动人口和大学生，则是毫无干系。原因在于，计划经济体制、行政的资源配置机制，基本上已经扭曲了要素价格。而行政引导的资源流向当然会带动市场的流向，使得要素过多地集中在具有高等级特征的大城市、特大城市和超大城市，当然也就造成了人口要素按照经济规律向这里流动。在中国，所谓经济规律的独特性表现在，在高等级城市行政配置资源压低了要素价格，市场跟进的资源则创造了更多的就业机会。可喜的是，研究结果已经清晰地证明了这一点。也就说明，只要配置资源的方式不改变，或者是政府并未认识到这个特点，那么人口的流向并不会发生根本的变化。

中央制定的城镇化政策是要从根本上解决农民工市民化问题，是要通过一系列改革来促进城镇政府平等地解决农民工的公共服务问题。然而，从保稳定出发的政策思路，使得一些高等级的大城市和特大城市，还是设置了限制条件。但是如果继续按照行政手段来配置资源，在经济发达地区的城镇、高等级的直辖市和省会城市或者是地级市，人口因为就业机会和生活成本的原因继续向这里流动，那就意味着现有的改革政策还是要面临挑战。

针对北京市的问题，研究报告中已经提出了一系列有利于操作的政策建议，但愿这些建议能被规划专家所重视，也希望研究方法能对规划专家有所借鉴。在一次对北京市规划院的讲座上，我全面介绍了北京市人口调控的研究报告。在一片掌声中，院长的表态让我感到欣慰，认为观点基本一致。遗憾的是，该院课题小组介绍的研究思路中，仍然对外来人口进入北京有着明显的排斥。举例让我吃惊，“在北京一些饭馆和服务业是针对外来人口和低收入人口的，有些低端的市场并不是为北京人服务的，所以没有在北京存在的必要。”我告诉他们，任何城市中低收入人口和外来人口永远是大多数，他们也要消费，也要寻找和他们收入水平相适应的服务业，怎么能够说这些人和产业与北京人没有关系？关键是，如果北京市离开了这些人口，北京市所有的产业都要面临崩溃，因为人口结构和产业结构是多元化的组合，高端永远是少数。

李铁

2013 年 6 月 30 日

前言 >>> PREFACE

随着城镇化进程加快，人口流动趋势逐渐加强，人口流动规模日益扩大，管理和服务好流动人口已经成为各级政府所必须面对的现实问题，学术界对流动人口问题的研究也成为了一个热点。为了及时把握人口流动中出现的新问题、新趋势，为相关政策制定储备研究基础，自2008年开始，国家人口和计划生育委员会流动人口服务管理司与国家发改委城市和小城镇改革发展中心开展了合作研究，由国家人口和计划生育委员会流动人口服务管理司提供一定经费支持，国家发改委城市和小城镇改革发展中心组织专家课题组。

合作以来，双方已经就流动人口政策、主体功能区背景下的人口政策、特大城市人口调控、流动人口监测分析等问题进行了专题研究，取得了较为丰硕的研究成果。党的十八大以来，城镇化发展被推到了一个新的战略高度，全社会对城镇化的关注热情高涨。为此，我们也选择其中与城镇化密切相关的研究成果进行出版，以求能够与社会各界进行讨论，共同推动中国城镇化的健康发展。

本书选择的两篇研究报告分别是《北京人口调控要有新思路》和《促进人口有序流动合理分布的政策建议研究》。第一篇是针对当前北京人口增长所带来的一些热点问题进行研究，在国际比较的基础上，分析了影响北京人口增长的原因、影响人口进入的经济社会条件、承载人口的自然资源条件等，回答了未来北京人口总量能够达到多大规模、北京的资源环境能够承载多少人口等社会各界普遍关注的热点问题，并提出了北京人口调控的思路和政策建议。第二篇梳理了中国人口流动的历程和政策演变，分析了流动人口的空间分布格局、变动和影响因素，提出了随着中国城镇化的发展，中国流动人口总量和分布的变动趋势，本报告最主要的成果是对流动人口相关政策的剖析，系统分析了户籍、土地、财政管理、居住、子女教育、社会保障、就业权益等政策演变历程，并从政府管理的角度提出了相关政策建议。

最后，课题组要感谢国家卫生和计划生育委员会流动人口计划生育服务管理司（原国家人口和计划生育委员会流动人口服务管理司）对课题研究的大力支持；感谢国家卫生和计划生育委员会副主任王培安、法制司司长张春生、流动人口计划生育服务管理司司长王谦、副司长贺丹等对研究报告提出的宝贵意见，这对于完善课题研究成果有着积极的意义；同时也要感谢中国人民大学毛学峰、中国农科院农经所薛莉、北京中医药大学李瑞峰等对课题研究的支持。当然本研究只代表课题组的观点和意见，不代表支持单位和各位专家意见。

国家发改委城市和小城镇改革发展中心课题组

2013 年 6 月

目录 >>> CONTENTS

上篇

北京市人口调控要有新思路

引　言

关于调控北京市人口的思路和政策已经研究了很多年。到目前为止，除了户籍管理制度的限制仍比较严格外，对于人口的控制基本是失效的。原因在于，历来的研究大多是站在一种习惯的思维方式下，主观上从控制北京市人口的思路出发所做出的论证。对于北京市人口增长的机制和规律并没有搞清楚，也没有了解行政管理体制和市场机制对于北京市人口集聚一直是发挥着积极促进作用的。研究方法也一直沿袭着计划经济的思路，并没有较大的突破，以至于方法过多地强调了承载力的自然约束条件，忽视了经济社会分析，忽视了城市化进程中人口集聚的一般规律。

本课题没有主观意图，也没有限制性约束条件。只是试图通过对北京市人口聚集的原因进行经济学和社会学的分析，尽量采用定量的描述方式，尽可能地根据 1996 年以来北京市人口增长实际过程的轨迹、趋势、约束条件和客观原因，来进行推断和分析，试图得出相对客观的结论。

由于课题要求的时间较紧，以及当前统计方法和资料供给的局限性，无法更好地运用科学的数据采集方式进行分析，因此使得研究的进一步深入受到影响。但是，我们仍认为，本课题所具有的全新视角和新的解决问题的方案，特别是实事求是的态度，应该使课题具有重要的参考价值，并可以为未来的政策选择提供可信的参考依据。

摘　要

2011 年北京人口总量达到 2018.6 万人。从 1996 年到 2011 年，北京常住人口年均增长 50 多万人，总人口增加了 760 多万人。未来北京人口总量能够达到多大规模，北京的资源环境能够承载多少人口等，已成为社会各界普遍关注的问题。本研究认为，北京市人口大幅度增长的原因在于，北京市通过行政优势吸引了大量经济要素的进入。如果继续保持这种行政对资源集聚的优越性，北京市人口增长的势头仍不会减。而且，作为开放度较强的北京市辖区，资源和人口承载能力还有空间。因此，北京市人口调控政策要充分尊重城市发展规律，通过行政和市场的方式在空间中加以疏导，不能继续利用行政的优越性使自己成为改革的孤岛，并以调控人口为借口，降低对外来人口的公共服务。

一、北京市人口增长的经济社会分析

人口流入北京有两方面的直接原因：一是较多的就业机会和寻租空间；二是优质的公共服务和较低的生活成本。

第一，收入水平远远高于周边地区。河北、河南、山东等省是北京的主要人口输出地，北京与这些主要人口输出地区的收入差距在拉大。1996 年北京城镇人均工资分别是河北、山东、河南的 1.8、1.6 和 1.9 倍，到 2011 年已经扩大到 2.1、2 和 2.2 倍；在人均财政收入方面，北京与这三个省的差距从 1996 年的 5.1、4.3 和 6.8 倍，变为 2011 年的 6.2、4.2 和 8.1 倍，除与山东的相对差距略有缩小外，与河北及河南的差距进一步扩大。

第二，相对周边城市外来人口生活成本较低。将北京与外来人口输出省及其省会城市作对比发现，北京各项生活成本水平都相对较低。北京的一档电价，分别比石家庄、济南、郑州低8%、14%和13%，而天然气[①]价格分别低15%、15%和9%。从物价上涨看，北京1995~2011年的食品平均物价指数为104.86，分别比河北、山东、河南低0.32、0.45和0.87。北京相关物价不但低，而且涨得慢。城市地下室和城乡结合部农民出租屋为外来人口提供了廉价的住房，调查显示，租住农民出租屋的支出大约占农民工收入的15%~25%。

第三，公共服务水平全国最好。北京的人均财政支出分别是河北、山东、河南的3.3、3.1和3.6倍，也使得北京的公共服务水平远高于这些地区。北京集中了全国最好的大学、最好的医院等优质资源。全国排名前50位的大学中，有9所在北京；按综合实力排名的前20所重点中学中，北京占6所；北京有51所三级医院，约占华北地区三级医院总数的24%。优质公共资源的集中分布和较高的公共服务水准，直接影响外地高收入群体到北京集中，也间接带动了就业机会的增多。

如何看待高房价和交通拥堵？北京高房价是北京优质公共服务资源高度集中以及主城区土地资源稀缺性等因素的体现。外来人口的住房问题主要通过各类出租屋来解决。户籍中低收入人口的住房主要依赖于保障房和出租房，高房价对他们影响有限。北京交通拥堵的原因很多，但绝不应成为排斥外来人口进入的理由。对高房价和交通拥堵的不满，是因为我们作为后发城镇化国家向发达国家攀比并作为参照系，要求北京在十几年内解决发达国家城市上百年才能解决的“城市病”问题。这种“城市病”的认定，并不能代表北京广大中低收入者和外来人口的实际需求。

二、自然资源承载力仍有空间，总量将继续增长

（1）基于水和土地资源对人口总量的判断

在水资源的总供给量方面，北京的本地水资源、再生水利用、外地

① 济南天然气价格缺失，我们使用青岛价格进行替代。

调人水资源，合计为55.4亿立方米。而在用水量方面，未来工业、农业和生态这三类用水量合计为25亿立方米，剩余可供生活用水量为30.4亿立方米。按照85立方米/人的标准，乐观估计北京水资源的理论承载能力可达3500万人。

在现行用地规划控制下，如果城乡建设用地能达到现有城镇的水平，即1.2万人/平方公里，约人均83平方米，理论上北京的土地资源承载力为3000～3200万人。

（2）基于现有人口发展趋势变化和经济发展对人口总量的判断

基于常规的人口增长的预测。如果分别按照过去十几年北京较低和较高的增长速度，预计到2020年，北京市总人口分别可达到2474万人和2770.3万人。

基于投资、就业对人口增长的预测。在其他条件不变的情况下，如果按固定资产投资年均增长10%、8%和6%进行预测，到2020年，北京市总人口分别为2653万人、2517万人和2387万人。

（3）未来人口变化的总体判断

①主城区吸纳人口的比重将会下降，近郊区将是承载人口增长的主要区域。

②到2020年北京市总人口大致在2500万人左右。如果北京市控制人口政策措施使得年均投资在8%以内，北京市人口总量限制在2500万人内有可能实现。

③到2020年北京外来人口总量将接近1200万人。外来人口占城市人口的比重将会逐年提高，预计到2020年将达到45%左右。

三、北京人口调控的思路和政策手段

北京市的人口增长面临现状：一是大量外来低收入人口在短期内进入，寻求就业和提高收入水平，导致基础设施供给严重不足；二是城市精英阶层在赶超战略的思维下，要求北京的基础设施和公共服务水平提升到发达国家水平，由此而形成的社会舆论压力，放大了基础设施供给不足的矛盾。

我们认为，北京市的人口调控应该要坚持以下基本思路：坚定不移地以改善公共服务为导向，逐步缩小外来人口和本地人口的公共服务差别；充分利用北京市行政辖区的空间，合理配置人口和资源；要通过经济手段和市场机制，引导人口流向的分布趋势。

（1）推进常住人口基本公共服务均等化，加快户籍管理制度改革

承认外来人口对公共服务的差别化需求，充分利用北京市行政管辖区空间，在远郊区选择部分建制镇，为外来人口和中低收入人口建设集中居住区，满足一般性的基础设施供给和适应他们收入水平的公共服务体系。允许民办学校、民办医院等在此集中建设，政府要给予财政补贴，并制定相应政策鼓励城区教师、医生等相关从业人员，通过轮岗等方式加大对外来人口的公共服务。尽快制定户籍改革政策，一次或分数次解决长期举家迁徙在北京务工经商的外来人口落户问题。

（2）促进环北京经济圈建设

北京市作为特大城市，在未来的城镇化进程中吸引人口的作用仍将持续发挥。要缓解北京市民对人口日益增长的不满情绪，北京市应与河北省密切合作，加快环北京经济圈发展。一是税收共享政策。凡是要在北京投资或者已经在北京投资、需要向周边城市转移的企业，实行税收共享，明确比例。二是共建产业园区。可由北京市下辖各级政府，分别与周边城市签订协议，共同建立产业园区，也可由北京市政府规划下辖区县和周边城市结对子。三是扶持周边城市发展。北京市政府先行明确可以促进一部分试点城市发展，通过帮助建设基础设施，实现医院和学校等优质公共服务资源共建共享。四是加强轨道交通建设。为促进北京市人口和产业向周边城市的外移，可将延伸至郊区县的轨道交通建设，进一步延伸到环北京经济圈的周边城镇。

（3）推动北京产业结构优化，限制低端工业发展

就是限制投资的增长，特别是低端工业向辖区的进入。取消对下辖区县的 GDP 考核指标。鼓励相关区县和环北京经济圈周边城市合作建立产业园区。制定产业发展的空间规划。规划中要提出工业企业进入近远郊区县的限制条件，鼓励辖区内区县以及建制镇服务业的发展。特别是针对北京市庞大的消费人群，制定下辖区县的服务业发展规划，如会议

经济、老龄经济、教育经济和医疗服务以及农家乐等。

（4）合理利用价格手段调控人口生活成本

加快北京市政公用事业价格形成机制改革，尽快形成市政公用产品的价格形成机制，通过价格手段调控人口规模。要尽快实行水电阶梯价格，研究提高公交地铁票价，并对低收入人口进行补贴。

（5）选择有利时机，取消住房限购和限贷政策

还可通过土地出让金以及房地产税，调节开发商收入，获得最大土地收益，解决城镇基础设施建设资金和对农民补偿问题。

第一章　北京市人口发展基本情况

一、人口呈现快速增长态势

2011 年北京市常住总人口 2018.6 万人，其中，常住外来人口达 742.2 万人。从 1978 ~2011 年北京市人口数量看，户籍人口的增长较平缓，而常住人口的快速增长主要是从 1995 年开始，并由外来人口的增长带来的。1995 ~2011 年常住外来人口在常住人口中的比重由 14.5% 提高到 36.8%（图 1.1）。

从数量上来看，常住人口在 1995 ~2000 年、2001 ~2005 年、2006 ~2011 年这三个时期内分别增长 112.5 万人、152.9 万人、417.6 万人；常住外来人口在三个时期内分别增长 75.3 万人、94.5 万人、338.8 万人；而户籍人口仅分别增长了 37.2 万人、58.4 万人和 80.3 万人。

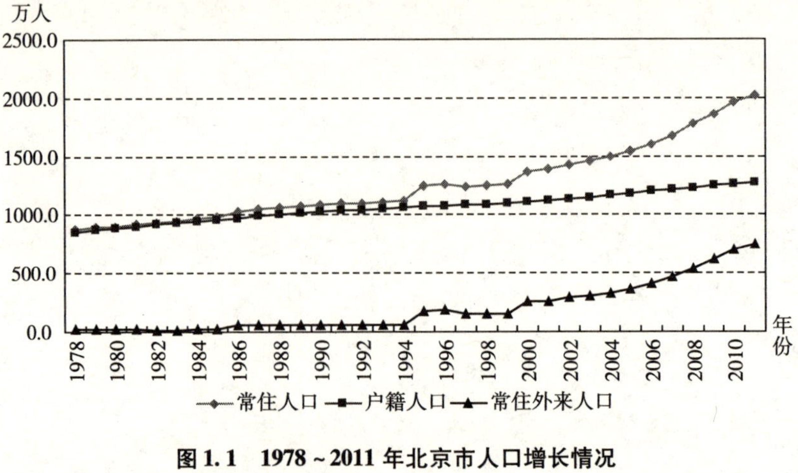

图 1.1　1978 ~2011 年北京市人口增长情况

数据来源：《北京市统计年鉴 2012》。

从人口增速看，常住人口在三个时期的年均增长率分别达 1.74%、2.65% 和 4.74%，同期户籍人口的年均增长率分别为 0.69%、1.27% 和 1.3%，而常住外来人口的年均增长率分别为 7.21%、7.98% 和 12.97%。可见，常住外来人口加速增长态势显著（表 1.1）。北京常住外来人口在 2006 年以后，增长速度发生了较大的变化，从年均 7.98% 突然上升到 12.97%，提高了 5 个多百分点的增长速度。期间还包括在 2010 年以后实行了更严格的限制人口进入政策，原因我们将在以后的分析中给出。

表 1.1 1995～2011 年常住人口、常住外来人口及常住户籍人口情况

人口类别	指标	时期		
		1995～2000 年	2001～2005 年	2006～2011 年
平均每年增长（万人）	常住人口	22.5	38.2	83.5
	常住外来人口	15.1	23.6	67.8
	户籍人口	7.44	14.6	16.06
比期初增长（%）	常住人口	8.99	11.04	26.08
	常住外来人口	41.64	35.96	83.98
	户籍人口	3.48	5.2	6.71
年均增长率（%）	常住人口	1.74	2.65	4.74
	常住外来人口	7.21	7.98	12.97
	户籍人口	0.69	1.27	1.3

数据来源：《北京统计年鉴 2012》。

2010 年北京常住人口中，外省市来京人员为 704.5 万人。根据六普数据推算，其中城镇间流动人口约为 218.9 万人。和五普推算的数据相比，外省来京的城镇间流动人口在十年间增加了 143.9 万人。同时，根据农民工调查监测报告，举家迁徙农民工占外出农民工的比重为 20%，推算出 2010 年北京市举家迁徙的外来人口约为 140.9 万人。城镇间流动人口以及举家迁徙的外来人口应是未来北京市人口政策关注的重点人群。

此外，在北京还有一批流动人口存在，主要是来京旅游者。2011 年，北京的国内旅游人数共 20884 万人次，平均日旅游人数有 57 万人次①；

① 根据《北京统计年鉴 2012》中“来京旅游者人数”除以 365 天推算得出。

其中，外地来京旅游 12818 万人次，平均日旅游人数有 35 万人次。实际上，他们也同样在消费着北京的公共资源和基础设施。这一点我们不能忽略。

二、人口空间布局变化

研究北京人口的空间布局，最难确定的就是如何分区。现有的按照功能区划分空间，把东西城划为首都功能核心区，显然与北京实际的核心区有较大的出入，例如朝阳区的中央 CBD 核心区居然被排斥在功能核心区之外。另外，有利于通过人口密度了解主城区的地理边界，也因行政区划的划分，无法进行精确的统计。如朝阳区和海淀区在地理和功能上都相当于主城区，然而这两个区又存在着大量的农村地区，无法通过行政区进行甄别。因此，影响我们在空间上对各区进行明确的定位，所以只能按照现行的划分方法区别描述。前者是按照功能区的方式，后者是传统的主城区和郊区的方式。

1. 按首都功能区划分空间

2011 年，北京市首都功能核心区、城市功能拓展区、城市发展新区和生态涵养发展区①常住人口分别为 215 万人、986.4 万人、629.9 万人和 187.3 万人。从比重上看，2011 年全市有 80.1% 的常住人口、88.6% 的常住外来人口、75.1% 的常住户籍人口集中在功能拓展区和城市发展新区。常住人口占全市常住总人口的比重，在功能拓展区和城市发展新区分别为 48.9%、31.2%，在首都功能核心区和生态涵养发展区分别为 10.6% 和 9.3%。常住外来人口占全市外来人口总数的比重，在功能拓展区和城市发展新区分别为 53.9% 和 34.7%，在首都功能核心区和生态涵养发展区分别为 7.2% 和 4.2%。常住户籍人口占全市常住户籍人口总数的比重，在功能拓展区和城市发展新区分别为 45.9% 和 29.2%，在首都

① 说明：2005 年《中共北京市委北京市人民政府关于区县功能定位及评价指标的指导意见》中将北京划分为四大功能区：首都功能核心区为东城、西城；城市功能拓展区为朝阳、丰台、石景山、海淀；城市发展新区为房山、通州、顺义、昌平、大兴；生态涵养发展区为门头沟、平谷、怀柔以及密云县和延庆县。

功能核心区和生态涵养发展区分别为 12.7% 和 12.2%。

常住人口在功能核心区和生态涵养发展区的比重是下降的，但在功能拓展区和城市发展新区的比重是增长的；而常住外来人口只有在城市发展新区的比重是提高的，在其他三个功能区的比重均是下降的。2011 年首都功能核心区常住人口、常住外来人口的比重分别较 2005 年下降了 2.6 个和 3 个百分点；城市功能拓展区常住人口比重增长了 0.3 个百分点，但常住外来人口比重却降低了 4.7 个百分点；城市发展新区则分别增长了 4.4 个和 8.3 个百分点；生态涵养发展区则分别降低了 2 个和 0.6 个百分点。虽然常住人口和常住外来人口在四个功能区的人数都是增长的，但是从比重看，常住外来人口向城市发展新区集中的趋势比较明显（表 1.2）。

表 1.2　　2005 年和 2011 年分功能区的人口空间分布情况

人口类别	指标	年份	首都功能核心区	城市功能拓展区	城市发展新区	生态涵养发展区
人数（万人）	常住人口	2005	205.2	748.0	411.6	173.2
		2011	215	986.4	629.9	187.3
	常住外来人口	2005	36.4	209.2	94.4	17.3
		2011	53.4	400	257.7	31.1
	常住户籍人口	2005	168.8	538.8	317.2	155.9
		2011	161.6	586.4	372.2	156.2
占各自总人口比重（%）	常住人口	2005	13.3	48.6	26.8	11.3
		2011	10.6	48.9	31.2	9.3
	常住外来人口	2005	10.2	58.6	26.4	4.8
		2011	7.2	53.9	34.7	4.2
	常住户籍人口	2005	14.3	45.6	26.9	13.2
		2011	12.7	45.9	29.2	12.2

数据来源：《北京统计年鉴 2006》、《北京统计年鉴 2012》。

2. 按人口密度划分空间

基于可获得数据的限制，我们讨论人口空间分布时，以北京市人口密度为标准重新将空间划分为主城区、近郊区和远郊区。2011 年，东城、西城常住人口密度分别为 21739 人/平方公里和 24540 人/平方公里；朝阳、丰台、石景山、海淀常住人口密度分别为 8038 人/平方公里、7096 人/平方公里、7519 人/平方公里和 7898 人/平方公里；通州、顺义、昌平、大兴分别为1379人/平方公里、897人/平方公里、1294人/平方公里和1379人/平方公里；其余的区县均在500人/平方公里以下。因此，我们认为，主城区指东城、西城、朝阳、丰台、石景山、海淀（2009年前还包括崇文、宣武）；近郊区指顺义、通州、大兴、昌平；远郊区指门头沟、房山、平谷、怀柔、密云、延庆（图1.2）。

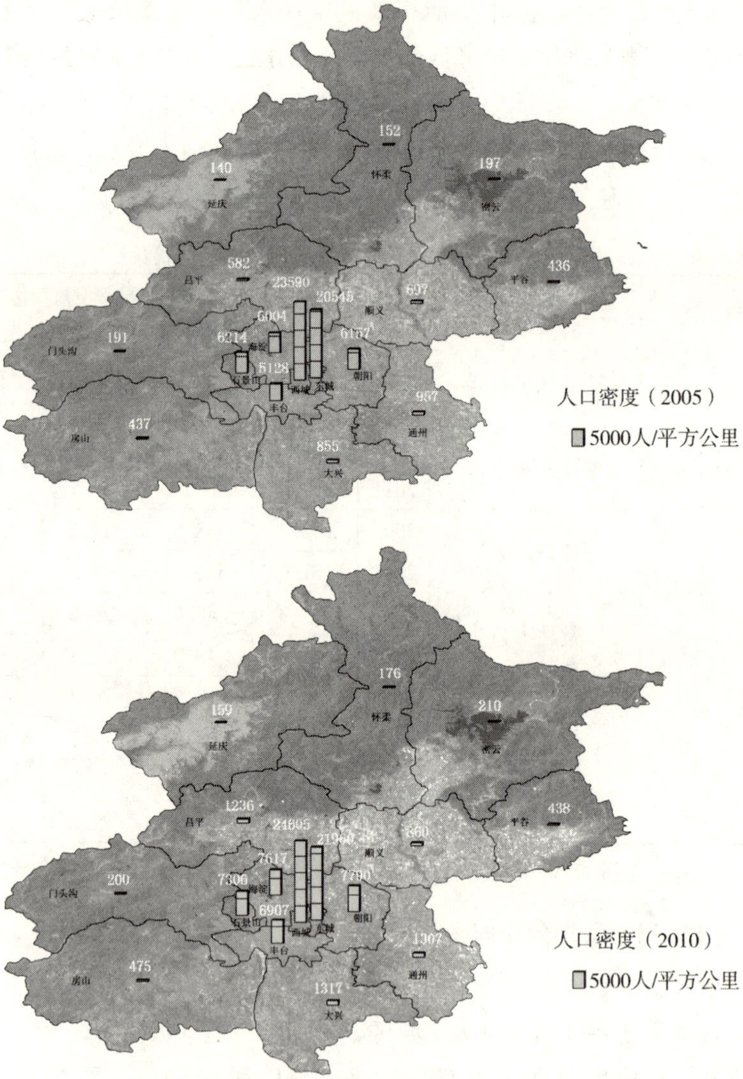

图1.2　2005年和2010年北京市常住人口密度

数据来源：《北京统计年鉴2006》、《北京统计年鉴2011》。

2011 年北京市主城区共集中了 59.5% 的常住人口（1201.4 万人）、61.1% 的常住外来人口（453.4 万人）以及 58.6% 的常住户籍人口（748 万人）；近郊区集中了 26.4% 的常住人口（533.2 万人）、31.8% 的常住外来人口（236.3 万人）以及 23.3% 的常住户籍人口（296.9 万人）；远郊区集中了 14.1% 的常住人口（284 万人）、7.1% 的常住外来人口（52.5 万人）以及 18.1% 的常住户籍人口（231.5 万人）。

从人口空间分布变化来看，主城区的常住人口和常住外来人口比重正逐渐下降，而近郊区的比重正在上升。因 2005 年前统计口径发生变化，我们只分析 2005 ~ 2011 年人口空间分布变化情况①。

2011 年常住人口在主城区、近郊区和远郊区分别为 1201.4 万人、533.2 万人、284 万人，分别较 2005 年增加了 248.2 万人、208.6 万人和 23.8 万人，但是其占常住总人口的比重却分别较 2005 年下降了 2.5%、增长了 5.3% 和下降了 2.8%（图 1.3）。

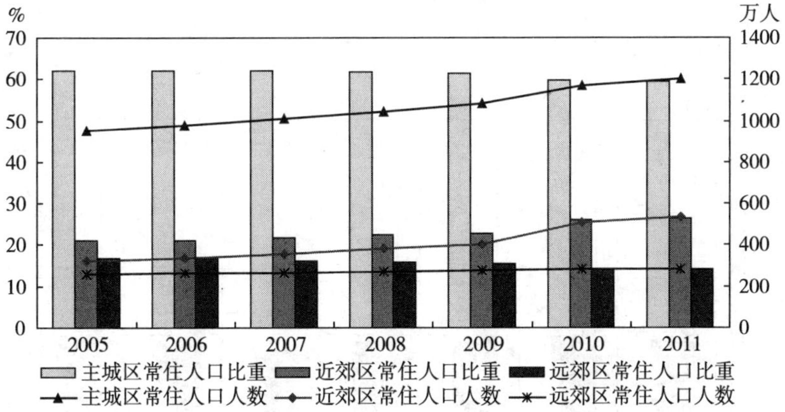

图 1.3　2005 ~ 2011 年常住人口的空间分布情况

2011 年常住外来人口在主城区、近郊区和远郊区分别为 453.4 万人、236.3 万人和 52.5 万人，分别较 2005 年增加了 207.8 万人、153.8 万人和 23.3 万人；其占常住外来人口总数的比重分别较 2005 年下降了 7.6%、提高了 8.7%、下降了 1.1%（图 1.4）。

① 说明：这部分数据均根据 2006 ~ 2012 年各年的《北京统计年鉴》数据计算得出。

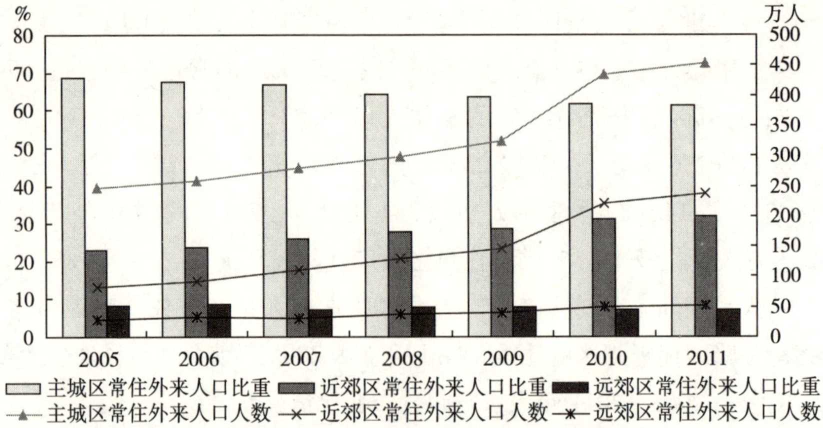

图 1.4　2005～2011 年常住外来人口的空间分布情况

2011 年常住户籍人口在主城区、近郊区和远郊区分别为 748 万人、296.9 万人和 231.5 万人，分别较 2005 年增加了 40.4 万人、54.8 万人和 0.5 万人；其占常住户籍总人口的比重分别较 2005 年降低了 1.3%、提高 2.8% 和下降了 1.4%（图 1.5）。

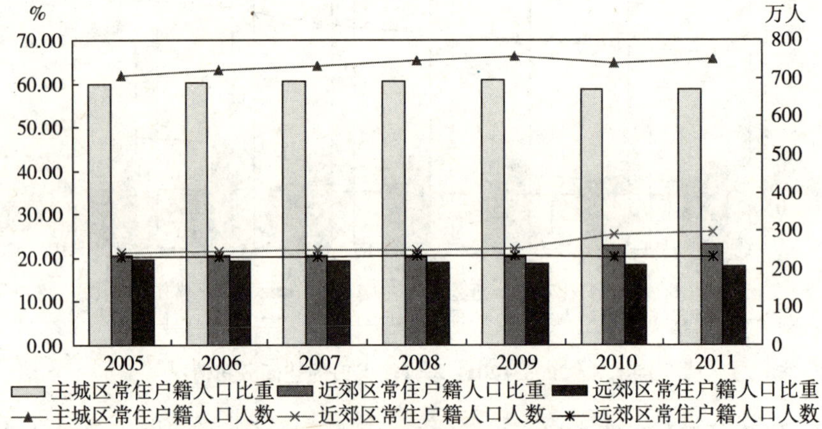

图 1.5　2005～2011 年常住户籍人口的空间分布情况

从上面的分析可以看出，虽然这三类人口在主城区、近郊区和远郊区的人数有着不同幅度的增加，但是只有在近郊区的比重是提高的。这也说明了人口由主城区向近郊区迁移的趋势显现。

但是，我们再看一下就业的情况。由于经济普查是每五年举行一次，所以我们只能使用2004年和2008年的数据进行分析。根据北京市第二次经济普查数据，2008年底北京市二、三产业就业岗位约816.9万人，对应我们的空间分区，其中，主城区就业602.3万人，占73.7%；近郊区就业147万人，占18.0%；而远郊区就业67.6万人，占8.3%。可见，就业仍主要集中在主城区。

和北京市第一次经济普查的数据相比，主城区就业增加了91.2万人，近郊区就业增加了27.7万人，而远郊区的就业则减少了7.2万人；从就业比重上看，主城区的比重上升了1.27个百分点，较近郊区高出0.19个百分点，而远郊区比重则下降2.35个百分点。可见，就业仍在向主城区集中，这和人口向主城区外集聚的趋势明显不同（表1.3）。

表1.3　　二、三产业从业人员空间变化情况

空间	从业人员人数（万人）			从业人员占总数的比重（%）		
	2004年	2008年	变化	2004年	2008年	变化
主城区	511.1	602.3	91.2	72.47	73.74	1.27
近郊区	119.3	147.0	27.7	16.92	18.00	1.08
远郊区	74.8	67.6	-7.2	10.61	8.26	-2.35

数据来源：2004年数据为北京市第一次经济普查数据，2008年数据为北京市第二次经济普查数据。

三、人口公共服务不均等

北京的户籍居民和外来人口间仍存在公共服务不均等的现象。比如，农民工子女教育方面，一是农民工子女入读公办学校仍然受到“五证”① 难办、择校费高等门槛的制约。“据北京市教委发布的数据显示，目前北京义务教育阶段外来务工人员随迁子女共约43.37万人，70%以上在公办中小学就读，还有约10万随迁子女在自办学校就读。其中，5万余人在经过认定的合法打工校就读，4万余人在没有办学资格的自办校就读”②。

① 《北京市教育委员会关于加强中小学接收借读生管理的通知》规定，非户籍孩子要入读北京公办校，家长必须要提供包括在京暂住证、在京实际住所居住证明、在京务工就业证明、户口所在地乡镇政府出具的在当地没有监护条件的证明、全家户口簿在内的五份证明文件。

② 马晖：“北京民工子弟：何处安放的童年?”，《21世纪经济报道》，2011年8月20日。

之所以有70%以上在公办学校就读，和“关停农民工子弟学校”事件有着很大的关系。2011年6月开始，北京关停了24所农民工子弟学校，使得1.4万余名农民工子弟的上学受到了影响。另外，农民工子弟学校办学难，先是“办校许可证”一纸难求，再者即便已审批合格，办学经费也是捉襟见肘，而那些未通过审批的民办学校，不仅办学条件较公办学校差，而且难逃“取缔”、“关停”的厄运。又如，在流动人口聚居的城乡结合部，居住条件恶劣，市政设施落后，环境卫生差，基本公共服务难以按实际需要配套。在享受保障房待遇方面，虽然公租房申请已对符合条件的外来农民工放开，但是目前廉租房、经济适用房、限价房等还不能放开。人口公共服务的不均等会带来一系列的社会问题，如果得不到重视和解决，未来会产生潜在的社会隐患。

第二章　特大型城市的国际比较

特大型城市的国际比较如果采用相对科学的分析方法，应该选择两类国家的特大型城市作为比较。一是发达国家的特大型城市；二是新兴经济体的特大型城市。目前新兴经济体的资料搜集起来还有些困难，如巴西的里约热内卢和圣保罗、阿根廷的布宜诺斯艾利斯、墨西哥城、印度的新德里等。因此本课题只采用了发达国家的几个特大城市。

城市的人口调控从制度上看在国际上是不存在的，因为实行所谓户籍管理体制的只有中国等少数几个国家。市场经济国家城市人口的流入和流出，基本上受就业、收入以及生活成本的限制，所谓调控也是遵循市场的规律。因此我们只能将其他国家城市的客观状况和发展历程进行描述，而很难从政策效果上进行比较。

纽约、伦敦和东京是发达国家比较典型的特大型城市，以下主要对上述三个城市人口总量、空间分布、人口结构等进行对比分析。

一、主要经验

1. 特大城市人口增长与其所在国家城市化的快速发展具有同步性

如图 2.1、图 2.2 和图 2.3 所示，纽约、伦敦和东京三个城市人口的快速增长时期也是其国家城市化快速发展时期，而随着国家城市化的成熟，这三个城市的人口总量也逐渐趋于稳定。

自 1790 年美国有统计数据以来，虽然早期纽约人口增长相对速度较快，但是直到 1860 年前几年才达到 100 万。1880 年前后美国城市化开始加速，到 1930 年美国城市化率达到 54%，年均增长 0.52 个百分点，是美国历史上城市化增长最快的一个时期。同期纽约城市人口从 191 万人增长到693万人，年均增长10万人，也就是每10年增长100万人，自此以后纽约人口开始出现一定程度的波动（图2.1）。

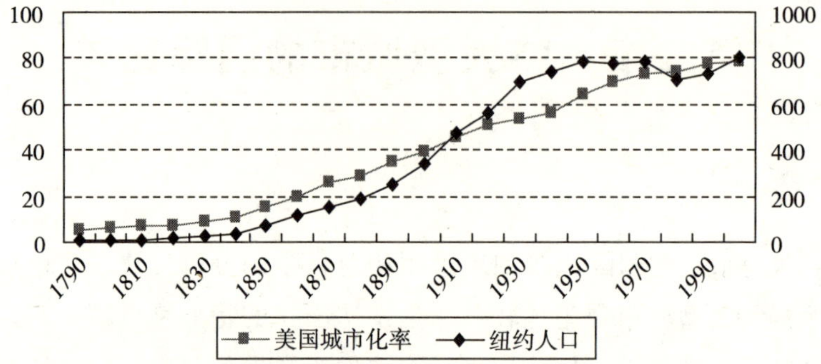

图2.1　美国城市化和纽约城市人口发展对比图

数据来源：美国统计年鉴（相关年份）、纽约州统计年鉴（相关年份）。

伦敦在1700年人口已达50万人，到1800年达到100万人，而英国城市化率也在1800年超过30%，到1840年伦敦人口已达224万人。1840～1900年，英国城市化率提高了30个百分点，年均0.5个百分点；伦敦人口增长了435万人，达到658.6万人，年均增长7.2万人。自此以后，伦敦人口除在1920～1930年间经历较快增长外，也基本保持了稳定（图2.2）。

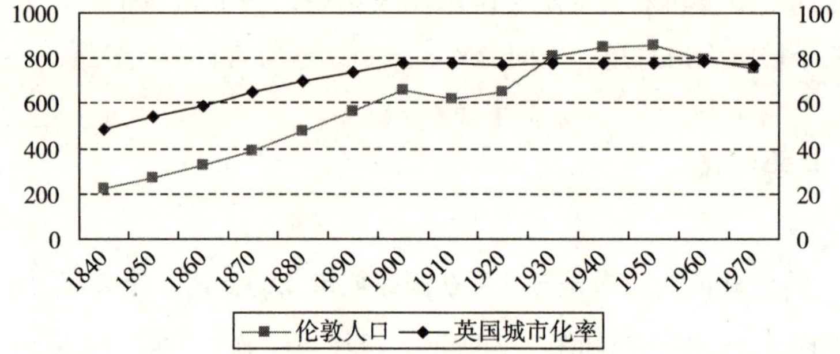

图2.2　英国城市化和伦敦城市人口发展对比图

数据来源：根据陆军、王文姝等："纽约、东京与伦敦的人口规模演变"，《城市问题》2010年第9期；廖跃文："英国维多利亚时期城市化的发展特点"，《世界历史》1997年第5期等资料整理。

1925～1940年，日本城市化率[①]提高了16个百分点，年均1个多百

① 本文所使用日本城市化率为日本国势调查中市域人口的比重。

分点；同期东京人口增长了接近 300 万人，平均每 5 年增长 100 万人。二战后，1950 ~ 1970 年，日本城市化率提高了 34.7 个百分点，年均 1.7 个百分点，东京人口增长了接近 500 万人，平均每 4 年增长 100 万人。1970 年日本城市化率达到 72.2%，基本进入成熟阶段，东京人口也达 1140.8 万人，此后变动不大（图 2.3）。

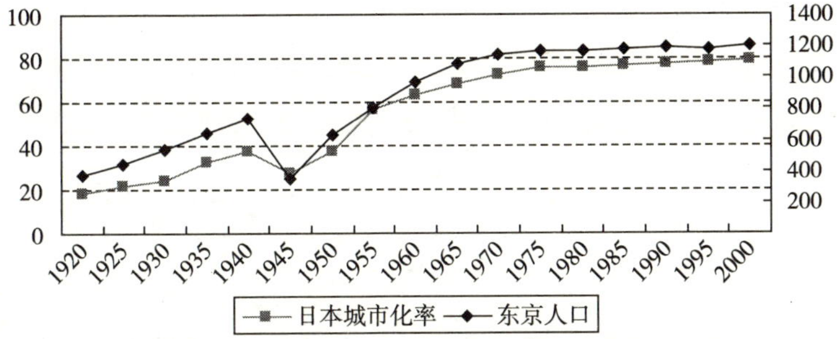

图 2.3　日本城市化和东京城市人口发展对比图

数据来源：日本统计年鉴（相关年份）、东京都统计年鉴（相关年份）。

2. 中心城区人口经历“增长—下降—缓慢回升”过程

特大城市中心城区的人口最初随城市化水平的提高而迅速增加。以纽约曼哈顿为例，1790 年曼哈顿仅 3.3 万人，到 1840 年，曼哈顿人口刚超过 30 万人，伴随着美国城市化的加速，曼哈顿人口总量快速膨胀，到 1910 年最高达到 233 万人，年均增长近 3 万人。东京内环人口在 1965 年最高达到 889 万人（图 2.4）。

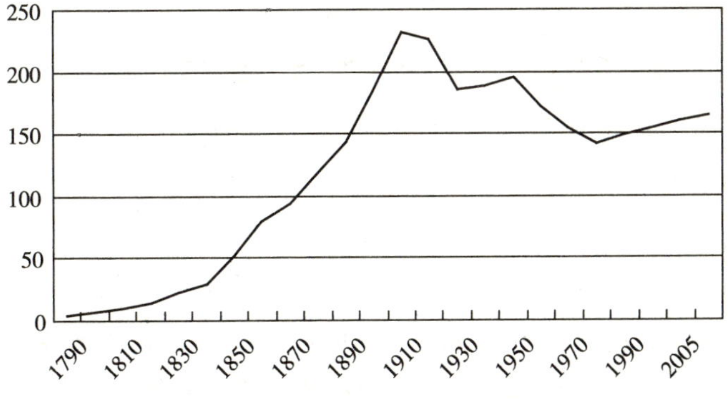

图 2.4　曼哈顿人口变迁

数据来源：纽约州统计年鉴（相关年份）。

中心城区人口的增多带来地价不断升高，一些工商业不得不外迁；同时还导致市区过度拥挤、环境恶化、用地紧张等问题日益突出，一部分城市居民为了改善生活质量和环境，逐渐开始迁离中心区，中心区的人口也开始出现下降。到1980年曼哈顿人口下降到142万人，比1910年减少了38.7%。东京内环也从1965年开始减少，到1995年下降到796万人，比最高峰减少了近100万人，而都心三区更是在1995年仅为人口最高峰时期的29.8%（图2.5）。20世纪70年代，伦敦内城人口下降了4.2%。

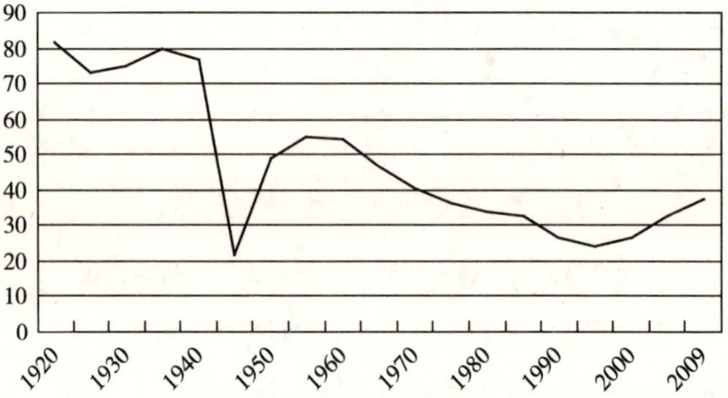

图2.5 东京都心三区人口变迁

数据来源：东京都统计年鉴（相关年份）。

近年来，特大城市中心城区人口又恢复增长趋势。曼哈顿人口从上世纪80年代开始出现增长，2008年恢复到163万人。东京内环在过去20年，重新增长100万人。2000年到2010年，伦敦内城人口增长了32万人。

3. 就业增长主要在服务业，传统服务业占较高比重

随着城市产业结构的调整，服务业成为就业增长的主要渠道。从1990～2009年，纽约制造业就业岗位减少了51万个，而服务业就业岗位增加了104万个（表2.1）。纽约将服务业划分为专业和商业服务（Professional and Business Services）、教育和健康服务（Educational and Health Services）、休闲和酒店（Leisure and Hospitality）、其他服务业等四类。而就业增长主要来自于前三类，其中专业和商业服务增长了23.6万人，教育和健康服务增长了58.7万人，休闲和酒店增长了13.7万人，这三类服

务业也主要得益于人口在城市的高度集中。金融、保险等所谓的高端服务业就业总量并未发生太大变化。1997～2008年，东京服务业就业总量增加了35万个，而在制造业、金融保险业就业的人口分别减少31万人和8万人。

表2.1　纽约就业结构（1990～2009年）　单位：千人

年份	采矿业 Mining	建筑业 Construction	制造业 Manufacturing	贸易、交通和公用事业 Trade Transportation and Utilities	信息业 Information	金融保险 Financial Activities	服务业 Services	政府管理人员 Government
1990	6.7	322.8	981.6	1571.8	286	779.4	2792	1472.9
1991	5.8	277.3	908.4	1482.5	272.6	747	2749.5	1444.6
1992	5.5	245.6	868.2	1438.6	261.8	723.8	2760.3	1427.5
1993	5.6	244.3	834.9	1430.4	260.8	722.6	2829.4	1432.8
1994	5.7	249.9	814.2	1432.5	261.1	729.8	2904.2	1435.5
1995	5.6	252	808.8	1450.7	265.5	719.3	2975.8	1415.9
1996	5.5	255.1	795.3	1448.5	270.5	715.8	3049.5	1400.1
1997	5.3	265.5	795.6	1456.5	278	720	3141.6	1406.4
1998	5.4	284.4	790.3	1470.3	287.6	732.3	3244.9	1423.5
1999	5.5	311.1	771.3	1505.6	296.8	741.1	3381.8	1444.8
2000	5.5	327.3	749.3	1543.1	318.1	746.9	3479.9	1467.2
2001	5.3	330.5	706.7	1514.8	323.6	731.7	3514	1467.3
2002	5.1	321.9	650.7	1479.1	295.1	704.8	3512.4	1492.1
2003	5.3	319.1	611.9	1474.7	275.4	696.5	3539	1487.3
2004	5.7	322.2	595.5	1486.8	268.8	701.9	3599.6	1483.8
2005	5.9	325.3	579.4	1500.1	269.3	713.3	3653.9	1489.3
2006	6.2	337.4	566.4	1509	266.8	726.3	3720.4	1485.3
2007	6.2	352.2	551.6	1524.9	264.2	731.1	3802.3	1501
2008	6.3	359.7	531.9	1522.8	263.6	720.4	3872.6	1515.5
2009	5.4	323.9	477.1	1456	253.7	677.9	3837.8	1523.9

资料来源：《2010 New York State Statistical Yearbook》。

特大城市对劳动力的需求也是多元化的，既需要高素质人口，也需要文化素质水平相对较低的劳动力。从城市发展进程来看，特大城市人口的就业结构也与所处的发展阶段是密切相关的。比如，1820~1870年，纽约的城市建成区比过去扩大了一倍。城区的扩大需要大量建筑工人，大量建筑工人成为城市发展的必然需求。随着城市发展的成熟，服务业创造的就业岗位不断增多，但就业岗位的增加并非完全是高端的金融、保险、咨询等专业技术岗位，相反，服务人口的休闲、健康、酒店等就业岗位却有很大的增加，零售业等传统低端服务业就业比重并未下降，仍在10%以上。因此，在曼哈顿繁华的奢侈品专卖店旁边，杂货、小吃等流动摊贩也比比皆是。当前东京都市区，就业劳动力中还有近10%的人口为中学以下学历。

二、与北京的对比分析

1. 北京人口增长具有“速度快、时间短、规模大”的特点

如表2.2所示，纽约、伦敦和东京城市人口的快速增长分别经历了50年、50年和20年，而人口分别增长了502万人、390万人和513万人。东京相对增长速度最为迅速，20年时间增长了513万人，这其中还有战后人口恢复增长的因素，在1950年时，东京人口还比1940年少108万人。而北京在2000~2011年，常住人口总量增长了655万人，年均增长近60万人。相对而言，纽约等城市虽然也经历了快速增长的时期，但是其时间更长，人口增长所带来的一系列矛盾，可以通过较长时间进行缓解。北京城市人口在一个较短的时间，出现了总量的快速膨胀，而留给北京解决人口增长所带来问题的时间太短，也显化了发展中的一些矛盾。

表2.2　　北京与典型城市人口增长情况对比

	纽约	伦敦	东京	北京
人口快速增长时期	1880~1930年	1850~1900年	1950~1970年	2000~2011年
时长（年）	50	50	20	11
人口增量（万人）	502	390	513	655
年均人口增量（万人/年）	10.04	7.8	25.65	59.5

2. 北京城市发展所面临的人口基数大

经过城市人口的快速增长，纽约、伦敦和东京城市人口占其所在国人口总量的比重都有一定程度的提高，分别为1.6、5.1和3.4个百分点。但是当时美国、英国和日本的人口仅为5016万、2226万和8411万，而当前中国人口已经达到13.4亿。人口众多是北京发展所必须面临的基本国情，虽然经过了2000年以来的人口快速增长，但是北京人口所占比重也仅提高了0.4个百分点。北京发展要面对中国城镇化的快速增长，再加上中国人口总量庞大这一客观事实，人口涌入北京也是城镇化进程中的一个正常现象（表2.3）。

表2.3　　典型特大城市人口及其占所在国人口总量的比重

	纽约		伦敦		东京		北京	
人口数量（万人）	1880年	191	1850年	268.5	1950年	627.8	2000年	1363.6
所在国人口总量（万人）		5015.6		2225.9		8411.4		126743
比重（%）		3.8		12.1		7.5		1.1
人口数量（万人）	1930年	693	1900年	658.6	1970年	1140.8	2011年	2018.6
所在国人口总量（万人）		12778.5		3823.7		10466.5		134735
比重（%）		5.4		17.2		10.9		1.5

3. 北京城市人口还将长期面临多元人口进入的现实

特大城市在发展机会和空间上成为吸引高素质人口进入的重要因素。东京、纽约等城市的发展也证明，这些城市人口的文化素质要高于所在国的平均水平。2002年东京就业人口中大学以上学历者所占比重为32.7%，比日本的平均水平高11.7个百分点；到2007年大学以上学历者所占比重提高到37.2%，与日本平均水平差距也扩大到13.4个百分点。2009年，纽约本科以上学历人口的比重为32.4%，比全国平均水平高4.5个百分点。

北京由于优质公共服务资源集中，同样具有吸纳高学历人口的基础条件，未来高素质人口将会继续在北京集聚。但值得注意的是，北京发展还要面临中国整体经济发展水平与发达国家还有较大差距的现实，特别是城镇化高速发展时期，还面临着周边大量农村人口进入城市的现实。同时，北京城市规模的扩张，城市基础设施建设的投资力度加大，以及北京市庞大的人口对于不同类型的服务业的强劲需求，也需要大量外来人员进行补充。因此北京将长期面临多元人口的进入，现代与传统产业并存的局面。

第三章　北京人口增长的原因

一、特大城市是我国城镇化进程中的主要载体之一

与纽约、伦敦、东京所呈现的特大城市人口增长与所在国城镇化发展的同步性一样，北京的人口也随着我国城镇化率的增长而增长（图 3.1）。

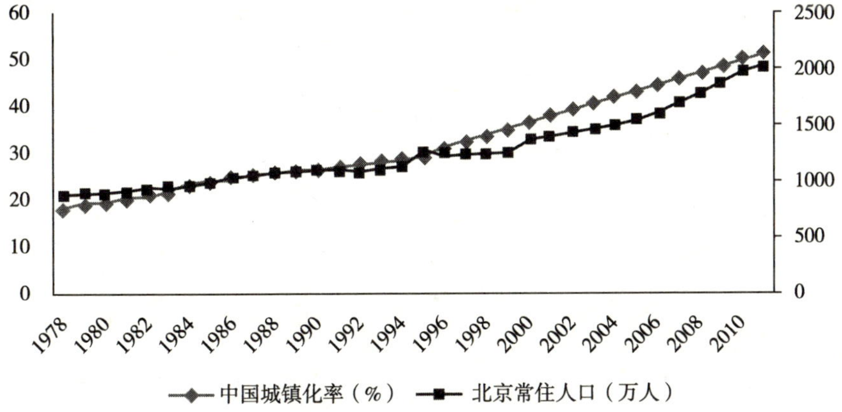

图 3.1　中国城市化发展与北京常住人口趋势比较

资料来源：《中国统计年鉴 2012》、《北京统计年鉴 2012》。

由图 3.1 可以看出，1978～1995 年北京常住人口增长较为平缓，而随着中国城镇化率每年增长幅度由 1995 年的 0.53 个百分点提高到 1996 年的 1.44 个百分点，并且随后持续保持在 1 个百分点之上，北京人口开始加速增长，由年均增长 22.33 万人变为年均增长 47.97 万人。这也说明，随着我国城镇化发展，作为中国主要特大城市之一的北京，成为吸纳人口的主要载体之一。

二、就业和收入水平是影响人口向北京流动的直接原因

根据“六普”数据，2010 年北京外来人口主要输出地为河北、河南和山东等地（图 3.2）。1996 年北京城镇人均工资分别是河北、山东、河南的 1.8、1.6 和 1.9 倍，到 2011 年已经扩大到 2.1、2 和 2.2 倍；在人均财政收入方面，北京与这三个省的差距从 1996 年的 5.1、4.3 和 6.8 倍，变化为 2011 年的 6.2、4.2 和 8.1 倍，除山东倍数缩小外，与河北、河南的差距进一步扩大（图 3.3）。若按户籍人口计算，该差距更大（图 3.4）。

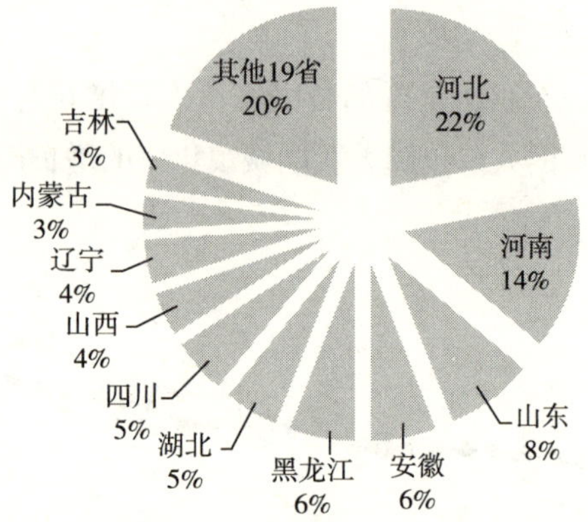

图 3.2　北京外来人口输出地结构与其人数所占比重

数据来源：国家统计局《第六次全国人口普查汇总数据》。

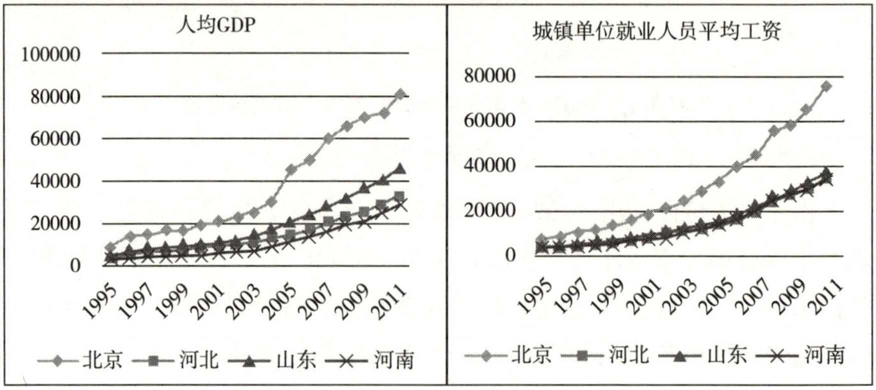

图 3.3　外来人口输出地与北京的人均 GDP 和平均工资比较

资料来源：1996~2012 年《中国统计年鉴》。

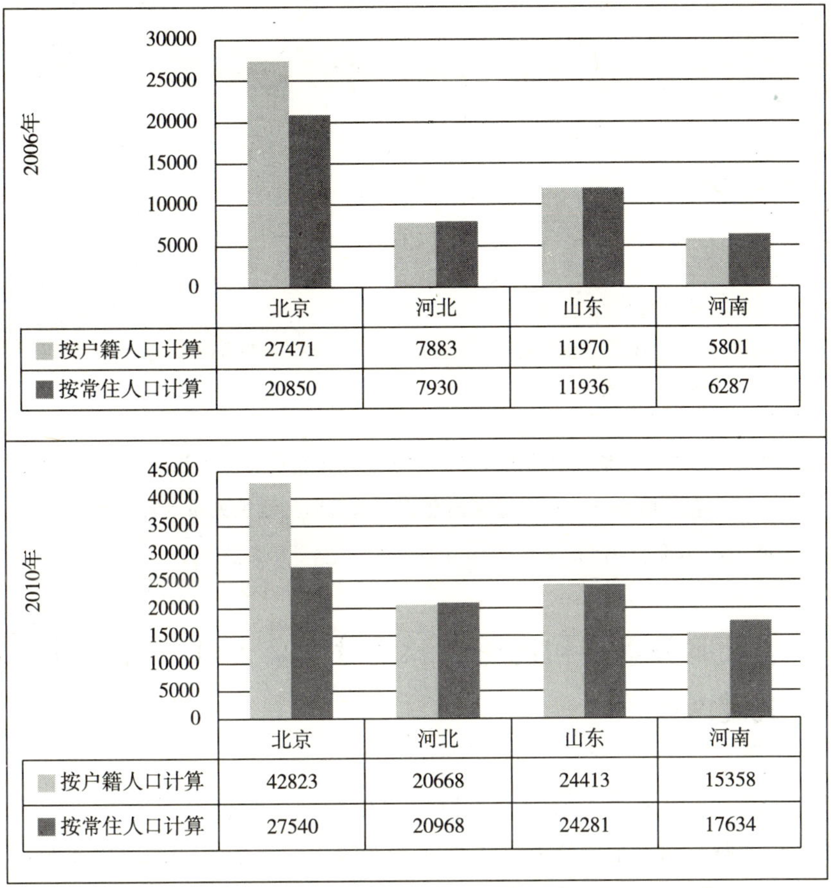

2006年

	北京	河北	山东	河南
按户籍人口计算	27471	7883	11970	5801
按常住人口计算	20850	7930	11936	6287

2010年

	北京	河北	山东	河南
按户籍人口计算	42823	20668	24413	15358
按常住人口计算	27540	20968	24281	17634

图 3.4　按常住人口和户籍人口计算的北京与三省人均固定资产投资

资料来源：2007～2011 年《中国统计年鉴》、《人口和就业统计统计年鉴》。

再将数据进行回归分析可以发现，北京外来人口的增加，与北京和外来人口输出地的全社会人均固定资产投资差、就业人员平均工资差线性相关（图 3.5），也就是说，这两者是影响流动人口动向的直接因素。再通过分析可以发现，北京全社会固定资产投资与就业人数之间线性相关，意味着固定资产投资的增加会带来就业的增加。因此，可以得出结论，就业和收入水平的提高是吸引外来人口的直接原因。

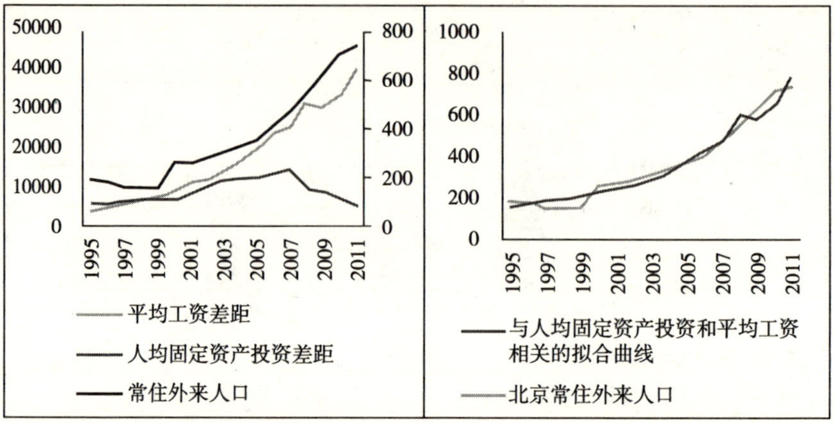

图 3.5　北京与外来人口输出地三省的人均固定资产投资差和平均工资差的变化情况（左）及二者与北京外来人口的线性关系（右）

数据来源：1996～2012 年《中国统计年鉴》、《北京统计年鉴 2012》。

三、公共服务水平和优质资源是对外来人口具有吸引力的关键因素

一是公共服务水平较外来人口输出地要高。2010 年北京市辖区人均财政支出为 18892 元，分别是北京外来人口主要输出省河北、山东和河南市辖区人均财政支出的 3.34 倍、3.75 倍和 3.93 倍①。二是优质资源集中。北京集中了全国最好的大学、最好的医院等优质资源。全国排名前 50 位的大学中，有 9 所在北京；全国知名的 260 所全国重点中学中，北京占 10 所，多于上海的 6 所和天津的 5 所，更多于许多省份全省的重点中学数，而按综合实力排名的前 20 所重点中学中，北京占 6 所；截至 2011 年，全国 1399 所三级医院中北京有 51 所②，约占华北地区三级医院总数的 24%。

公共资源对北京以农民工为主体的外来人口的影响并不是直接的。优质公共资源的集中分布和公共服务水准较高，会直接影响外地高收入

① 根据 2011 年《中国城市统计年鉴》整理得出。

② 数据来源：2012 年卫生部《中国卫生统计提要》。

群体到北京置业，购买优质的公共服务，结果会抬高房地产价格和增加优质房地产投资。也会直接影响到高收入群体对基础设施供给的高要求，增加北京市的基础设施投资。无论是基础设施投资还是房地产投资都会带来大量的就业机会，间接带动了外来人口到北京来寻求就业机会。

四、相对较低的生活成本使得外来人口生存十分容易

影响人口流动的重要因素就是就业和生活成本。北京的生活成本是很多人没有认识到的，即使是规划专家也没有认真研究过这类问题。

一是食品成本价格相对较低，增长速度较慢。1995～2011 年，北京的食品平均物价指数为 104.86①，比外来人口主要输出地河北、山东、河南分别低 0.32、0.45 和 0.87，17 年间北京食品价格上涨幅度也最小。

通过比较 2011 年北京与外来人口输出地省会城市的几种常见食品价格，可以发现北京的生活成本相对较低（表 3.1），其中大米、猪肉价格均低于其余三个城市，花生油、大白菜低于济南和郑州。但同年北京就业人员平均工资却是河北的 2.14 倍，因此北京的食品支出占收入的比重是最低的。

表 3.1　北京与外来人口输出地省会城市食品价格比较　单位：元/公斤

食品类别	北京	石家庄	济南	郑州
大米	5.06	5.29	5.20	5.16
猪肉	27.99	28.38	35.41	28.80
花生油	20.95	20.65	21.96	22.03
鸡蛋	9.29	8.76	8.87	8.60
大白菜	2.13	1.52	2.19	2.22
香蕉	6.72	5.35	7.91	5.55

数据来源：《2012 年中国城市（镇）生活与价格年鉴》。

二是公用事业的价格收入比相对较低。近 6 年来，北京水价仅在 2009 年上调过一次，由 3.7 元/立方米上调到 4 元/立方米。2010 年，北

① 数据由 1996～2012 年《中国统计年鉴》整理得出。

京、石家庄、济南和郑州的水价分别为 4 元/立方米、3.3 元/立方米、3.5 元/立方米和 2.25 元/立方米，按全国平均居民生活年用水量 57.25 立方米/人[①]计算，则在四地生活的水费支出占当年平均工资比重分别为 0.35%、0.6%、0.6%和 0.43%，北京最低（表 3.2）。2012 年 7 月，北京、河北、河南、山东均开始实行三档阶梯电价，从每档范围和单价来看，北京电价都为四地最低（表 3.3）。目前四地的民用管道天然气价格，北京也为最低（表 3.4）。

表 3.2　　北京与外来人口输出地水费支出比较

地区	居民生活用水单价 + 污水处理费（元/立方米）	年用水量（立方米/人）	年均水费支出（元）	平均工资（元）	水费支出占平均工资比重（%）
北京	4	57.25	229.00	65158	0.35
河北	3.3	57.25	188.93	31451	0.60
山东	3.5	57.25	200.38	33321	0.60
河南	2.25	57.25	128.81	29819	0.43

数据来源：《2011 年中国统计年鉴》、中国水网。

表 3.3　　北京与外来人口主要输出地三省电价比较

地区	单位	一档	二档	三档
北京	千瓦时	0 ~ 240	240 ~ 400	400 以上
	元/千瓦时	0.48	0.53	0.78
河北	千瓦时	0 ~ 180	180 ~ 280	280 以上
	元/千瓦时	0.52	0.57	0.82
河南	千瓦时	0 ~ 180	180 ~ 260	260 以上
	元/千瓦时	0.56	0.61	0.86
山东	千瓦时	0 ~ 210	210 ~ 400	400 以上
	元/千瓦时	0.55	0.60	0.85

数据来源：《北京市发展和改革委员会关于北京市居民生活用电试行阶梯电价的通知》（京发改〔2012〕831 号）、《河北省居民生活用电试行阶梯电价实施方案》（冀价管〔2012〕48 号）、《河南省发展和改革委员会关于河南省居民生活用电试行阶梯电价的通知》（豫发改价管〔2012〕808 号）、《山东省物价局关于居民生活用电试行阶梯电价的通知》（鲁价格发〔2012〕70 号）。

---

① 数据来源：2012 年《中国统计年鉴》。

表 3.4 北京与外来人口主要输出地三省天然气价格比较

地　区	民用管道天然气价格（元/立方米）	
北京	2.05	
石家庄	2.4	
青岛	2.4	
郑州	月 50 立方米以下	2.25
	月 50 立方米以上	2.93

数据来源：《北京市发展和改革委关于调整我市民用天然气销售价格的通知》（京发改〔2007〕573 号）、《关于调整市区民用管道天然气价格的通知》（石价〔2010〕139 号）、《山东省青岛市物价局关于规范市内四区管道天然气价格等有关问题的通知》（青价格〔2007〕277 号）、《河南省发展和改革委员会关于我省管道天然气价格有关问题的通知》（豫发改价管〔2011〕2200 号）。

北京地铁全线统一票价 2 元，公共汽车 0.4 元每人次，为全国最低，并远低于上海、广州等特大城市。而事实上较低的生活成本的代价是由政府为其亏损买单：2011 年北京对地面交通和轨道交通补贴 156.9 亿元①（包括占交通运输财政支出 89.8%②的 90.7 亿元和 66.2 亿的其他科目投入），是 2011 年北京市公共财政预算支出 1422.9 亿元的 11%。

三是外来人口租房成本低。北京虽然房价在全国领先，但在北京城市功能拓展区、城市发展新区的城乡结合部，农民出租屋、地下室租金约为 250～600 元/月，按北京建筑业农民工 1500～2500 元/月的收入③计算，农民工租房收入约占月收入的 15%～25%。出租屋和地下室的租房价格，远低于同地段的商品房租房价格，如朝阳区定福庄常营乡出租屋价格约为 400 元/月左右，而同期同区定福庄定福家园成套商品房租金约为 4500 元左右，出租屋租金价格不到商品房租金价格的 1/10。也正因如此，居住在城市功能拓展区和城市发展新区的北京常住外来人口占比分别为 53.9% 和 34.7%。

很多北京人认为，北京的生活成本已经十分难以忍受。这是相对于房价和中高档商品价格而言。可是对于进入北京的外来农村人口来说，这样的生活成本应该是完全可以忍受的。因为他们只需要解决自己的基

① 数据来源：北京市财政局《关于北京市 2011 年市级决算的报告》。
② 数据由 2011 年《北京统计年鉴》整理得出。
③ 数据来源：工人日报 2010 年《京城建筑业农民工调查报告》。

本生活需求就可以轻松地在北京生活下来，因为他们要比较的是家乡农村的收入水平，而不是北京市民或者是白领的收入水平，他们想的不是攀比，而是如何得到较好的一份收入回家。

综上所述，可以看出，影响北京外来人口增长的就业、收入增长以及生活成本等因素，都在发挥着积极的作用。这些因素如果不发生根本的变化，北京人口增长的形势仍然是无法逆转的。

第四章　影响人口进入北京的经济社会条件分析①

一、经济发展、就业机会和收入水平

1. 北京经济远高于全国平均水平的态势将继续保持

从国际经验看，发达国家首都区（或发展水平最高的地区）人均GDP水平大致为全国水平的2倍（2000年前后数据），东京为1.82倍，伦敦（包括内伦敦和外伦敦）为1.5倍，巴黎约为1.5倍，德国人均GDP水平最高的汉堡地区为全国平均水平的1.6倍；巴西里约热内卢和印度新德里情况有所不同，分别为全国平均水平的1.38倍和2.5倍②。

2000～2010年，北京经济总量占全国的比重由2000年的2.81%提高到2010年的3.47%。2000年北京人均GDP是全国平均水平2.62倍，到2010年降低为2.5倍。随着经济发展水平提高，区域均衡发展是总体趋势，人均GDP水平与全国平均水平不断缩小。发达国家最发达地区人均GDP基本不超过全国平均水平的2倍，而北京与全国平均水平仍有2.5倍的差距，客观上还将长期处于吸纳外来人口进入的时期。

2. 就业机会多和收入水平高的吸引力继续扩大

北京是全国城镇登记失业率最低的地区；北京城镇居民收入与全国城镇居民收入的绝对差在逐年扩大。

北京投资对就业的带动高于全国水平的趋势在扩大。2007年以来，

---

① 第四至第六章，所用数据如非特别注明，全国层面和各省区数据来源于相关年份《中国统计年鉴》，北京市数据来源于相关年份《北京市统计年鉴》。2011年全国数据来源于统计公报。

② 数据来源于：巴西、印度数据分别根据 http：//www. ibge. gov. br/及 http：//mospi. nic. in/整理，为2005年数据；其他国家数据来源于 http：//www. demographia. com/，为2000年前后数据。

北京固定资产投资对就业的带动均高于全国水平①，这也是北京吸引人口快速膨胀的重要原因。2007 年北京万元固定资产投资创造的新增就业略高于全国水平，到 2011 年已是全国的 2 倍。未来，随着北京产业结构的进一步调整，以三产为主的产业结构，其就业带动能力更强。高投资就业能力使北京成为城镇登记失业率最低的地区，例如，2009 年和 2010 年，登记失业率仅为 1.4%，仅是登记失业率第二低的海南省的 3% 的一半，约为全国城镇登记失业率（4.1%）的 1/3。

表 4.1　2005～2011 年北京与全国城镇固定资产投资、新增就业对比

年份	城镇新增就业（万人）		城镇固定资产投资（亿元）		固定资产投资就业弹性（人/亿元）	
	北京	全国	北京	全国	北京	全国
2005	31.50	970	2595	75095	121.4	129.2
2006	34.39	1184	3086	93369	111.4	126.8
2007	40.71	1204	3657	117464	111.3	102.5
2008	41.97	1000	3555	148738	118.1	67.2
2009	42.44	1102	4378	193920	96.9	56.8
2010	44.64	1168	5003	241431	89.2	48.4
2011	44.69	1221	5464	301933	81.8	40.4

数据来源：《中国统计年鉴 2011》，2011 年数据为统计公报数。

北京城镇居民可支配收入与全国平均水平的绝对差在扩大。2005 年北京城镇居民比全国平均水平高 7160 元，到 2011 年已扩大为 11093 元。期间，虽然相对差在缩小，但绝对数持续扩大（表 4.2）。

表 4.2　2005～2011 年北京市与全国城镇居民可支配收入差值　单位：元

年份	北京城镇居民可支配收入	全国城镇居民可支配收入	差值
2005	17653	10493	7160
2006	19978	11760	8219
2007	21989	13786	8203
2008	24725	15781	8944
2009	26738	17175	9563
2010	29073	19109	9964
2011	32903	21810	11093

数据来源：《北京市统计年鉴 2012》，《中国统计年鉴》。

① 单位城镇固定资产投资创造的新增就业岗位。

二、行政调动资源能力及对投资的吸引力

1. 北京可动用行政手段保障资源供应

北京作为首都，具有无与伦比的行政调动资源的能力，在农产品、水、能源等方面，北京都在全国范围内优先予以保障，保水、保电、保气、保农副产品等应急措施趋于常态。例如，近几年每年从周边区域调入2亿立方米的应急用水，每年用电高峰期对北京周边限电等。在行政调动各类资源能力的背后，也包含了对北京的价格补贴，在以国家财政投入为主实施的调水工程中，作为受益者，北京仍能享受低水价。

2. 北京吸引投资能力较强

以2010年全国各地区固定资产投资来源看，以银行贷款和其他资金占比等代表地区对资金吸引能力的指标看，北京固定资产投资中，来自银行贷款和其他资金的比例都位居全国前列，分别占26%和33%，约是全国平均水平的2倍（表4.3）。从工业投资情况看，虽然北京产业结构调整仍将继续推进，但其对工业投资仍有强大的吸引力。例如，2008年前，适应奥运会以及产业结构调整要求，北京主动外迁工业，第二产业投资大幅下降，并出现负增长。奥运会后，北京第二产业投资猛增，2010年增幅达到28%，高于全国的22%，到2011年，更是达到44%，比全国平均水平高出30%。在目前的体制下，只要北京放开口子，提供用地支持，不管对三产资金还是二产资金，都具有强大的吸引力。而北京的高投资，从其就业弹性看，必将创造更多的就业机会，吸引更多的人口进入。

表4.3 固定资产投资来源于其他资金和国内贷款的比重（%）

地 区	其他资金	国内贷款
全 国	15.10	15.20
北 京	33.09	26.32
天 津	14.99	24.37
河 北	9.64	13.06

续表

地　区	其他资金	国内贷款
山　西	12.44	14.94
内蒙古	4.45	12.02
辽　宁	9.74	14.86
吉　林	6.78	5.99
黑龙江	10.51	7.43
上　海	21.26	23.39
江　苏	18.03	12.27
浙　江	23.40	16.46
安　徽	13.90	9.73
福　建	16.13	16.95
江　西	10.04	10.66
山　东	11.79	11.28
河　南	10.10	9.29
湖　北	12.08	15.07
湖　南	13.57	13.54
广　东	20.60	16.79
广　西	16.36	14.09
海　南	31.98	27.46
重　庆	24.47	20.27
四　川	17.14	16.14
贵　州	17.03	24.62
云　南	17.42	21.95
西　藏	5.10	1.91
陕　西	13.73	11.56
甘　肃	11.36	15.74
青　海	16.80	17.17
宁　夏	16.60	28.42
新　疆	15.94	14.52

数据来源：《中国统计年鉴 2011》。

三、高房价和交通拥堵并未实质性地阻碍人口进入

1. 北京高房价不影响外来人口进入

从居民收入水平与住房价格对比上，北京房价确实较高；从 2010 年以来几个季度全国 35 个大中城市住房支付能力指数看①，北京住房支付能力是最弱的。但是，北京所特有的要素集聚能力以及核心区高度集中的优质公共服务资源等是高房价的主要原因。

住房价格实际上是公共服务水平及住房稀缺性等因素的综合反应。首先，在现行的行政管理体制下，北京在调动资源方面，具有无可比拟的优势，北京城区内优质的教育和医疗等公共资源也表明了这一点，良好的公共服务水平是住房价格的重要支撑。其次，北京严格控制土地增量供给。北京人口增长要显著快于住房用地供应量的增长，进一步加剧了住房供给的稀缺性，也是导致房价上涨的重要原因。在现行土地规划以及供应体系下，土地供给极其有限，根据《北京市土地利用总体规划(2006～2020 年)》，15 年间北京城乡建设用地新增量只有 300 平方公里，仅增加 12.5%，而 2006～2011 年的 5 年内北京已新增人口 400 万，增幅达到 25%，远远高于土地供给的增长速度。

高收入人口的进入抬高了北京的高房价。随着经济发展水平的提升，高收入人口的规模在不断扩大，收入水平不断提高。北京又集聚了大量的优质公共服务资源，对高收入群体具有巨大吸引力，这类人口对北京住房的需求意愿推高了北京的房价。而香港的房价是北京的几倍，也是大陆高收入人口进入而推高的。北京与香港相比，因行政边界开放，对内地高收入人口的吸引力更强。

高房价影响的主要是中高收入阶层。由于北京优质的公共服务条件和开放性的行政空间，对外来中高收入人口的吸引力，特别是高收入人口的吸引力会长期持续。高房价主要是针对北京市稀缺的公共资源，可

---

① 中国社科院：《住房绿皮书：中国住房发展报告（2010～2011）》，社会科学文献出版社 2011 年版。

以通过市场的价值攀升，达到提高资源利用效率的作用。并对于增强政府公共财力，解决基础设施建设资金，增加公共服务供给等发挥着至关重要的作用。对于当前北京市社会对高房价不满，并归结为外来人口的增长，显然忽视了一个重要前提，就是市场对资源配置所发挥的重要作用。解决高房价问题应改变住房供应结构，而不是采取行政措施限价，更不能对外来人口实行限购。

外来人口和中低收入人口的住房供给主要依赖于保障房和出租房。包括外来常住人口在内的广大中低收入阶层，其住房问题的解决渠道主要是通过保障房和出租房。北京目前的住房供应结构偏重于商品房①，忽视了保障房建设。实际上应该通过调整住房供应结构，建设保障房和对中低收入人口提供住房补贴，来解决广大中低收入人口的居住条件改善问题，这也是国际大城市通用的方式；再有就是大量的外来人口实际住在城乡结合部的农村出租房。

限购政策通过影响投资而影响到了外来人口的增长。近几年北京人口增长的实际情况说明，房价上涨并没有影响到外来人口的进入，而限购政策的实施却起到减少外来人口的效果。从2010年实行限购政策以来，北京常住人口较上年增长的数量从90.5万人下降到37.5万人，说明限购影响到北京市房地产的投资，也影响到土地出让金的收入和基础设施的投资，进而影响到外来人口的减少。

2. 交通及对人口进入的影响分析

北京交通拥堵的确较为严重，但这不应成为排斥外来人口进入的理由。认为交通拥堵是属于严重“城市病”的观点，实际是从相对富裕阶层的角度理解和认识的“城市病”。

（1）人口、汽车增长与交通基础设施不匹配

人口和汽车，特别是汽车在短期内的快速增长，与道路等基础设施供给的增长速度不匹配，是造成交通拥堵的重要原因。1995～2011年，特别是2000～2011年，是北京经济社会快速发展的时期，也是人口快速

① 商品房比重过大，保障性住房比重小，例如，1998～2006年，北京经济适用房占新增房屋比重在8%～15%，2006年后，在加大保障房供应的情况下，也不足20%。

集聚的时期。1995～2011 年，北京市人均 GDP 由 12690 元增加到 81658 元，换算成美元超过 12643 美元，已经超过高收入国家的人均 GDP 的标准线。与经济发展水平快速增长伴随的，还有汽车的爆炸式增加，2001～2011 年，北京机动车保有量由 170 万辆增加到 498 万辆，几乎净增 2 倍。但是，2001～2011 年，北京城市道路里程仅由 4312 公里增加到 6258 公里，增长幅度不到 50%（图 4.1）。城市道路的增长速度显然无法跟上人口和汽车增长的速度，由此也产生了严重的交通拥堵问题。

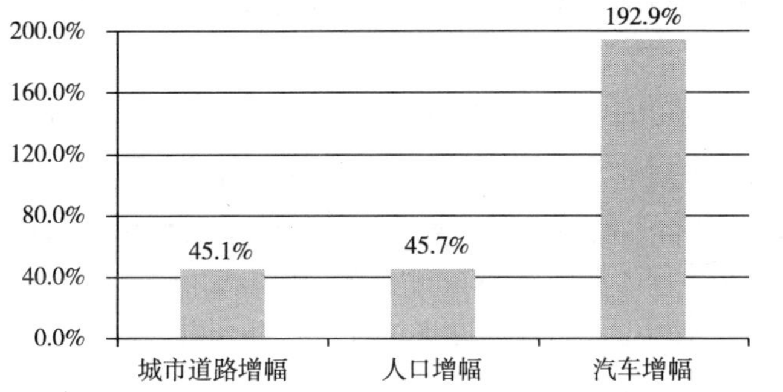

图 4.1　2001～2011 年北京城市道路、人口和汽车增长幅度

（2）人口在短期内的快速增长，加大了交通问题解决的难度

浓缩式的人口和汽车增长，加大了快速城市化进程中北京交通问题的解决难度。伴随着人口增长，北京城市公共交通基础设施建设快速推进，但是通过短期既要解决设施建设，又要解决人才队伍建设和管理水平提升等诸多方面的问题，难度可想而知。以轨道交通为例，2001 年以来，北京轨道交通运营里程由约 55 公里增加到目前的 420 公里。而伦敦、纽约、巴黎等发达国家城市，都是用上百年的时间发展轨道交通，逐步解决交通问题。伦敦地铁用了 147 年达到总线路 408 公里，纽约地铁历经 106 年总线路长达 370 公里，巴黎地铁用 110 年达到了 215 公里①。发达国家城市用上百年的时间逐步解决的城市交通问题，要求北京在 10 多年内解决，难度自不待言。

较大的投资是解决交通等问题的现实压力。预计到 2020 年，北京轨

① 凌馨等："地铁人才荒"，《财经》，2012 年第 26 期。

道交通将增加到 1000 公里，仅年均建设支出就占目前财政预算收入的 10%。2011 年，北京预算内财政收入约 3000 亿元，全年完成基础设施投资 1400.2 亿元，其中最为重要的投入方向就是交通运输，交通运输投资 680.7 亿元，占基础设施投资量的 48.6%。如果到 2020 年北京轨道交通达到 1000 公里，则仍需新建超过 600 公里。据估计，目前每公里地铁造价包括征地成本等在 5 亿 ~ 10 亿元不等，即使按照 5 亿元的标准计算，要完成 600 公里的地铁建设需要的资金量就高达 3000 亿元以上。另外，在运营方面，在目前的里程下，北京每年仅在公交和地铁上的补贴就超过 100 亿元①。

参照发达国家的现状，使短期问题进一步放大。在总体发展水平和人们收入水平提高后，人们的需求（或要求）也变得更高，对北京城市运行问题的对比也通常以现行发达国家的城市为标准，如伦敦、纽约、东京、巴黎等。在浓缩式的发展历程中，也使人们产生了巨大的社会心理压力，这种压力下产生的情绪也容易转移到政府公共服务和管理方面，并要求对诸如城市交通等问题予以“瞬间”解决。向发达国家攀比并作为参照系，要求北京在十几年内解决发达国家城市上百年才能解决的问题，是当前对北京“城市病”不满的集中体现。实际上也是城市既得利益者在与发达国家现状比较之后，所形成心理反差后的新诉求。这种“城市病”的认定，并不能代表北京广大中低收入者和外来人口的实际需求。

---

① 根据北京已建地铁里程和投资额度综合计算。

第五章　影响北京人口增长的自然资源条件分析

一、水资源条件

1. 北京水资源总供给量分析

北京水资源来源于三个方面：本地水资源、再生水利用、外地调入水资源。合计水资源量超过55.4亿立方米。

（1）本地水资源

本地水资源总量取多年平均水量和近10年干旱周期的平均量的中间值，约为33.4亿立方米。

北京多年平均水资源量和过境水资源量水平分别为37亿立方米和4.7亿立方米，总量为41.7亿立方米。2001～2011年，这10多年来的干旱周期内，北京实际本地水资源量和过境水资源总量平均约为25亿立方米。

（2）再生水利用

再生水用量可达到10亿立方米。2011年，北京再生水利用量为7亿立方米，污水处理率为82%，再生水利用率为60%。借鉴国际经验，到2020年，如果北京污水处理率提高到90%，再生水利用率由60%提高到75%①，则可供给水资源量超过10亿立方米。

（3）跨区域调水

跨区域调水主要包括南水北调。根据规划，到2020年，南水北调供水量达到12亿立方米。海水淡化也有引入北京的可能性，但在海水淡化后盐分尚不能有效处理利用的情况下，仍不能大规模进行；海水淡化入

---

① 新加坡为70%～80%，以色列等缺水国家为100%。来自“再生水五年千亿市场前景，从规划到产业化道路坎坷”，《中国证券报》，2012年5月25日。

京水量可作为预期、但不确定的弹性供给量。

2. 水资源总用量分析

2000～2011 年，北京水资源总用量大致在 35 亿～40 亿立方米，呈现先降后增的趋势。从用水结构上看，生态和生活用水增加，工业和农业用水下降。

（1）总用水量及各类用水的历史变化

从总用量上看，2000～2011 年，北京水资源总用量由 40.6 亿立方米下降到 2006 年的 34.3 亿立方米，之后又呈现逐步增加的态势，到 2011 年，北京水资源总用量达到 36 亿立方米。人均水资源量由 294 立方米下降到 178 立方米（图 5.1、图 5.2）。

从用水结构上看，生活用水和环境用水呈现稳步增加的态势，工农业用水则逐年下降。2001～2011 年，农业和工业用水分别由 17.4 亿立方米和 9.2 亿立方米下降到 10.9 亿立方米和 5 亿立方米，占比分别由 44.7% 和 23.6% 下降到 30.3% 和 13.9%；生活用水和环境用水则分别由 12 亿立方米和 0.3 亿立方米增加到 15.6 亿立方米和 4.5 亿立方米，占比则由 30.8% 和 0.77% 增加到 43.3% 和 12.4%。

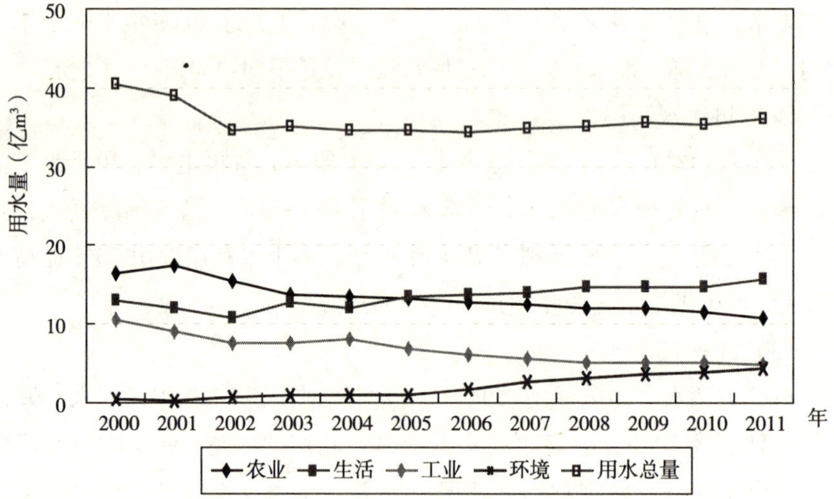

图 5.1　2000～2011 年北京水资源总用量及结构

资料来源：《北京市统计年鉴》和北京市水资源公报。

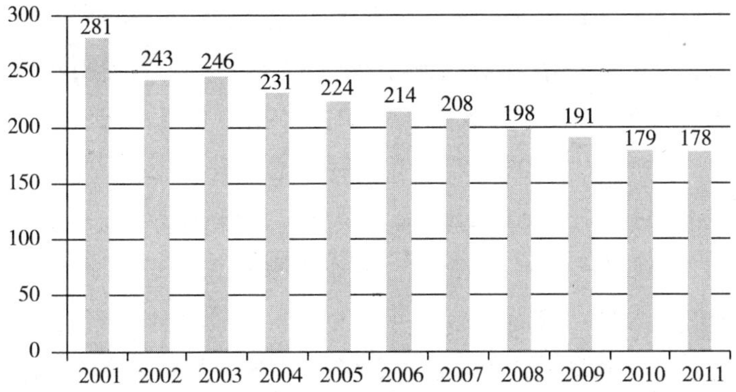

图 5.2 2001～2011 年北京市人均年用水量变动图（单位：立方米/人）

（2）各类用水未来用量分析

根据北京产业结构和用水结构分析，工农业用水量已经相对较为稳定，但仍有进一步节水的空间。生态用水需要进一步增加，但也有可调整的空间，尤其是高尔夫球场等奢侈性用水。生活用水方面，近年来呈现下降趋势，如果借鉴严重缺水地区如以色列等国家的经验，生活用水仍有可节约的空间，但从提升生活质量和水平的角度，人均生活用水可以基本稳定甚至有所提高。

按照工业和农业用水略有下降、生态用水有保证的原则，未来工业、农业和生态三类用水分别为 4.5 亿～5 亿立方米、10 亿立方米、10 亿立方米，三类用水量合计为 25 亿立方米，剩余可供生活用水量为 30.4 亿立方米。

工农业用水量相对稳定。预计总用量分别为 5 亿和 10 亿立方米。借鉴国际城市的经验，北京产业结构仍有一定的调整空间，二产比重有望进一步调整到 20% 以内。根据 2001～2011 年二产变动与用水量的对比，工业用水仍有一定的调整空间，2001～2011 年间，工业用水与二产比重变化的弹性达到 0.54 亿立方米，但 2008 年以来，该弹性已经下降到 0.3 亿立方米以内，并且工业用水基本稳定在 5 亿立方米。总体上，未来产业结构调整中，工业节水的空间已经相对较小。按 20% 的二产比重算，在没有重大技术变革的情况下，节水量预计在 0.5 亿立方米以内，工业用水总量约 4.5 亿～5 亿立方米。农业用水如果按发达国家使用效率计算，仍有 10% 左右的节约空间，据此，农业用水有望控制在 10 亿立方米以内。

生态用水需考虑补偿，有望达到 10 亿立方米。近年来，在本地水资源持续低于多年平均水平，地下水超采较为严重，生态环境条件有所恶化的情况下，生态用水日益受到重视。但是，对于生态用水的总用量，相关规划给出的数据相差悬殊。例如，根据本世纪初相关机构完成的《首都水资源规划》，2005 年后，生态用水总量每年就要达到 15 亿立方米以上，这也是规划中最高的数据。显然，该数据偏高，北京市水资源“十二五”规划提出，到 2015 年，生态用水达到 5.3 亿立方米，年均增长约 0.3 亿立方米。然而，2011 年北京实际生态用水已经达到 4.5 亿立方米。需要说明的是，这 4.5 亿立方米的生态用水中，除河湖补给、城镇绿化、公园绿地维护以外，还包含了高达 0.4 亿～0.5 亿立方米的高尔夫球场用水（北京目前高尔夫球场数目约为 60～70 个）①。如果此类用水得到有效限制，至少可以节约 0.3 亿立方米以上的水资源。但由于生态环境用水属于补偿性用水，鉴于北京多年来的地下水超采问题，生态环境用水在工业、农业和生活用水节约利用后得到满足的情况下，应予以重点保障。假如取水资源“十二五”规划和《首都水资源规划》要求的生态用水的平均数，生态环境用水应达到 10 亿立方米。

生活用水需结合用水结构分析，借鉴国际经验，其可变化的范围最低达到 69 立方米/人，最高应控制在 90 立方米/人。2001～2011 年，北京年人均生活用水最低值为 76.9 立方米/人，最高为 90.3 立方米/人，平均约为 85 立方米/人（图 5.3）。

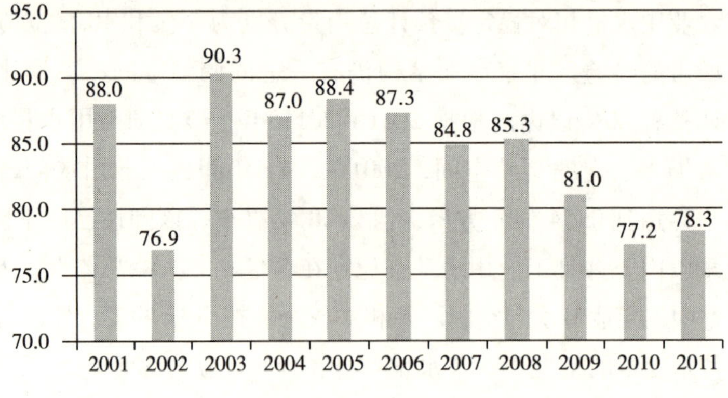

图 5.3　2001～2011 年北京市人均生活用水量变动图（单位：立方米/人）

① 资料来源：《中国环境发展报告（2012）》。

对比严重缺水国家以色列的经验，通过大力加强节约用水和科学用水技术，严格实行超量附加水费和高量更高附加费等措施，使城市人均生活用水量降低到69立方米/人。就北京的情况，假定未来人口增长的情况下，用水方面不以牺牲舒适性为代价，将人均标准确定为85立方米或90立方米。

价格手段可调整的空间。另外，从北京水价与人均用水量的变化，以及北京居民用水支出与家庭收入对比情况看，通过价格变化，仍可实现人均用水量有所下降（图5.4）。对于居民用水支出占居民可支配收入的比重的合理水平，一种观点认为在0.5%～0.9%较为合理，一种则认为2%～3%合理。对比国际经验，前者较符合实际情况[①]。例如，纽约、伦敦、巴黎、东京，基本在0.5%～0.8%；巴黎最高，为0.8%；东京最低，仅为0.3%[②]。北京居民水费支出占可支配收入的比重大体在0.4%～0.8%的水平，总体上还比较低。另据研究，当家庭水费支出占总收入的比重在1%以内时，难以使居民注意节约用水，达到2%以上时，方可引起居民对节水的注意，达到2.5%时，会产生严重的影响。如果要达到2%的居民可支配收入，从平均水平上说，北京水价则要达到10～15元/立方米。近年来北京水价变化和用水量的情况表明，水价变化仅在变化期初对总体节约用水产生影

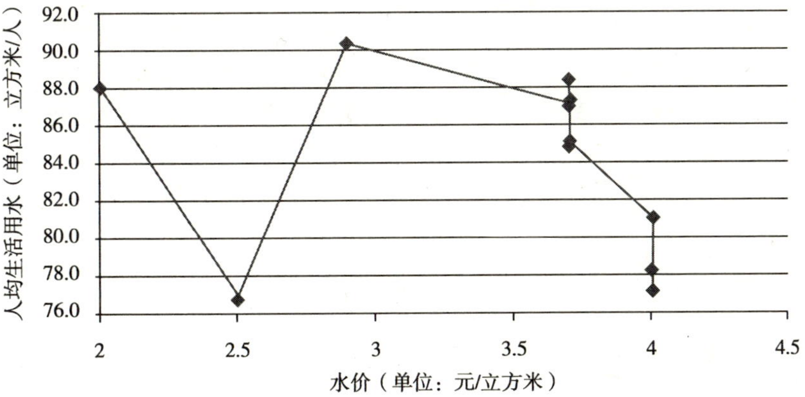

图5.4 2001～2011年各年人均生活用水量与当年水价关系图

---

① 南水北调工程水价分析研究简介，http：//www.ce.cn/xwzx/shgj/gdxw/200611/27/t20061127_9599131.shtml。

② 杨胜利等："世界城市与北京市的水务发展指标比较研究"，《北京水务》，2011年第4期。

响，在目前价格水平下，价格调整对于节水只具有短期效应，而非长期效应，之后，等居民“适应”调整价格后，用水量又有所上升。

3. 水资源理论承载力总体判断

可用生活水资源量是决定北京水资源理论承载力的关键。通过以上分析，在扣除工业、农业和生态用水后，乐观估计北京可用生活水资源总量为30.4亿立方米。如果按照85立方米/人的标准，北京水资源的理论承载能力也可达到3500万人。

在此，需要说明的是，如果仅从人均水资源量上看，北京属于重度缺水的城市。但对城市而言，水资源承载力不能简单套用水资源平均量标准。北京多年平均水资源总量为37.39亿立方米，但近10年来，北京每年实际水资源总量多数低于30亿立方米，2011年为26.81亿立方米。到2011年，人均水资源拥有量仅为132.8立方米，即使按照多年平均量计算，人均水资源拥有量也仅为185立方米。既低于通常认为的维持可持续发展的最低标准（人均300立方米），更大大低于人均1000立方米的国际水紧缺警戒线①。但城市作为一个开放系统，其产业结构和用水结构显然不同于封闭区域。城市产业结构调整的空间和资源利用效率决定了水资源的承载能力。2000～2011年，北京在总用水量没有显著增加的情况下，人口由1357.8万人增加到2018.6万人。人均水资源用量由294立方米下降到178立方米。期间，如果仅从经济发展的角度看，北京人均GDP水平由2000年全国的2.6倍提高到2008年的2.78倍。人均用水量的下降和水资源总量约束并未对北京的发展造成严重的影响。

二、土地资源条件

1. 可用土地资源总量及人口密度分析

（1）可用土地资源总量

北京土地总面积1.67万平方公里，可以开发建设的面积约9400平方公里。其中，平原地区面积约6400平方公里，其他为山区。在山区中，

---

① 相关标准和数据来源于《北京市城市总体规划（2004～2020）》和《北京市统计年鉴》。

海拔在100~300米的浅山区面积为2000多平方公里；山区之中的山间谷地坡度小于10度的可开发的面积约1000平方公里，主要以延庆县等为主（表5.1 、图5.6）。

表5.1　　北京各种土地海拔高度及面积

	海拔高度	面积（平方公里）
平原	0~50m	5044.5
	50~100m	1407.0
浅山区	100~300m	2311.1
平原和浅山区	300m以下合计	8762.6
山区	300m以上	7942.4
山区适宜开发土地	300m以上坡度小于10度	1061.5

注：该数据根据北京1∶5万遥感图分析得到，下图同。

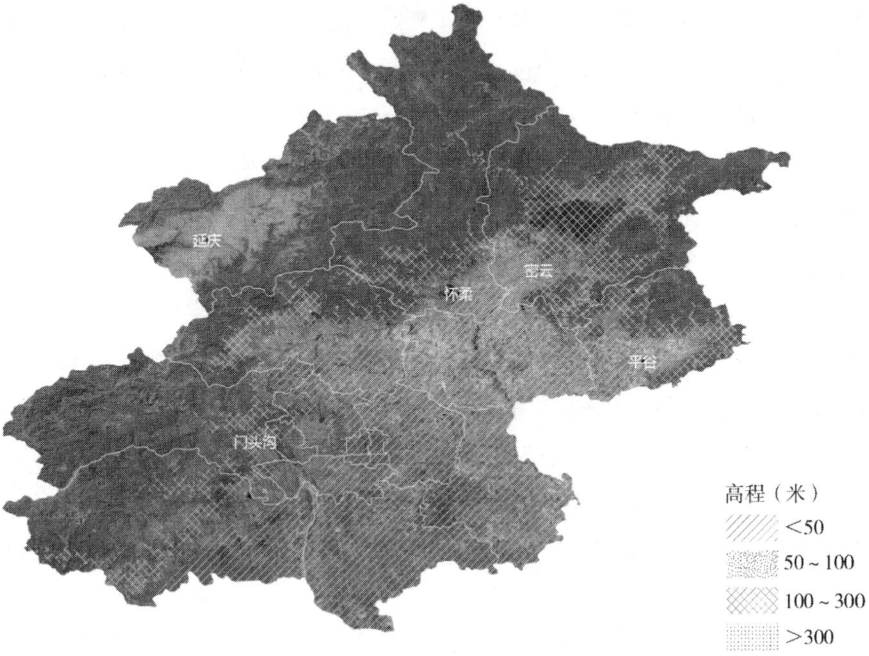

图5.6　北京不同海拔高度土地面积分布图

（2）平原、浅山、山区人口现状及开发潜力

目前，平原、浅山、山区人口分别约为1700万人、200万人和100万人。根据北京人口分布情况的概略估计，平原区6400平方公里的范围内，总人口约为1700万人，人口密度约2656人/平方公里，是浅山区的

3倍以上；浅山区和山区总人口约为300万人，其中，浅山区预计为200万人，山区约为100万人①。

从开发潜力上看，平原区人口密度仍有较大的提升空间；山区因其生态脆弱性，不宜大规模开发；对于浅山区，则可以适度进行保护性开发。浅山区就其发展的行业看，以林果、旅游和房地产业为主，特别是房地产开发，浅山区具有较为广阔的需求市场和一定的发展潜力。在浅山区可以鼓励发展低密度住宅，良好的生态环境和低密度，对富裕阶层具有吸引力，在保护生态环境的前提下，在浅山区适度发展低密度住宅，既提高浅山区土地开发价值，又释放出大量的消费需求。

总之，北京实际可用建设用地总面积大约为9400平方公里，平原、浅山等都有进一步增加人口的潜力。结合北京建设用地利用效率，并借鉴国际经验，6400多平方公里的平原区土地利用仍有较大潜力；浅山区应在保护环境的前提下，进行适度开发；海拔较高的山间谷地地区不宜大规模开发，需要进行适度控制。

2. 基于土地规划控制和土地集约利用水平提高基础上的土地承载力

在现行规划控制下，如果城乡建设用地土地集约利用水平达到现有城镇的水平，理论上的土地资源承载力为3000~3200万人。

2010年，北京市全部城镇建成区（包括中心城区、新城和建制镇）总规模估计在1350~1400平方公里，城镇人口约1700万人②，人口密度约为1.2万人/平方公里。根据《北京土地利用总体规划（2006~2020）》，到2020年，北京建设用地总量增加到3817平方公里，其中，城乡建设用地总量由2010年的2520平方公里增加到2700平方公里。

对于2700平方公里的城乡建设用地，通过提高土地利用效率，提升集约利用水平的办法，假定都可以达到目前平均城镇用地人口密度水平，即1.2万人/平方公里，则北京规划建设用地的承载力能够达到3240万

---

① 根据《北京市山区低效生态公益林改造规划（2011－2020）》，2010年，北京山区总人口为292万人。参见 http：//www. bjyl. gov. cn/ztxx/sewghzt/sewzxgh/201202/t20120210_ 102574. html。浅山区和山区人口根据北京区县山地面积、总人口以及城镇率等数据推测。

② 建成区面积根据网络搜索数据，并结合北京市土地利用总体规划推测。根据北京市土地利用总体规划，到2010年，城镇工矿用地1685平方公里。六普数据表明，北京农村人口在250万人左右，城镇人口约1700万人。

人，即使按照新增以及存量的1300平方公里城镇和乡村建设用地（2700平方公里规划用地减去1400平方公里的城镇建成区）进行挖潜，人口密度按1万人/平方公里计算（国土资源部新城建设的人口密度标准），北京规划建设用地的最大承载力也可达到3000万人。

3. 基于适宜性和国际经验比较的北京人口承载力

按各部分可开发土地的承载力并对比国际城市区人口密度，北京土地资源人口承载力的理论值达到3300万人。

根据以上对北京土地资源构成分析，分为平原、浅山和山区计算理论承载力（不考虑土地规划有关基本农田等内容）。

第一，平原区承载力。根据国际经验计算，从纯粹自然角度并结合国家大都市区人口密度经验，北京市仅平原地区土地资源的人口容量就可达到3000万人。计算方法如下：北京平原区面积约6400平方公里，考虑到中国城市行政区属于城市带乡村的范畴，以国外都市连绵区人口密度作为比照标准。国外都市连绵区内，人口密度大约在5000人/平方公里。例如，东京都市圈50公里圈层内总面积6799平方公里，人口约3150万人，人口密度约4633人/平方公里。伦敦（包含内伦敦和外伦敦），总面积1579平方公里，人口约756万，人口密度约4780人/平方公里。按伦敦4700人/平方公里的标准估算，北京平原地区可承载的人口容量也可达到3000万人。

第二，浅山区承载力。目前，北京浅山区总面积2300多平方公里，人口约200万人。在适度进行低密度住宅开发的情况下，仍有望增加30万人（根据2006年北京山区协调发展规划，区域内废弃建设用地就达到80平方公里，如果这些废弃建设用地得到利用，区域内开发密度按照平原区和浅山区人口密度比值3∶1计算，则80平方公里范围内，可容纳约30万人）。浅山区承载人口可达到230万人。

第三，山区承载力。目前山区人口约100万人。较适合居住和开发的总面积约1000平方公里，从生态保护的角度，这些区域也不宜高强度开发，以维持现有人口规模和开发密度为宜。承载人口保持在100万人。

综合平原区、浅山区和山区三部分，北京土地资源人口承载力预计达到3300万人。

第六章　人口增长趋势总体判断

一、按现有趋势变化下的人口增长分析

1. 人口总量分析

（1）常规增长趋势下的北京人口总量分析

常规增长趋势下，将人口增长分为户籍人口增长、外来人口增长和常住人口增长三类，其中都包含了人口自然增长和机械增长的因素。

户籍人口的增长趋势。按照 1996～2011 年的数据计算，户籍人口年均增长 13.3 万人，按此趋势，到 2020 年，北京户籍人口增加 120 万人。如果按照 2000～2011 年户籍人口增长的幅度计算，户籍人口共增加 170 万人，年均增加约 15.5 万人，到 2020 年北京市户籍人口可增加约 139 万人。

外来人口的增长趋势。1996～2011 年外来人口年均增长 37.4 万人，外来人口增长显著快于户籍人口增长速度（图 6.1）。按此速度，到 2020 年，外来人口可增加约 336 万人。如果按照 2000～2011 年外来人口年均增长 44.2 万人的增长趋势，到 2020 年北京市外来人口可增加约 398 万人。如果按照 2006～2011 年的外来人口年均增长 67.8 万人的增长趋势，到 2020 年北京市外来人口可增加约 610 万人。

北京市常住人口的增长趋势。取低限，按照 1996～2011 年的人口增长趋势分析，平均每年增长 50.6 万人，到 2020 年北京市总人口可达到 2474 万人。取中限，按照 2000～2011 年的年均增长 59.5 万人的增长趋势，到 2020 年北京市总人口将达到 2554.5 万人。如果取高限，按照 2006～2011 年的人口增长趋势，按年均增长人口 83.5 万人来计算，到

2020 年，北京市总人口将会达到 2770.3 万人。

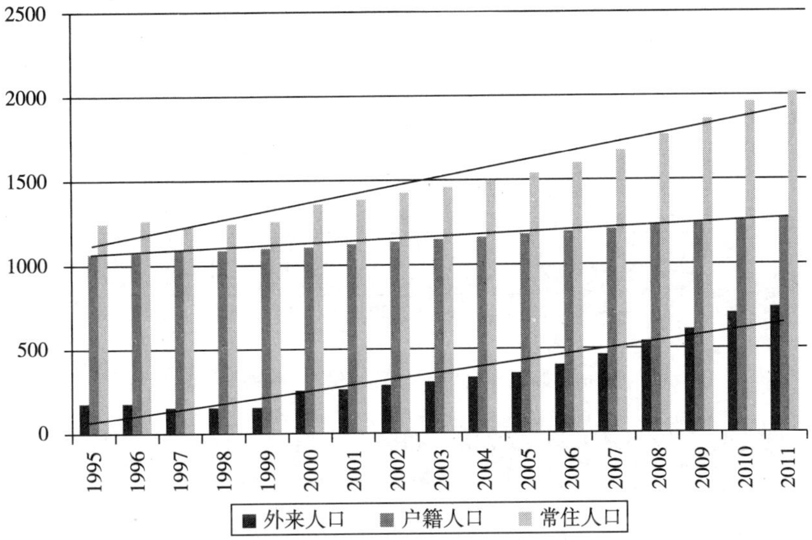

图 6.1　1995 ~ 2011 年北京各类人口变化情况

（2）基于投资、就业对人口增长影响的多方案预测

投资是衡量经济社会发展的综合性指标。投资增长以及由此带来的新增就业岗位的增加，是吸引人口增长最直接的原因。

以 1996 ~ 2011 年的北京固定资产投资和城镇就业增加的数据进行分析。如图 6.2 所示，从固定投资就业弹性来看，不同年份间的投资就业弹性变化较大，并无明显规律可循。但是如果放在一个较长时间段，那么投资就业弹性平均值还是比较接近，1996 ~ 2011 年的平均值为 0.29，2000 ~ 2011 年的平均值为 0.4，2005 ~ 2011 年的平均值为 0.31。近几年，北京投资就业弹性呈现增长趋势，但是从长期来看，考虑到边际效益递减等因素，我们以投资就业弹性为 0.3 进行测算。

1996 ~ 2011 年，北京固定资产投资增长也有较大的变化，其中 2009 年增长高达 26%，但是 2008 年还出现负增长。“九五”、“十五”和“十一五”固定资产投资的年均增速分别为 9%、16.9% 和 14.6%，2011 年的增速为 7.6%，2012 年上半年为 11%。考虑到未来经济发展方式的转变，投资增速将趋缓，我们分别设定固定资产年均增速为 14%、10%、8% 和 6% 进行测算。

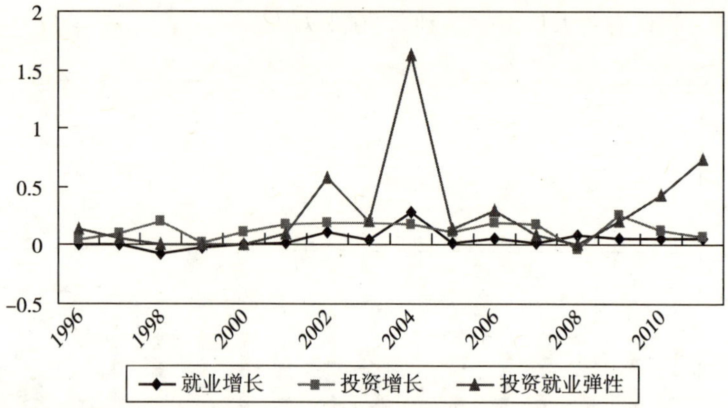

图 6.2　1996～2011 年北京固定资产投资和就业变化情况①

就业总量和北京人口的转化，如图 6.3 所示，自 2005 年以来，北京就业人员总量占总人口的比重基本保持稳定，2005 年北京就业人员总量占总人口的比重为 45.7%，2010 年为 46.1%，2011 年比重略微提高为 47.3%。以下我们以 2011 年的 47.3% 进行测算。

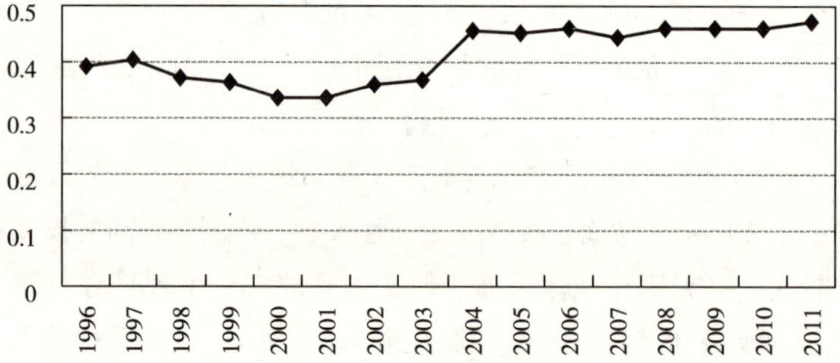

图 6.3　1996～2011 年北京各类就业总量占常住人口的比重

测算结果如表 6.1 所示，到 2020 年，在其他条件不变的情况下，如果固定资产投资年均增长在 14%、10%、8% 和 6%，其他新增人口按照上述不同投资增长的测算方式，北京外来人口新增分别约为 840 万人、550 万人、415 万人和 285 万人。北京市所对应的人口分别为 2945 万人、2653 万人、2517 万人和 2387 万人。

---

① 为了方便视图和分析，我们将投资就业弹性为负的 3 年的数据，以 0 替代。

表 6.1　　2020 年北京人口预测

投资增长速度	14%	10%	8%	6%
2020 年人口预测量（万人）	2945	2653	2517	2387

2. 人口空间结构分析

2005 ~2011 年，北京主城区、近郊区和远郊区人口密度都有所增加，其中，主城区人口密度由 6966 人/平方公里增加到 8780 人/平方公里，近郊区和远郊区人口密度分别由 754 人/平方公里和 242 人/平方公里，增加到 1238 人/平方公里和 265 人/平方公里（表 6.2）。

表 6.2　　2005 年和 2011 年北京各区人口密度及变化　　单位：人/平方公里

	面积（平方公里）	2005 年	2011 年	人口密度增幅
主城区	1368.3	6966	8780	26%
近郊区	4306	754	1238	64%
远郊区	10736.2	242	265	9.5%

对于北京人口空间分布，借鉴国际经验，分析各部分人口可能的变化方向。主城区人口总量增长空间已有限，吸纳人口的比重将会下降。如果主城区的职能得到有效疏解，主城区的人口规模也会下降，但也要防止中心城区功能疏解，带来中心区的衰落。要鼓励中心城区发展高密度住宅，提高中心城区人口居住密度，缓解职住分离状况。

近郊区人口仍有较大增长的空间，近郊区将是承载人口增长的主要区域，未来吸纳人口的总量和比重都将有较大增长。远郊区人口变动不会太大。

二、未来人口变化总体判断

1. 北京人口近期内难以改变增长的趋势

主要考虑到以下几个方面因素。一是我国城镇化正处于较快发展阶段，根据国际规律，中国城镇化率不仅还有 20 个百分点左右的增长空间，还要同时通过农民工市民化解决城镇化质量提升问题。因此，北京市人口还将随我国城镇化率的提高而增长。二是北京作为全国政治、经济、文化中心的地位不可能发生改变，影响到通过行政手段和市场机制引进投资能力仍然较强，就业岗位多与收入水平高的优势还将持续保持。三是高出于全国平均水平很多的优质公共服务水平和优质公共资源对于各类人口进入北京仍有较大吸引力。

2. 到2020年北京市总人口大致在2500万人左右

我们认为，从各个方面的主观因素考虑，北京市并不希望在未来10年内人口出现爆炸性的增长。因此，控制人口进入的政策措施还将会持续出台。如果方法得当，从降低投资增长速度开始，如年均投资控制在8%以内，北京市人口总量限制在2500万人内有可能实现。当然还要排除统计上的误差和其他不确定性因素。而在人口的空间分布上，新增人口应该更多地向近郊区集中。

3. 到2020年北京外来人口总量将接近1200万人

如果按常规增长的方式来计算，取前15年平均值作为低限方案，北京外来人口到2020年将会达到1047万人。如果按照投资增长的中低限年均8%，到2020年北京市外来人口将达到1200万人左右。外来人口占城市人口的比重将会逐年提高，预计到2020年将达到45%左右。由于未来中央的城镇化政策重点是从数量扩张转为质量提升，改善外来人口的公共服务将是北京市政府面临的重要而迫切的任务，这也将对北京市政府如何来平衡财力，既提升对户籍人口的公共服务水平，又能够有效落实中央有关政策精神，是一个艰巨的挑战。

第七章　人口调控可能采用的手段方法

综上所述，如果各种影响因素和条件不发生变化，即使经济增长的速度有可能放缓，北京市人口增长的趋势在短时间内也不可能出现根本性的逆转或者停滞。

分析北京市人口调控的动机和原因，可能还是需要继续进行深入的课题研究。但是可以清楚地看到，北京市的人口增长面临的国际和国内环境，确实不同于其他国家所走过的道路。一是对于现代化发展的迫切要求，以发达国家城市化道路的结果作为参照系，要求北京市的基础设施和公共服务水平提升到发达国家水平。二是我们面临的发展阶段，则是面对大量的低收入人口迫切要求转换就业岗位和提高收入水平的城镇化进程。北京的开放性空间无法阻挡住大量的外来人口来此寻求就业机会。而基础设施供给的压力又导致当地居民把原因归结为人口的高度膨胀。其实根本性原因只是在高速增长过程中，积累的矛盾和社会舆论，无法通过短期有效的基础设施和公共服务供给来缓解。舆论的呼声中，唯一的办法，就是减少对新增人口的公共服务，或者是继续采取户籍限制，缓解新增公共服务的压力。

从发达国家特大城市的发展进程来看，人口高速增长一般都需要几十年的时间，有的甚至需要上百年，人口总规模也远小于北京。而北京仅仅经历了十几年时间，人口在原来的基数上增加了800多万人。北京市的人口快速增长方式也使本来应该在长时段内解决的矛盾，被浓缩、集中并放大。如果我们有先发优势，可以逐步通过时间的积累来解决矛盾，并不会产生过大的社会心理压力。然而由于城镇化的后发劣势，以发达国家作为参照系，使得在矛盾集中出现的时候，也面临着赶超心理形成的社会舆论压力。

值得注意的是，北京市的人口调控思路是针对所谓“城市病”所提出，而其他国家的“城市病”基本上都是如何解决集聚在城市的贫困人口的就业和生活条件改善问题。在市场经济国家，一般都是政府通过加大公共投入来逐步解决“城市贫困”问题，而我们的政策出发点却总是停留在如何减少人口和控制人口进入。但是在行政资源和市场资源同时高度集中在北京市的时候，人口要素流向北京应该是符合经济规律的。而所谓调控政策一再失效的原因，也是政策出发点本身就已经违背了在中国特色的城市化道路中城市发展的客观规律。

提出所谓的人口调控政策、手段和方法，必须要对以上问题有足够清醒的认识，否则，所有的政策还将沦为空谈。需要强调的是，北京市人口调控政策首先要充分尊重北京市的城市发展规律，应通过行政和市场的方式在空间中进行疏导；其次要符合中央的城镇化改革的基本方针，不能继续利用行政的优越性使自己成为改革的孤岛，继续以排斥人口为借口，降低对外来人口的公共服务。

从以上分析视角出发，根据目前城镇化政策的改革思路，北京市人口的调控应该要坚持以下基本原则：坚定不移地以改善公共服务为导向，逐步缩小外来人口和本地人口的公共服务差别；充分利用北京市行政辖区的空间，合理配置人口和资源；要通过经济手段和市场机制，引导人口流向的分布趋势。

一、推进常住人口基本公共服务均等化，加快户籍管理制度改革

要加快户籍管理制度改革。要尽快制定有关政策，一次或分数次解决长期举家迁徙在北京务工经商的外来人口。据统计，在北京的外来人口中，大约有20%的长期举家迁徙的城镇间流动人口和农民进城就业人员。他们已经有了稳定的工作和就业条件，甚至一部分已经在北京购买了住房，他们已经和北京市融合在一起，也不会返回原来的城镇或农村定居。解决他们的落户问题，既不会对社会带来任何波动和不稳定因素，而且会启动他们在北京的长期消费和投资。他们成为北京的新市民，应

该是中央城镇化政策在北京的一次最好的利益释放。对于非举家迁徙的外来人口，要通过就业年限等条件的累积，逐步实现落户政策。郊区县和小城镇要在户籍管理制度改革方面进行积极探索。北京主城区存在人口过度集中的问题，但是郊区并不存在人口过度集中的问题，郊区县和远郊区建制镇可以首先放宽户籍制度限制，也可以选择部分郊区县和小城镇进行试点。

要稳步有序推进常住人口基本公共服务全覆盖。要根据常住人口规模，编制部门和地方预算，把对外来人口的公共服务纳入预算范畴。逐步使外来人口在子女教育、公共卫生、社会保障等方面享受与本地城镇居民同等的公共服务水平。近期要争取在随迁子女义务教育、高考、社保和保障房等领域取得一定突破。远期要制定长期目标，逐步从根本上改善对外来人口的公共服务。

要在北京市辖区内实行差别化的公共服务体系建设。北京市的大多数外来人口来自外地城镇和农村，他们的收入水平和受教育水平无法支持他们在优质的基础设施和公共服务条件下生活。要承认在我国的城镇化进程中，人口差别化的存在。因此，在北京市行政管辖区内，特别是在功能拓展区或者新区（近郊区或远郊区）选择一部分建制镇，为外来人口建设集中居住区，满足一般性的基础设施供给和适应他们收入水平的公共服务体系建设。可以试点允许民办学校和民办医院在这里集中建立，政府给予各种补贴，提供用地。并采取措施鼓励城内优质学校教师和医生到这里定期开展服务，逐步提高办学条件和水准。

二、促进环北京经济圈建设，引导外来人口在北京市行政区周边城镇落户

北京市作为特大城市，在未来的城镇化进程中吸引人口的作用仍将持续发挥。如担心政府没有足够的经济实力完善日益增长的外来人口的公共服务需求，缓解北京市民对人口日益增长的不满情绪，北京市应与河北省密切合作，发展环北京经济圈经济，促进一部分产业和人口向辖区周边中小城市和较大建制镇转移。例如可采取以下政策来加强和河北

省以及周边中小城市的合作。

①税收共享政策。凡是已经确定要在北京投资或者已经在北京投资、需要向周边城市转移的企业，实行税收共享，明确比例，互利互惠，实现双赢。

②共建产业园区。可由北京市下辖各级政府，分别与周边城市签订协议，共同建立产业园区，共同制定吸引投资政策。也可由北京市政府规划下辖区县和周边城市结对子，建立互助发展机制。产业园区的有关政策实现互利双赢。

③扶持周边城市发展。北京市政府先行明确可以促进周边发展的一部分试点城市，给予一定的政策扶持，支持北京市的产业外移。例如帮助建设基础设施，实现优质公共服务资源共建，如医院和学校的共建等。

④加强轨道交通建设。特别是加强和周边城市的轨道交通建设。为促进北京市人口和产业向周边城市的外移，北京市可将延伸至郊区县的轨道交通建设，进一步延伸到环北京经济圈的周边城镇。在北京市解决部分投资的基础上，可申请中央政府给予一定的项目资金支持。需要强调的是，只有轨道交通，才可以真正达到为更多中低收入人口服务的交通纽带连接作用。

三、加大限制工业发展的力度

如果北京市要真正实施限制人口进一步高速增长的政策，当务之急就是限制投资的增长，特别是工业企业向周边新区的进入。

取消对周边区县的 GDP 考核指标。不鼓励近远郊区县加大招商引资力度。鼓励相关区县和环北京经济圈周边城市合作建立产业园区。由此造成的财政损失，市政府可以适当给予补贴。

制定产业发展的空间规划。规划中要特别强调，对工业企业进入近远郊区县的限制措施。要鼓励辖区内区县以及建制镇服务业的发展。特别是针对北京市庞大的消费人群，制定下辖区县以及建制镇的服务业发展规划，如旅游业、采摘业、会议经济、老龄经济、教育经济和医疗服务以及农家乐等。要结合北京特殊的自然景观，尽量使周边的服务业逐步形成规模，带动各类服务产业的发展。

鼓励和限制并举，引导产业转移。要综合运用金融信贷、投资税收、建设用地等政策手段，引导工业企业向环北京经济圈周边中小城市和小城镇转移。

四、疏解中心城区功能，优化城市功能布局

目前就业、公共服务、行政等多种功能在北京主城区高度集中，也加剧了北京主城区人口承载压力。

研究制定中心城区功能疏解规划。明确中心城区产业、行政管理等功能布局和方向。严格限制医疗、教育、行政办公等大型服务设施的新建和扩建，引导产业、行政、服务功能向周边疏解。鼓励中心城区在非保护区内发展高密度住宅，提高中心城区人口居住密度，缓解职住分离状况。在北京近郊区，加快新城新区建设，承接中心城区产业和人口的转移。

完善城市交通基础设施规划。一是继续推动公交优先发展战略。优先保障城市公共交通投资和用地，完善公共交通基础设施，提高公共交通线路密度，增强公交出行便利性，提高公交出行比例。二是加强北京与辖区内重点新城的轻轨线路建设。要方便大规模人口的流动，就需要发展大容量的公共交通。轻轨作为郊区的主要交通载体，相比高速公路更有利于对中低收入人口的服务。

五、完善城市住房政策体系

住房政策调整对社会各收入阶层都有直接的影响，也关系到城市建设运转的资金来源。

增加各类公租房的供给。要为在北京生活的中低收入群体提供可承担的、有尊严的住房，这需要进一步增加公租房的供给。要进一步引导民间资本参与公租房建设，扩大集体建设用地建设公租房的试点，允许集体经济组织和农民利用存量集体建设用地建造公租房。政府做好相关

基础设施和公共服务设施建设的配套。

取消对商品房的限购政策。适应北京住房市场需求趋向，及时调整商品房限购政策，取消在北京购置商品房的与户籍相关的限制政策。通过商品房价格的市场化，加大土地出让金的征收力度，提高北京城区稀缺的土地资源利用的效率，并确保基础设施投入资金来源的供给。

研究开展征收房产税试点。发挥税收对收入分配和住房价格的调节作用，开展房产税试点。可以首先针对保有多套住房的家庭进行征税，对一个家庭保有两套以上的住房要征收房产税。可以研究将集体建设用地上建造公租房纳入征收房产税试点范围。

六、合理利用价格手段调控人口生活成本

政府对水电气等要素补贴，扭曲了这些要素的市场价格，降低了人口、产业的生活和发展成本。加快北京市政公用事业价格形成机制改革，尽快形成市政公用产品的价格形成机制，通过价格手段调控人口规模。要尽快实行水电阶梯价格，对低收入人口进行补贴。既有利于通过生活成本的提高，调控人口的进入。又有利于未来的城市基础设施的市场化运营和管理。

要尽快研究提高公共交通运营价格，适度逐步提高地铁和公共交通的票价。并研究对低收入人口和户籍人口的价格补贴政策。

七、提高城市人口信息化管理水平

综合运用现代信息化技术，尽快建立常住人口信息管理系统。加强城镇流动人口监测，安排专项财政资金建立流动人口信息监测体系，探索建立城镇流动人口信息监测网络，全面把握流动人口基本信息。

下篇
促进人口有序流动合理分布的政策建议研究

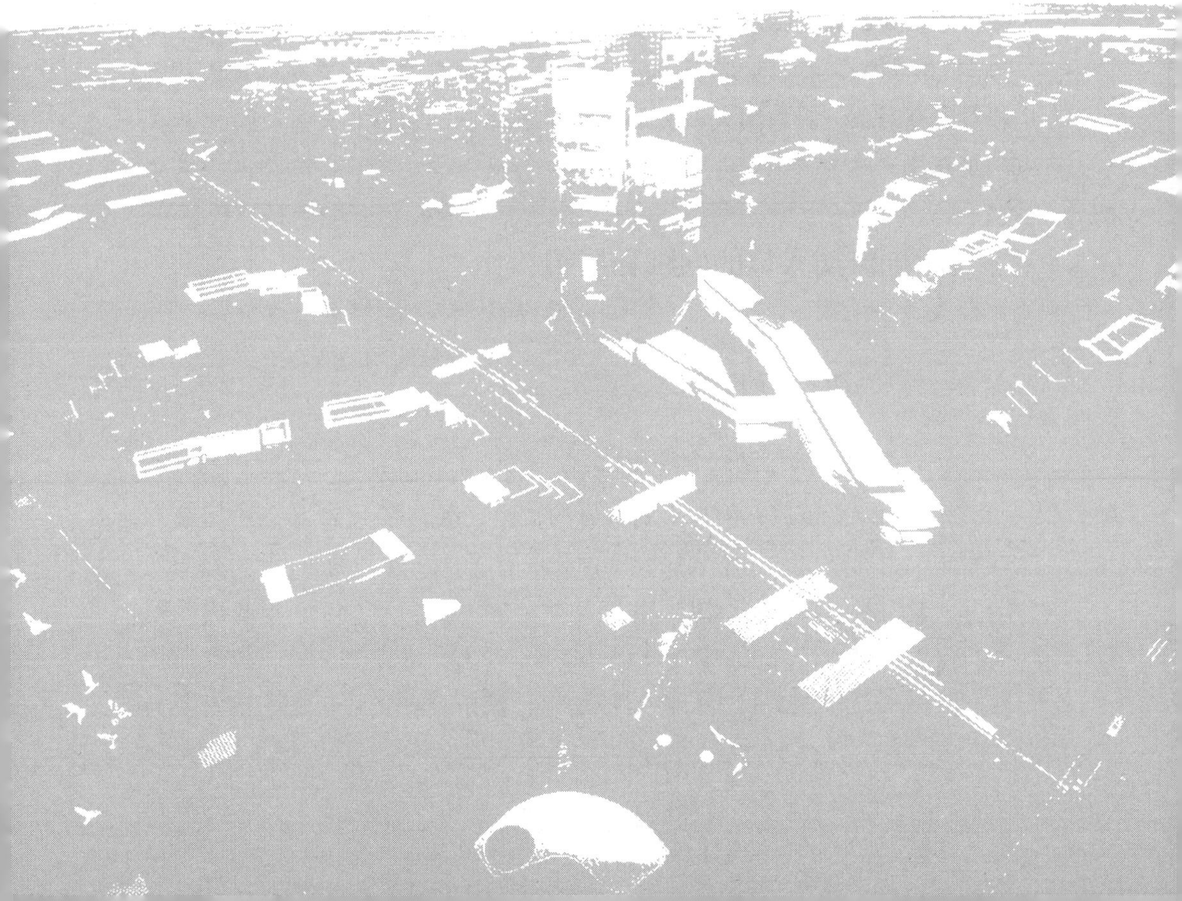

总　报　告

改革开放以来对人口流动的控制逐步放宽，中国人口空间分布格局发生了一些根本性的变化，人口开始更多地从农村流向城市，跨区域流动人口增加。流动人口促进了城乡一体化发展，为工业增加了竞争力，为城市增加了活力，为现代化增添了动力，也有力地推动了中国经济体制改革和政府职能与管理服务方式转变。把握中国流动人口特别是农村流动人口的空间分布格局和趋势，对制定符合“以人为本”科学发展观根本要求的人口政策，建立有中国特色人口管理体制，促进我国城镇化健康发展具有重要意义。

中国流动人口发端于农村，从农村流向城镇是我国流动人口的主要流向，也是未来我国城镇化发展的主体。本研究以农村流向城镇人口为主要研究对象，对中国人口流动过程中的体制和机制性问题，提出相关政策建议。

一、中国流动人口的回顾和展望

（一）流动人口的演变

1. 从禁止自由流动到允许流动

新中国成立以后并没有限制人口的自由迁徙，在1954年新中国第一部宪法中明确指出“中华人民共和国公民有居住和迁徙的自由”。建国初期，大量农村人口流向城镇，城乡人口流动规模较大，1949年我国城镇人口仅为5765万人，到1957年已达9949万人，增长72.6%，年均增长率超过10%。随着农村人口进城的增多，城市粮食供应出现了困难，为控制人口进入城镇，1958 年中央政府颁布了《户口登记条例》实行户口登记制度。“大跃进”运动使得这一条例并没有真正得到贯彻落实，但是三年自然灾害的发生迫使政府重新强化户籍制度，并将城镇非农户口与一系列权益相挂钩，从严控制人口从农村到城市及从中小城市向大城市的流动，公民的自由迁徙权利也从中国宪法中取消。

农村经济体制改革以来，农村生产力大幅提高，农村剩余劳动力不断增多，农村非农产业也迅速发展起来。中央也出台一系列措施促进乡镇企业发展，把乡镇企业的发展作为解决农村剩余劳动力和控制农村人口流入城镇的一种主要手段。但是，随着农村剩余劳动力向非农产业转移的增多，进城务工经商的农民不断增多，要求城镇放松控制，为此 1984 年中央“一号文件”中提出把小城镇作为吸纳农村剩余劳动力进城务工经商的渠道，允许农民进入城镇就业生活。之所以首先在小城镇放松控制，主要是基于防止人口过多流向大中城市的角度。但是，允许农民进城这在中国改革史上是一个重大的进步，中国农民重新获得了自由流动的权利，成为大规模人口流动的基础，促进了中国工业化城镇化的发展。从 1984 年到 1988 年，全国共吸收约 500 余万农民自理口粮进镇落户，与同期全国户口“农转非”人口总量之比约为 1∶10[①]。

由于城镇体制改革首先从小城镇开始，最初的人口流动主要是集中在县以下的集镇（周其仁，1997）。到 80 年代中后期，随着对外开放的深入，城市企业招工体制、城市粮食购销体制、户籍管理体制的相继改革和房地产市场的开放，东部沿海地区和城市经济快速发展，局部地区的劳动力需求趋于旺盛，人口跨区域流动及农村人口流向城镇的现象逐渐增多。随着农村人口流向城镇的增多，中国城镇化抑制现象也开始得到缓解。流动开始也以近距离流动为主，跨区域流动比重还不高，以广东东莞为例，到 1988 年，已有 32 万外来劳动力，其中省内占 71%，省外 28%[②]。80 年代末和 90 年代初期的几年，流动人口规模急剧增长。

---

① 朱宝树等：“农村人口向小城镇转移的新态势和新问题”，《中国人口科学》，1991 年第 1 期。

② 王西玉等：“中国二元结构下的农村劳动力流动及其政策选择”，《管理世界》，2000 年第 5 期。

1988年我国乡镇流动就业农村人口为2600万，到1994年已经达到7000万（崔传义，1997），增长了1.69倍。在人口流动增多的同时，跨区域流动比重不断提高。根据国务院发展研究中心对28省28村的调查，1985年到1993年，外出就业（出县）增长1.16倍，在外出劳动力总量中，出省劳动力比例由1985年的40.3%提高到1993年的58.1%①。

表1　　外出劳动力出省就业比例

年份	1985	1990	1992	1993
外出劳动力总数（万人）	1602	2248	2911	3447
出省劳力比例（%）	40.3	52.3	56.8	58.1

资料来源：王西玉等："中国二元结构下的农村劳动力流动及其政策选择"，《管理世界》2000年第5期。

2. 限制和歧视流动人口阶段

90年代中期，城市面临下岗失业人员再就业、城镇新增劳动力及进城农民就业"三峰叠加"的严峻形势，为缓解就业压力，各地城市政府相继出台政策来限制城镇就业岗位对农民工的使用，在一些城镇也出现遣返农民工的现象。而且对农村人口流动的限制也上升到国家层面，计划经济手段重新运用到解决就业问题上。流动人口就业开始面临着城乡分割和就业歧视的政策环境，概括起来，主要包括两个方面。

一是限制农民工的就业岗位。比如上海市将用工工种分为A、B、C三类，苦脏险累的A类工种允许招外地工，而较为轻松的C类普通工不允许招外地工，介入两者之间的B类工种本着先本地后外地的原则酌情招收。这些政策的核心是外来劳动力只能从事本地劳动力不愿意选择的行业和工种。

二是要求农民工办理各类证件，并收取相应的费用。随着流动人口外出的增多，流动人口治安问题的增多也成为政府要求办理各类证件加强流动人口管理的依据。在这一时期，流动人口外出就业首先要在户口所在地办理人口就业登记卡，在流入地需要办理外来人员就业证，同时还要办理暂住证等。作为在流入地就业的合法证件，这些证件的办理，

① "农村剩余劳动力转移与劳动力市场"课题组："28个县（市）农村劳动力跨区域流动的调查研究"，《中国农村经济》，1995年第4期。

一般要收取一定的费用。另外，还要对流动人口收取计划生育管理费、城市增容费、劳动调解费、外地务工经商人员管理服务费和外地建筑企业管理费等费用。证件收费成为重要的部门收入，甚至成为增加预算外收入的重要渠道（赵树凯，2008）。

从90年代开始，人口流动对流出地和农民收入增长贡献较大，带动了流出地的发展。据1996年第一次农业普查资料，1995～1997年，农民工年寄带回农村860亿～1030亿元。也逐渐引起了输出地政府的重视，"劳务经济"概念开始被流出地政府提出，也出台一些地方性文件来促进劳务输出。与输出地政府不同，流入地政府对流动人口的认识还停留在流动人口对本地劳动力就业的替代，以对流动人口的限制和歧视为主。

人口的流动主要是基于对收入的追求，可以说是市场行为的表现。工资性收入已经成为农民收入增长的主要动力，特别是自1997年亚洲金融危机以来，农业的结构性剩余使得农户家庭经营收入对农民收入增长贡献越来越小。如图1所示，农民收入增长主要来自于工资性收入，在1999年和2000年工资性收入增长甚至超过了纯收入增长总量。

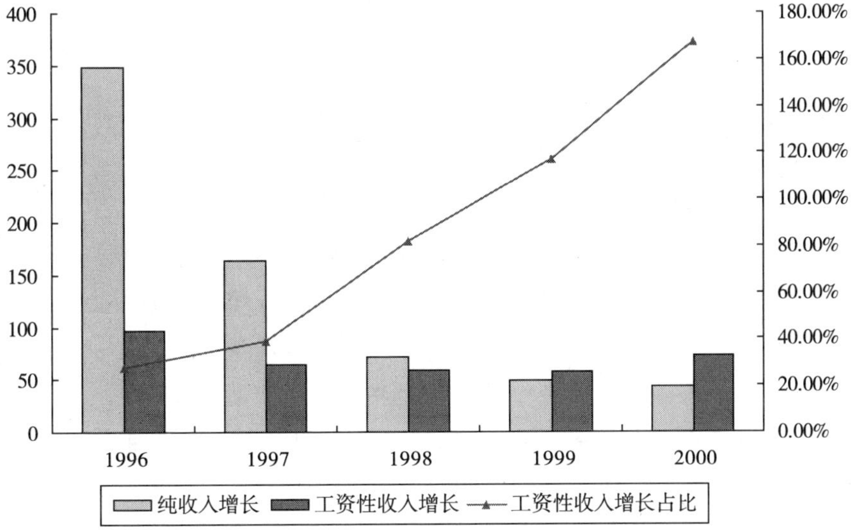

图1　农民收入增长变动图

由于区域和城乡之间就业机会的差异，在获取最大化收入的驱动下，流入地对流动人口的限制并没有阻挡人口流入的步伐，流动人口总量迅速增加。2000 年跨省流动农民工已达 2824 万人，比 1997 年增长 90.8%。事实上，有关研究（王桂新、沈建法，2001；孟昕、张俊森，2006；袁志刚，2006）也表明城市对流动人口的限制对解决城镇就业问题效果并不显著，因为流动人口和城镇人口就业是分割的，两者之间主要是互补关系，而不是替代关系。城市政府对农民工的遣返，反而给城市生活带来了诸多不便，使城市失去了本有的活力。

表 2　　　　农民工流向情况

年份	1997	1998	1999	2000
乡外县内（万人）	1288	1718	1582	1622
县外省内（万人）	1114	1346	1497	1678
省外（万人）	1480	1862	2115	2824

资料来源：国家统计局农村社会经济调查总队：《2000 年中国农村劳动力就业和流动状况》。

3. 完善管理和公平服务

为了应对亚洲金融危机，扩大内需，城镇化发展战略开始得到政府重视，城镇化战略成为国家发展的长期性战略，对促进农村劳动力转移的呼声日益强烈。关于农村劳动力流动就业的政策发生了一些积极的变化，特别是开始关注流动人口的基本权益保护。政策变化突出表现于 2003 年 1 月国务院办公厅颁发的《关于完善农民进城务工就业管理和服务的指导意见》。这些变化有以下三个突出特点。

一是开始逐步取消对流动人口就业的各种不合理限制和政策上的歧视。要求各行业和工种尤其是特殊行业和工种要求的技术资格、健康等条件，对农民工和城镇居民应一视同仁。为此，各地也分别废止了一批针对流动人口的政策规定。比如，2005 年北京市宣布废除《北京市外地来京务工经商人员管理条例》，取消了职业工种对流动人口的限制。

二是取消不合理收费，关注流动人口的基本权益。逐步取消了一批针对流动人口的不合理收费。从 2003 年总理为农民工讨工钱开始，农民工的劳动收益权受政府和社会的关注程度在不断提高，从中央到地方开始全面清理农民工工资拖欠等问题。推行农民工工伤保险，加强对农民工法律维权的援助，保障农民工基本权益。

三是积极推进各个方面的改革，加强对流动人口的公共服务。建立流动人口管理服务机制和机构。国务院建立了农民工联席会议制度，在流入地也建立了类似流动人口管理办公室，在流出地成立类似劳务经济局等机构；劳动部成立农民工司，计生委成立流动人口服务管理司等专门机构加强对流动人口的服务和管理。另外，政府加强对流动人口的社会保障、子女教育、技能培训等方面公共服务力度。推行土地、户籍等方面制度改革，为农民工进城稳定就业和定居创造条件。

进入21世纪以来，随着对流动人口相关政策的放松和流动人口权益维护的重视，以农民工为主体的流动人口总量不断上升。据国家统计局农调队数据显示，到2007年我国常住户中外出农民工已超过1亿人，占常住户的21.3%。在外出总量不断增多的同时，增幅和增速在不断的减少，2007年农村常住户劳动力外出仅增长大约200万，增速大约为2个百分点。结合从2003年开始我国东南沿海地区出现的“民工荒”现象，这预示着我国劳动力无限供给时代的结束，已经开始进入“总量剩余，结构短缺”的时期，也需要认真地反思我国流动人口政策，做好流动人口公共服务，减小对经济发展的影响。

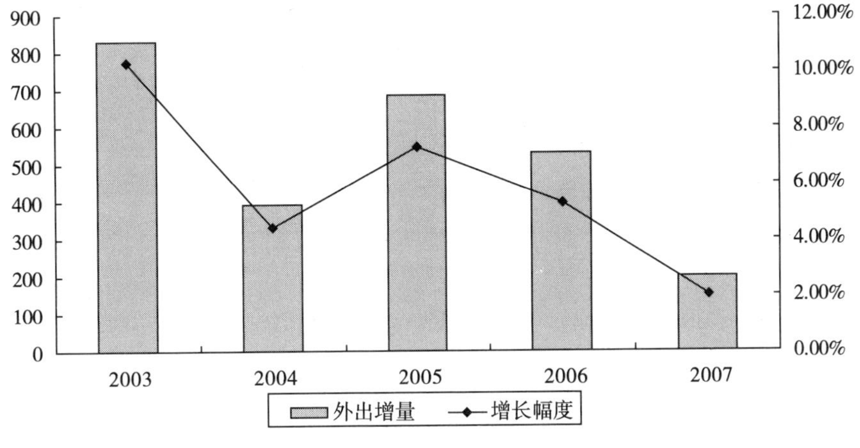

图2　农村外出劳动力增量和增速

（二）流动人口的现状和趋势

人口流动是中国城镇化过程中的特有现象，2005年抽样调查数据显示中国流动人口总量达1.4亿人。中国人口流动的原因是就业机会的区域差异，与工业化和城镇化发展相适应，人口流动表现为从农村流向城镇。流动人口促进了城乡一体化发展，为工业增加了竞争力，为城市增加了活力，为现代化增添了动力，也有力地推动了中国经济体制改革和政府职能与管理服务方式转变。随着中国经济社会的发展，中国流动人口呈现出以下五个方面的趋势和特点。

1. 人口流动以农村流向城镇为主体

根据2005年人口抽样调查数据显示，2005年农村人口占我国流动人口总量的61.4%，城镇人口占38.6%。在跨省流动人口中82.3%是农村人口，城镇人口仅占17.7%。从农村流向城镇的人口占全部流动人口的49.2%，其中，从农村流向城镇的占省内流动的41.1%，占跨省流动的65%。整体上来说，农村流向城镇是我国人口流动的主要部分。

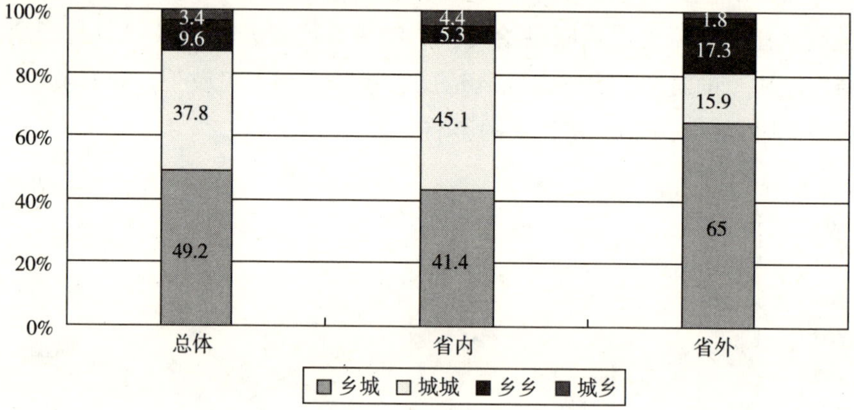

图3　人口流向对比

在农村人口流向城镇的同时，就业状况随之由农业转变为非农产业，就业结构的转变促进了改革开放以来中国经济的发展。世界银行估计中国1979～1996年16%的国内生产总值增长来源于农村劳动力就业结构的变化（世界银行，1997）。蔡昉等（2000年）的研究认为劳动力转移对1982～1997年中国经济增长的贡献为20.23%。另外，世界银行一份研究报告估计1%的农业劳动力转移的话，可以给国内生产总值增长贡献0.7个百分点（世界银行，2005）。从我国城镇化与工业化发展的进程来看，随着农村人口进城的增多，城镇化滞后现象有所缓解，农村到城镇流动的趋势将会继续维持。

2. 流动人口总量扩大趋势将持续

2005 年中国流动人口数量达 14735 万人，与 2000 年人口普查相比，流动人口总量增加 296 万人。在流动人口中，跨省流动人口比重出现上升。从流动人口的流向来看，跨省流动比重上升，跨省流动人口比重已达 32.4%，提高了 4 个百分点，增加了 537 万人。从流动人口的来源来看，来自农村的流动人口增加了 577 万人，城镇流动人口减少 281 万人；跨省流动的农村人口增加 628 万人，城镇跨省流动人口减少 91 万人。

按照流动人口的流向和来源看，从农村到城镇的流动人口总量最高达 7249 万人，这类流动人口已经引起了广泛的关注。同时，城镇之间的流动人口也高达 5569 万人，因为我国人口管理以户籍制度作为基本依据，他们在享受流入地政府的公共服务方面与农民工并没有根本的区别。因此，我们在分析政府对流动人口的公共服务时主要是分析农民工，这样的分析同样适用于城镇间的流动人口。但是，我们不能忽视另外一部分人群，就是流向农村的流动人口，从总量上来看接近 2000 万人，这部分人口往往被忽视。从城镇化发展的角度来看，城镇化可以包括两个方面：一是人口和土地的非农化；二是当大量的零散要素在农村集聚时，同样可以带来农村城镇化，但是这个方面在研究中往往被忽视，政策上受到的限制还很多。

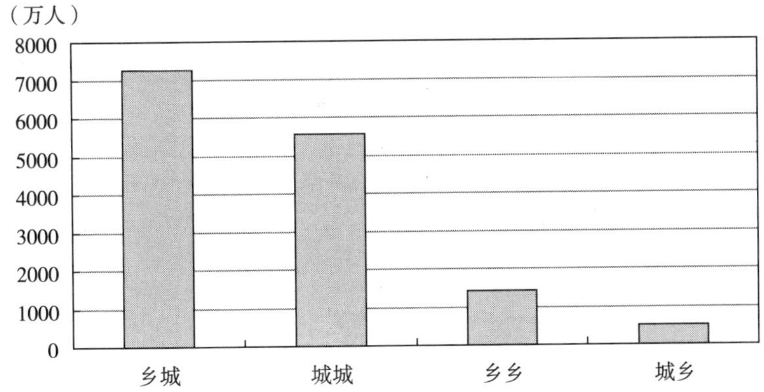

图 4　各类流动人口状况图

城镇化是未来中国发展的一个趋势，金融危机以来，城市化作为“扩内需，保增长”的发展战略受到的关注越来越多（王建，2009；杨伟民，2009）。从中国的实际情况来看，2007 年中国城镇化率达到 44.9%，这一水平与中国工业化发展是不相适应的。还有2个省城镇化水平低于30%，10个省城镇化水平低于40%。外出务工率并不具有地区趋同性，外出务工及本地非农就业劳动力占农村总劳动力的比重在地域间存在巨大差异（白南生、陈传波，2008）。从第二次分省农业普查资料来看，浙江省农村劳动力非农就业率已达79.9%，而吉林省的非农就业率仅为20.5%。

3. 流动人口来源和流向趋于集中

流动人口向东部地区集中趋势明显。到2005年，东部地区吸纳84.6%的跨省流动人口，相比1995年提高21.6个百分点。在农村跨省流动人口中，90.5%的中部地区人口流向东部地区，81.9%的西部地区人口流向东部地区。

表3　　跨省迁移人口的地区分布（%）

目的地	年份	出发地			
		东部地区	中部地区	西部地区	全国平均
东部地区	1987	49.7	61.7	44.2	52.0
	1990	56.0	59.0	49.3	54.6
	1995	63.5	71.8	56.5	63.1
	2000	64.4	84.3	68.3	75.0
	2005	78.3	89.8	80.1	84.6
中部地区	1987	31.3	21.8	21.2	24.6
	1990	28.4	23.5	20.4	24.0
	1995	20.5	12.7	13.4	18.8
	2000	19.7	7.1	7.9	9.8
	2005	10.9	4.4	4.4	5.5
西部地区	1987	18.9	16.6	34.6	23.3
	1990	15.6	17.5	30.3	21.4
	1995	16.1	15.5	30.2	18.1
	2000	15.9	8.6	23.9	15.3
	2005	10.8	5.8	15.5	9.9

我们利用2007年分省常住人口和户籍人口数据对分省的流动进行分析，从接收人口流入的区域来看，集中在长三角、珠三角和京津地区。这三个地区是目前我国三个主要城市群。由于数据的限制我们不能对分城市的数据进行具体分析，但是从我国城市人口变动来看，2001年到2007年我国400万人以上城市由8个增加到13个，其中8个分布在东部，5个分布

在中西部；3 个新增城市在江浙粤；1 个在中西部。200 万 ~400 万人口城市由 17 个增加到 26 个，由于有两个城市人口超过 400 万人，实际上新增 11 个。6 个在东部，其中 4 个在江浙粤；5 个在中西部。城市人口的增长在一定程度上意味着流动人口的增多，从变动情况来看，这些人口增加的城市在东部主要在珠三角、长三角及环渤海城市群；在中西部则是一些中心城市为核心的都市圈。这也反映了人口向城市群和都市圈集中的趋势。

如图 5 所示，流动人口的来源集中在中部地区，2007 年我国人口净流出的省市有 12 个，河南、安徽、湖南、江西、湖北、四川、重庆、贵

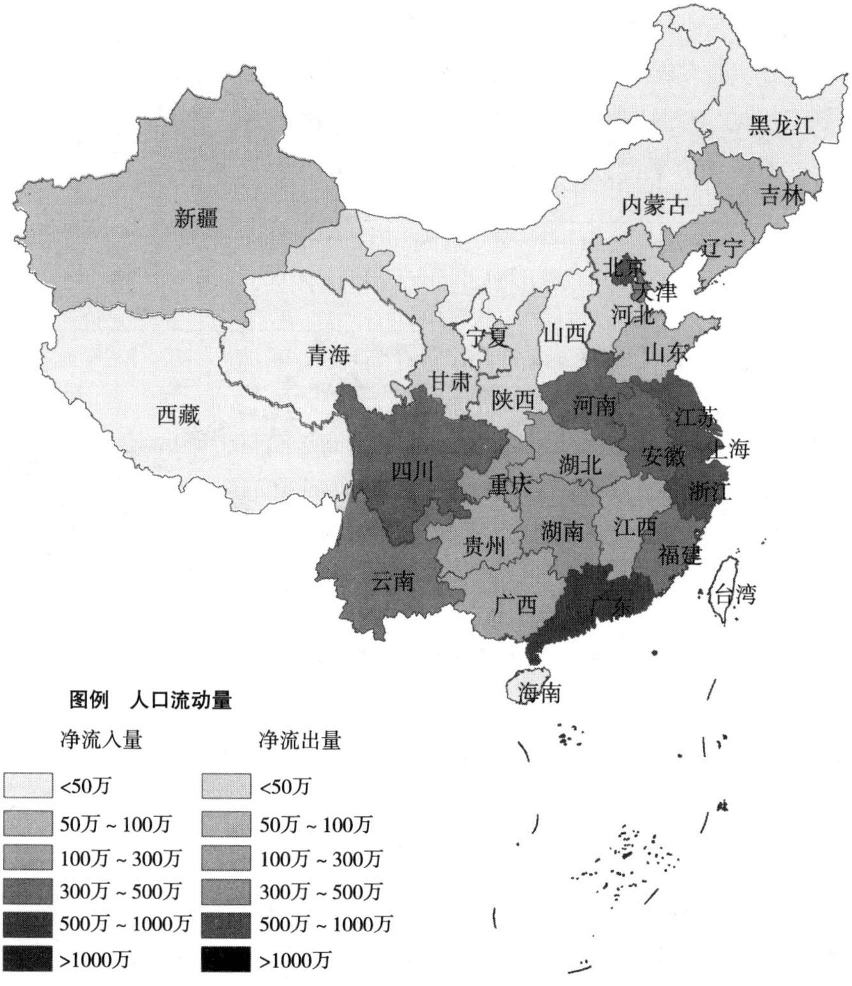

图 5 2007 年流动人口流动趋向图

州和广西等9个地方净流出的跨省农民工在100万人以上，河南、四川和安徽3省均达到500万人以上。

4. 流动人口年龄段在拉长，新一代流动人口比重提高

从2000年第五次人口普查数据来看，迁移人口集中在16~38岁间。在总人口中，这个年龄段的人群占41.8%，而在迁移人口中占到70.3%。到2005年，从人口抽样调查资料来看，迁移人口集中在16~43岁间。在总人口中，这个年龄段的人群占45.09%，而在迁移人口中占到66.18%。虽然年龄段在扩大，但是所占比重却下降，这说明年龄对人口流动的限制在减少。

流动人口年龄段延长，流动人口集中年龄段从2000年的16~38岁延长到16~43岁。这也意味着，人口流动趋势在增强，流动人口的年龄在增大，对劳动力来说，人口流动受年龄因素的限制在不断减小。

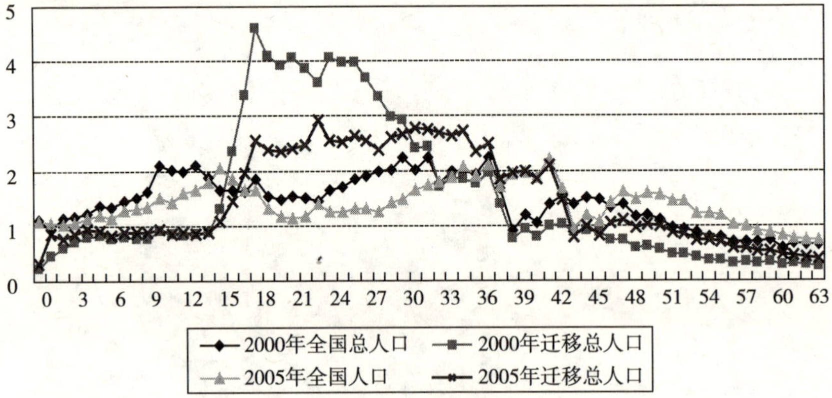

图6　总人口和迁移人口的年龄结构

第二代农民工占流动人口的比重不断增加。所谓第二代农民工是指1980年以后出生，20世纪90年代后期开始进入城市打工的农民工。由于成长环境和教育背景的不同，在价值选择上已经和八九十年代外出的农民工有了根本的区别（刘传江、徐建玲，2007）。随着时间的推移，第二代农民工占流动人口的比重将不断提高。2005年人口抽样调查数据显示，1980年以后出生的流动人口占流动人口的比重已达24.7%，比2000年提高了5个百分点。随着第二代农民工进入城市的规模越来越大，在相关政策上必须充分考虑他们的需求。

5. 家庭化和长期化趋势开始显示

随着对流动限制的减少和流动人口公共服务水平的提高，流动人口正逐渐从以个人为单位，到目前以家庭为单位现象逐渐增多。国家统计局农调队的数据显示，2006 年农村举家外出务工的劳动力为 2644 万人，比 2003 年增加 214 万人。从对第五次人口普查和 2005 年的抽样调查数据分析来看，在流动人口中 0～14 岁的流动儿童比重也在逐渐上升，2005 年已达 12.5%，比 2000 年提高 1.5 个百分点。流动儿童比重的提高也说明以家庭为单位的流动人口在逐渐增多，以家庭为单位的流动在政策需求上要与以个人为单位的流动有所差别，需要引起进一步关注。

在流入地居住趋于长期化。人口流动已经由改革开放之初的以在原籍务农为主、农闲时节外出务工的季节性流动，到现在流动已经成为一种常态。2007 年工资性收入已经占到农民纯收入的 38.6%，比 2000 年提高了 6.4 个百分点。流动人口在流入地居住趋于长期化。据 2005 年人口抽样调查资料显示，超过 63.5% 的流动人口流动外出时间超过 2 年。据浙江省 2007 年抽样调查显示，在流入地居住 1 年以上的农民工已经占到总数的 63.4%。另据 2005 年上海市人口计生委开展的来沪人员居留意愿调查，36.03% 的来沪常住流动人口希望长期留在上海。该调查结果还显示，在沪居住半年以下的仅占 6.16%，半年到 2 年的占 26.44%，2～5 年的占 32.58%，5～10 年的占 23.48%，10 年以上的占 11.34%（中国农民工战略问题研究课题组，2009）。

二、人口流动与城镇化发展

人口城镇化是经济社会发展的必然趋势，随着中国人口流动规模的增加，中国城镇化也在加速。改革开放以来，中国农村外出就业劳动力从不足 200 万人（王西玉等，2000），到 2008 年已达 1.4 亿人。进入新世纪以来，我国城镇化以年均近 1 个百分点的速度在增长，到 2007 年已达 44.9%，城镇人口 5.9 亿人，比 1997 年亚洲金融危机时分别增长 13 个百分点和 2 亿人，年均以 2000 万人的速度递增。从流动人口与我国城镇化的关系来看，流动人口促进了我国城镇化发展。联合国人口基金在《2008 世界人口状况报告》中指出：与大部分其他发展中国家相比，中国农村到城市的迁徙对城市增长的影响作用要更为显著，农村劳动力流动是中国城镇化的特色。坚定不移地继续推动城镇化进程，仍然是今后相当长一个时期的主要任务。

（一）流动人口是我国城镇化进程中的人口主体

1. 流动就业的农民工是城镇化发展的主体

从总体来看，2007 年我国城镇人口相比 1978 年增加 4.2 亿人，其中 1.6 亿人为农业户口人员，占城镇人口增长的 38.1%，流动就业的农民工成为我国城镇化发展的主体。分省来看，2007 年全国有 14 个省的城镇化率高于全国平均水平，京津沪三大直辖市的城镇化水平超过 70%，广东超过 60%，江苏、浙江和东北三省、内蒙古超过 50%，福建、山东、重庆和海南超过 45%。沿海各省城镇化率的提高，主要来自农民工进城不断增加（分子变大），浙江、北京、上海、天津和广东，农民进城对城镇

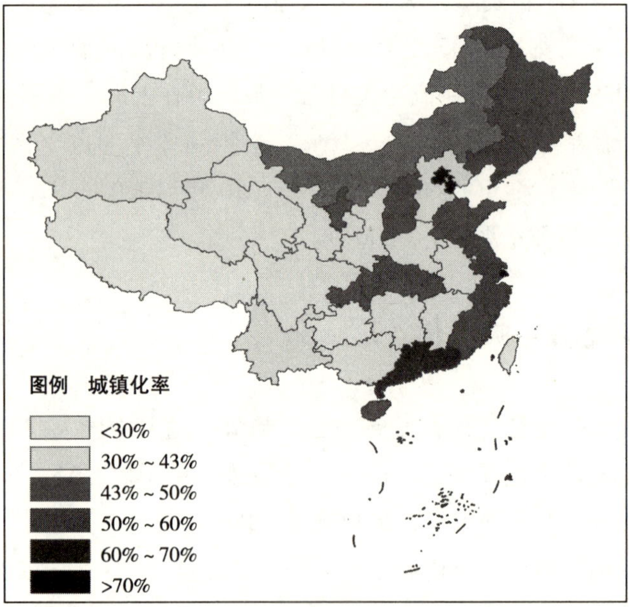

图 7　2007 年中国城镇化分省分布图

化的贡献率分别为 30.7、27.9、24.7、24.4、18.6 个百分点。内地各省城镇化率的提高，主要来自农民工离乡不断增加（分母变小），四川、河南、安徽和湖南农民工对城镇化的贡献率分别为 2.55、3.11、2.82 和 2.98 个百分点。农民进城加快了城镇化进程，浙江、云南、广西和贵州进城农民占城镇人口的比重分别为 53.6%、49.5%、45.8%和 40.3%。

2. 城镇化使人口流动和经济发展趋于一致

2007 年，北京、天津、上海、江苏、浙江、福建、广东和云南等 8 个地方净流入的跨省农民工在 100 万人以上，其中京津都市圈净流入 593 万人，长三角城市群净流入 1265 万人，珠三角城市群净流入 1373 万人。从人口流向与区域发展的角度来看，人口净流入超过 100 万人的省份人口总量占 26.81%，创造了 42.15% 的 GDP；而 9 个净流出超过 100 万人的省份，人口占到 39.54%，但经济总量只占 25.26%。

表 4　　2007 年人口净流动超过 100 万人的省份　　单位：万人

净流入省份	净流入量	净流出省份	净流出量
广东	1372.83	河南	946.50
上海	497.08	四川	637.31
浙江	440.55	安徽	519.82
北京	432.48	湖南	485.24
江苏	327.73	重庆	403.49
云南	176.65	湖北	349.28
福建	167.15	广西	262.40
天津	160.27	贵州	198.55
		江西	131.25
常住人口比重（%）	26.81	常住人口比重（%）	39.54
GDP 比重（%）	42.15	GDP 比重（%）	25.26

3. 我国的城镇化进程以流动就业为主要形式，并没有完成农村人口向城镇的定居或者“落户”迁徙

在我国统计为 5.9 亿人的城镇人口中，还有 1.6 亿人是农业户籍人口，占到了城镇人口的 27%。如在劳动力流入大省浙江，被统计为城镇

人口的农业户籍人口已经超过了非农户籍人口，达 53.6%。农民工仍是以劳动力流动而非举家迁移定居为主，全国 80% 被统计为城镇人口的农民工都是流动就业，举家迁徙的农村人口仅占 20% 左右，这是我国城镇化进程中区别于其他国家的一个鲜明的特点。对于 20% 左右举家迁徙的农民工家庭来说，也没有完全被城镇公共服务体系所涵盖。

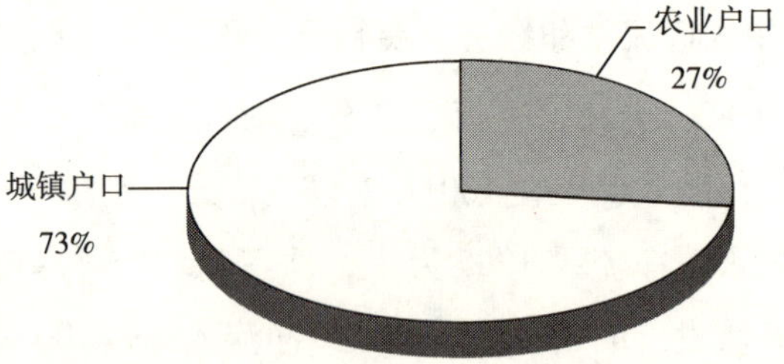

图 8　2007 年城镇人口结构图

（二）我国城镇发展在城镇化进程中的作用

1. 城镇体系和结构有了较大的变化

2007 年，我国共有 655 个城市，比 1978 年增长 2.4 倍。小城镇数量达 19249 个，比 1978 年增长 7.9 倍。其中，200 万以上城镇人口城市达 36 个，增长 2.6 倍；100 ~ 200 万人以上城镇人口城市达 83 个，增长 3.4 倍。各类城市人口 3.4 亿人，占城镇总人口的 57.6%；县城城镇人口 1.2 亿人，占城镇总人口的 20.3%；小城镇镇区人口 1.3 亿人，占城镇总人口 22.1%。

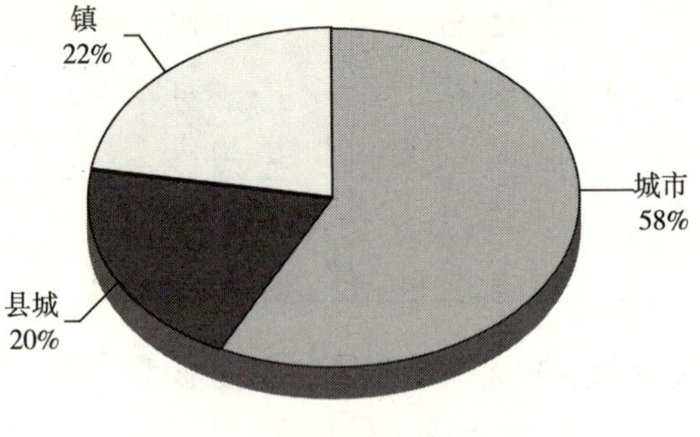

图 9　2007 年城镇人口分布图

2. 各类城市和小城镇都对转移农村劳动力做出了相应的贡献

2008 年，我国共转移农民工 2.25 亿，其中本乡镇以外就业的外出农民工数量为 1.4 亿，占 62.3%；本乡镇以内的本地农民工数量为 8500 万，占 37.7%。

分地区看，东部地区吸收了 67.6% 的农民工，1.52 亿人；中部地区吸收了 16.9% 的农民工，3800 万人；西部地区吸收了 15.5% 的农民工，3500 万人。

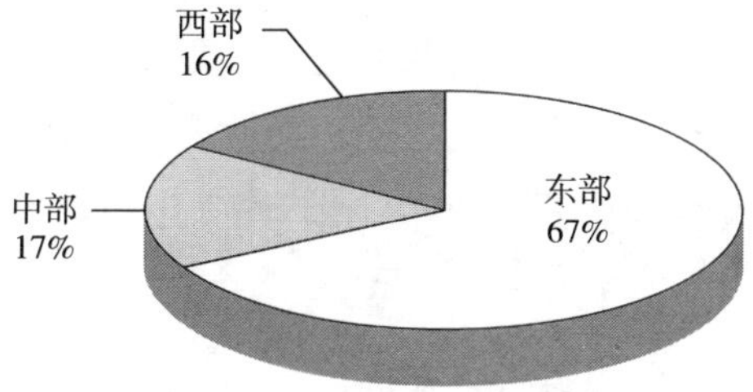

图 10　2008 年农民工流向图

分城镇类型看，各类城市吸收了 52.9% 的农民工，1.19 亿人；小城镇吸收了 47.1% 的农民工，1.06 亿人。

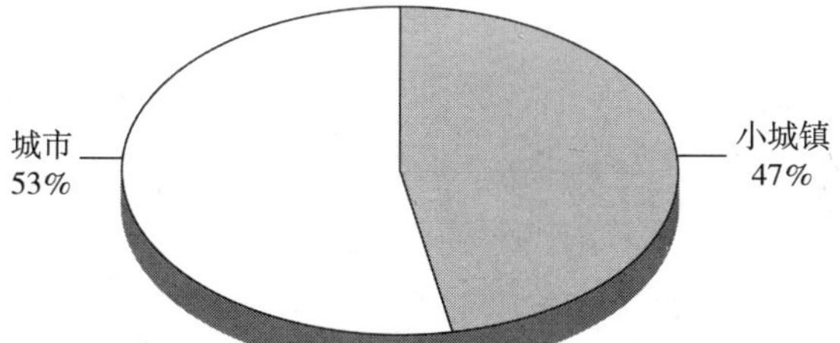

图 11　2008 年农民工在各类城镇的分布图

3. 城镇总体人口规模依然偏小，发展空间广阔

2007 年，我国 50 万人以下城镇人口的中小城市 418 个，占城市总数的 64%。全国平均城市人口还不到 52 万人。如果平均人口规模增加到 100 万人，则可容纳 6.55 亿人，超过了现有城镇人口的总和。我国县城城镇人口平均为 7 万人，建制镇镇区人口平均为 7845 人。如果每个县城平均人口增加到 10 万人，那么可以容纳 1.6 亿城镇人口；如果每个小城

镇平均人口达到1.5万人，那么可以容纳近3亿城镇人口。

（三）中国未来城镇化发展和布局

城镇化对中国经济的推动作用已经引起了世界经济学家的广泛关注。斯蒂格利茨曾经将中国城市化作为推动世界经济发展的两个重要因素之一，诺贝尔经济学奖获得者福格尔认为，中国经济维持8%的增长速度的话，其中3%来自于农村劳动力向城镇的转移。麦肯锡的一份研究报告指出，中国经济增长目标的实现依赖于城镇化的可持续发展。金融危机以来，城镇化作为中国经济走出低谷的一个重要手段受到越来越多的关注。我们认为，中国城镇化发展方向不会改变，高速城镇化发展将会维持一段时间，城镇结构将进一步优化，城镇化布局将带来人口布局的改变。

1. 城镇化快速发展趋势将会维持

美国城市地理学家诺瑟姆将城市化发展历程概括为S型增长曲线的三个基本阶段：在初期阶段，城市化缓慢增长；在中期阶段，城市化开始加速发展；在城市化成熟时期，城市化发展趋于平缓。经验研究表明，在城市化率达到30%以后开始加速，到70%以后发展趋缓。

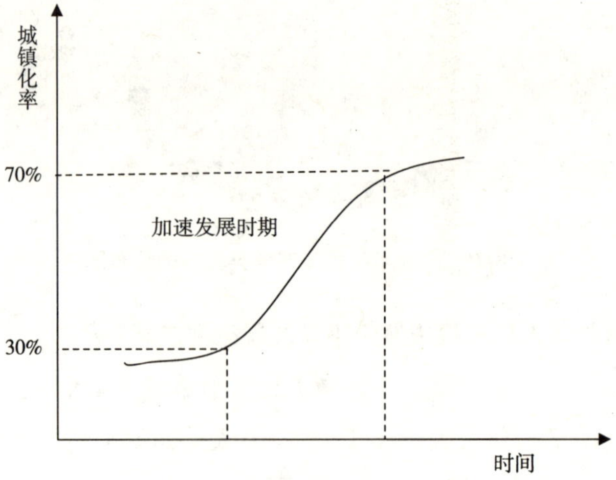

图12　城镇化过程中的S曲线

2007年我国城镇化率为44.9%，还处于城镇化加速发展的前期阶段，城镇化快速发展的趋势将会继续维持。最近，多家研究机构和学者对中国城市化进程进行了展望。从预测来看，认同了未来中国城镇化将要快速发展的基本观点。从预测结果来看，未来十余年城镇人口年均增长在1400万~2400万人之间。即使按照最低增长幅度，年增长1400万人，面对如此快速的城镇化增长速度，仅靠城镇人口自然增长和城镇空间扩大来维持如此巨大的城镇人口增量显然是不可能的，城镇人口的增长离不开农村人口向城镇的流动。麦肯锡预测，到2025年农村流向城镇的人口为2.4亿人。城镇需要在基础设施、公共服务、社会福利、资源保障等诸多方面为未来持续的大规模人口流动做好准备。

表5　　中国城镇化发展预测

	预测年份	城镇人口	城镇人口年均增长量
联合国（2008）	2025年	8.51亿人	1450万人
麦肯锡（2008）	2025年	9.26亿人	1970万人
王建（2009）	约2020年	约9亿人	约2400万人

注：本项数据为根据预测数据计算所得。

2. 城市总量将会增加，大中小城市协调发展的城市体系进一步优化

从世界城市化发展的进程来看，城市人口的增长离不开城市数量的增加。比如1920年日本城市数量仅为83个，到2000年已达672个，增长了7.1倍，同期城市人口增长了8.9倍；就每个城市平均人口来说，仅增长了0.22倍。改革开放以来，中国城镇化的发展也符合这一特征，但是中国城市形成和发展带有显著的行政色彩。未来中国城镇人口的增长需要增加城市来容纳新增城镇人口，这也需要在制度上做出相应的调整，在城镇化过程中尽可能地发挥市场化力量。据麦肯锡（2008）的一份报告预测，到2025年中国城镇数量将达939个，比2005年增加81个，需要在现有城市基础上发展一批新城镇。

表 6　世界城镇人口在不同规模城镇的分布（1975 ~ 2025 年）

区域	不同规模城市	人口规模（百万人）			人口比重（%）		
		1975 年	2007 年	2025 年	1975 年	2007 年	2025 年
全世界	城镇人口合计	1519	3294	4584	100.0	100.0	100.0
	1000 万人或以上城市	53	286	447	3.5	8.7	9.7
	500 万 ~ 1000 万人口城市	117	214	337	7.7	6.5	7.3
	100 万 ~ 500 万人口城市	317	760	1058	20.9	23.1	23.1
	50 万 ~ 100 万人口城市	167	322	390	11	9.8	8.5
	少于 50 万人口城市	864	1712	2354	56.9	52	51.3
发达国家	城镇人口合计	702	910	995	100.0	100.0	100.0
	1000 万或以上城市	42	89	103	6.1	9.8	10.3
	500 万 ~ 1000 万人口城市	50	49	69	7.1	5.4	6.9
	100 万 ~ 500 万人口城市	137	202	203	19.6	22.2	20.4
	50 万 ~ 100 万人口城市	71	83	90	10.2	9.1	9
	少于 50 万人口城市	401	487	531	57.1	53.5	53.4
发展中国家	城镇人口合计	817	2384	3590	100.0	100.0	100.0
	1000 万或以上城市	11	197	344	1.3	8.3	9.6
	500 万 ~ 1000 万人口城市	68	165	268	8.3	6.9	7.5
	100 万 ~ 500 万人口城市	180	558	855	22.1	23.4	23.8
	50 万 ~ 100 万人口城市	96	239	300	11.7	10	8.4
	少于 50 万人口城市	463	1225	1822	56.6	51.4	50.8

资料来源：Department of Economic and Social Affairs UN：World Urbanization Prospects：2007 Revision。

我国城镇化发展要符合中国的基本国情，据预测，中国人口高峰预期在 14.86 亿人到 15.44 亿人之间，那么即使中国城镇化达到 70% 的成熟时期，中国农村人口总量仍然将超过 5 亿人，面对如此数量的农村人口，需要有一批专门为农村人口服务的小城镇存在。同时，为了容纳高达 10 亿人的城市人口，也需要有一批区域带动能力强、人口集聚能力强、就业机会多的大城市来吸纳城市人口，在这些大城市的周边同样需要一批功能各异的小城镇来完善城市的功能。从世界城市化发展来看，城市人口有机的分布在各类城市中，中小城市是容纳城市人口的主要载体。从 2007 年世界城市人口分布来看，52% 的城市人口生活在人口规模小于 50 万人的城市中；从城市化成熟的发达国家来看，此类城市的人口比重在53.5%；从联合国经济和社会事业部对未来的预测来看，到2025年生活在此类城市的人口比重仍在51.3%。而人口超过1000万人的特大城市吸纳人口的总量和比重迅速提高。根据联合国经济和社会事业部（2008）对中国的预测，到2025年中国人口超过1000万人的特大城市将会有4个；麦肯锡（2008）的预测是将会达到8个。大中小城市和小城镇协调发展既是坚持有中国特色城镇化道路的关键，也是对世界城镇化发展规律经验总结。但是城市的发展并不是由城市规模决定的，大中小城市和小城镇的协调发展只是结果的一种表现形式，关键是要充分发挥市场机制在聚集产业和人口方面的基础性作用。

3. 城市群和都市圈吸纳人口比重将会增加

从世界城市化发展历程来看，由区域内不同规模城镇相互之间协调发展所构成的城市群是城市化发展的一种重要模式，是吸纳城镇人口的主要区域。比如在美国，以纽约、芝加哥、洛杉矶等国际性大都市为核心的城镇密集区占全国人口比重已达54%；在欧盟，以伦敦、巴黎、米兰、慕尼黑和汉堡为核心五个重要城市群已占欧盟总人口的40%；在日本，三大都市圈人口占全国人口的68.1%。都市圈的组成是以国际性大城市为龙头，周边中小城市协调发展的一个共同体，比如纽约和芝加哥分别有1467个和960个市一级政府组成；东京都市圈由121座城市组成；大阪都市圈由77座城市组成。

表7　三大城市群吸引跨省流动人口状况

区域		跨省流动人口（万人）		增长幅度（%）
		2000年	2005年	
长三角	上海	313.91	444.45	41.59
	江苏	254.52	406.22	59.60
	浙江	369.05	592.6	60.57
	小计	937.48	1443.27	53.95
珠三角		1505.91	1557.95	3.46
京津	北京	246.04	324.97	32.08
	天津	72.11	114.7	59.05
	小计	318.15	439.67	38.20

从中国当前现状来看，比较成熟的城市群分别为珠三角、长三角和京津都市圈，这三个城市群人口增长较快。从2005年人口抽样调查数据来看，珠三角、长三角和京津都市圈吸纳的跨省流动人口分别比2000年增长3.46%、53.95%和38.2%，要快于同期城镇人口的增长速度。从未来来看，这三个区域吸纳流动人口的规模将会继续增长。杉田正明（2005）利用产业布局和结构数据预测到2030年长三角人口将达到1.8亿人，珠三角人口也将超过1亿人。城市群在城镇化中的重要性在研究中也有所体现，国家计委课题组曾在1993年和2005年提出建设9大和20大都市圈的设想。并且已经体现在国家的宏观战略中，“十一五”规划纲要中已经明确提出“要把城市群作为推进城镇化的主体形态”。在东部地区除三大城市群外，山东半岛、沈（阳）大（连）、海西也逐渐开始具备吸纳人口发展成为新的城市群的条件。

4. 人口将会继续向东部流动，中西部中心城市规模将会增大

经济学认为人口的行为要符合收益最大化的基本原则，人口流动也是由于区域经济发展不平衡带来就业机会的区域不平衡，我们利用2005年的抽样调查数据研究分析也证明了这一点。从已有数据来看，进入新世纪后人口向东部集中的趋势在加强；在未来，人才、技术和资金等方面的优势将确保东部地区的发展，人口向东部地区的集中趋势将可以继续维持。据杉田正明（2005）的预测，到2030年中西部地区仅湖北人口会略有增长，人口增长主要出现在东部地区。王建（2007）认为东部地区不论从平原面积条件还是环境承载能力看，沿海平原地区都远优于内地。例如如果按照建设用地占平原面积的比例计算国土开发强度，江苏目前只有20.1%，而川、渝一省一市合计已高达50.2%。东部沿海地区的发展仍然将主导中国经济，因此人口流向东部的趋势将会延续。

在人口流动向东部地区集中的同时，中西部地区城镇化发展同样会加速。随着“十一五”期间中西部地区中原都市圈、长株潭、武汉、成都都市圈发展的加快，中西部城镇化发展开始加速，2005年到2007年，从分区域城镇化发展速度来看，中部和西部地区城镇化分别增长2.5和2.4个百分点，快于全国增长速度。受经济发展、区位、资源等条件的限制，中西部地区城市化发展很难重复东部城市化发展的模式。在一些发展基础较好的区域性中心城市，在一些具备承接东部地区产业转移的城市可以为人口集中创造必需就业机会。这些城市将承担起区域经济发展龙头和集聚人口的作用，比如像中西部的省会城市、一些区域性中心城市将会加速发展等。“十一五”期间，我国人口在100万人以上的地级大城市和特大城市增加5个，其中4个在中西部。

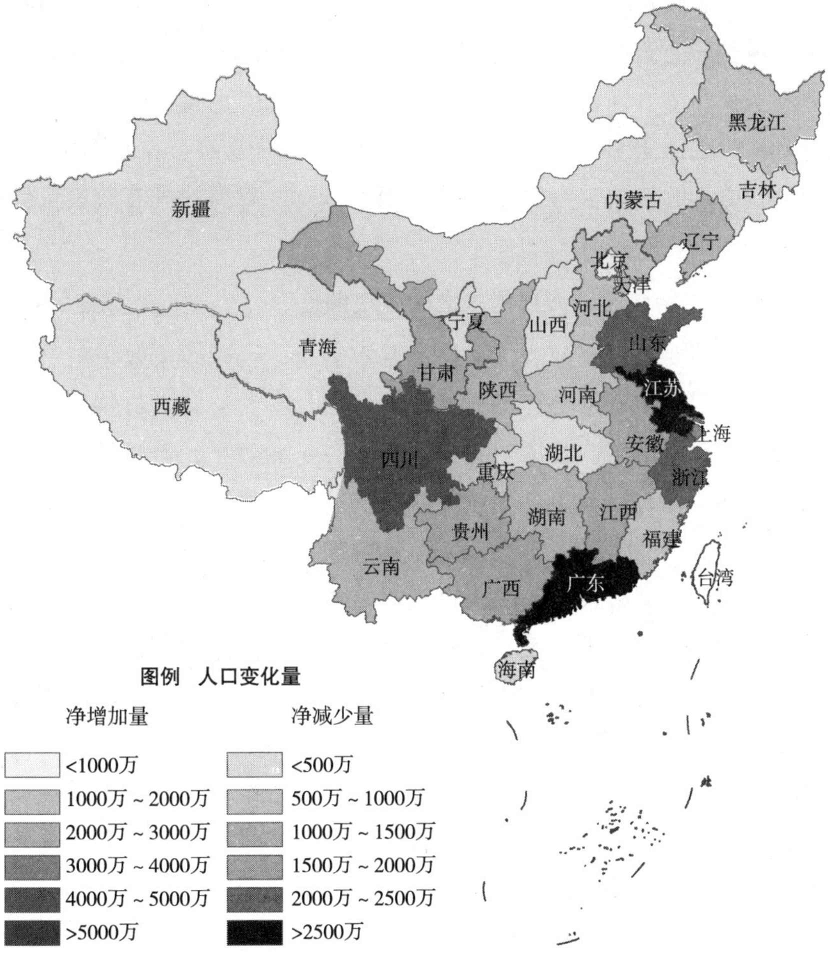

图13 我国分省人口变动预测（2030年）

资料来源：杉田正明：《对未来人口分布的简单估算》，第二次中国城市群发展研讨会，2005年。

三、当前流动人口管理中存在的问题

当前中国仍然处于快速城镇化发展时期，如何降低城镇门槛、增加城镇就业机会、促进农村人口流向城镇，仍然是未来很长一段时间内城镇化发展的主要任务。“十六大”以来，中央政府对流动人口的关注在不断增多，各级政府也相继出台一系列措施来提高流动人口的公共服务水平，并取得了一定的效果，流动人口从就业机会到居住环境，从收入增长到权益保护等方面都有所改善。与此同时，我们也要清醒地认识到当前流动人口的服务和管理中还存在一些问题。问题的存在是多方面的，既有认识方面的偏差也有深层次的体制和机制的障碍，既有政策供给也有政策间的衔接问题。

1. 政策供给和流动人口需求之间存在偏差

政策供给要符合政策需求主体的基本需求，否则政策效果就会受到影响，达不到政策设定目标。近年来中央出台有关流动人口特别是农民工的政策不可谓不多，政策效果也取得了一定的效果，但是总体上来说政策供给和流动人口需求之间还存在一些偏差，限制了最大化政策效果的发挥。

首先，政策供给忽视流动人口基本需求状况。以流动人口子女教育来说，国家政策规定要以流入地公办学校为主接受流动人口子女入学，在一些地区也明确要求取缔打工子弟学校，如北京市海淀区 2006 年 8 月取缔了 30 多所打工子弟学校，1 万多学生需要寻找新的学校上学①。由流入地公办学校接收流动人口子女教育虽然学费书本费等都有所减免，但其他诸如生活费、校服费等方面的费用还是要比打工子弟学校要高，另外在教材等方面也存在流入地和流出地不一致等问题，这些都成为公立学校接受流动人口子女的重要限制因素。

其次，制度设计比较僵化，没有考虑到不同层次流动人口的需求。

---

① 郭春梅，施芳：“30 多所打工子弟学校被关 万余民工子弟无处就学”，《人民日报》，2006 年 8 月 8 日第 5 版。

流动人口社会分层现象已是基本现实，并在研究中引起了广泛的关注（李强，2004；李培林，2002）。以社会保障为例，许多地方大多希望通过一种统一的模式解决所有的流动人口社会保障问题，缺乏针对不同类型流动人口的特点实行有差别的保障制度。再比如《劳动合同法》颁布实施后，农民工的权益保护有了较大改善，如在地方政府帮助下解决了部分倒闭企业拖欠农民工工资问题；但对一些从事计件工资的工人来说，控制劳动时间反而减少了收入。在调查中也发现，《劳动合同法》的颁布实施并未受到所有流动人口的拥护。另外，劳动合同法也增加企业的用工成本，降低了企业竞争力，这也是致使许多中小企业经营困难的一个原因，反而造成流动人口失业，权益受损。

再次，制度设计比照城镇制度，不符合流动人口实际情况。比如各地基本养老保险条例中都要求流动人口的规定必须在一个地方累计缴费15年以上才能享受退休待遇。对于基本养老保险来说，这个最低时间要求带有十分明显的“城镇”色彩和计划经济色彩（郑秉文，2008）。对于流动性较大，从事脏、累、险工作为主的流动人口来说，能连续15年在城市从事相关工作，并稳定累计缴费达到15年是非常困难的。四川省社保部门的调查显示，跨省务工人员在餐饮业和工矿企业的平均工作周期约为4～6年，从事建筑等重体力劳动的平均工作周期仅为2～3年。深圳1987年起允许非户籍人员参加养老保险，15年后能够享受养老待遇的仅有100多人①。

2. 政策供给远滞后于各地实践

为了加强对流动人口的公共服务，各地进行了一些必要的探索，但是这些探索还没有上升到国家层面，使得政策供给远滞后于社会实践。

首先，地方实践与现行制度存在冲突。做好流动人口管理服务涉及许多改革方面的问题，这就有可能与现行制度存在冲突。以流动人口居住问题来说，无论是在大城市郊区还是在流动人口集聚较多的小城镇，在集体建设用地上建造的农民出租屋都是解决流动人口居住的主要载体，在一些地区，如广东对农民出租屋进行了安全等方面的专项整治，切实

---

① 吴冰：“农民工‘退保潮’因何而起”，《人民日报》，2008年1月8日第10版。

改善了流动人口的居住条件。但是农民出租屋却与现行制度存在着较大冲突，还不能纳入国家政策框架内。一是与现行城市规划体制的冲突，在规划建设中城市基础设施并不主动向集体建设用地延伸；同时为了降低城市发展成本，也限制规划区内集体建设用地的房屋建设和改造行为。我们在广东的调研也遇到规划区内农民宅基地除非经过有关部门鉴定为危房，才可以进行翻新改造。二是与现行土地制度的冲突。出租屋是在集体土地上兴建起来的，根据我国土地法律规定，集体土地不能用于房屋开发和经营。

其次，地方实践不能得到现行政策的承认。在现行制度框架内，地方对做好流动人口工作也进行了有效的探索，但是这些探索并没有引起足够的重视。比如流动人口子女教育问题，多渠道解决流动人口子女就学问题可以适应多层次的需求，许多地方在解决流动人口就学问题上充分发挥了民办学校的作用。但是国家有关流动人口子女教育政策提出在流入地要以公办学校为主，没有充分承认民办学校的作用，对民办学校也没有具体的规定。这样，由于缺乏国家的承认，许多地方在政策执行上也存在偏差，往往片面强调公办学校的作用，而对打工子弟学校采取取缔等方式，给流动人口子女教育带来了诸多不便。

再次，统筹层次不高造成地方实践“碎片化”。在一些方面，本应由中央政府进行统筹管理，但是中央政府并没有承担起相应责任，而是由地方政府进行统筹，使得统筹层次过低，地方实践难以统一。在这方面突出地表现在养老保险方面，目前大致可以概括为“广东模式”、“上海模式”、“浙江模式”等几种保障方式。由于统筹层次不统一，这些制度被分割在2000多个统筹单位（多为县市级统筹）内运行，而各统筹单位之间政策又不统一，增加了国家在宏观层面上进行统一的难度。社保不能够跨区域转续已经成为当前我国流动人口基本养老保险制度最主要的缺陷，造成这种现象的主要原因是宏观层面统筹政策的缺位，造成统筹层次不高，造成社保“碎片化”现象。国家社保政策反应迟钝，是致使流动人口覆盖面狭窄和“碎片化”的主要原因（郑秉文，2008）。

3. 部分政府管理者对流动人口的认识存在偏差

流动人口对中国经济发展的贡献已被广泛认可，但部分基层城市政府对流动人口问题的认识还存在一些偏差，在他们看来流动人口增多增加了城市的负担，倾向于对他们进行管理而不是服务，也有一些对流动人口增加城市管理难度的担心。

首先，没有意识到流动人口是城市发展的重要人力资源。城市的发展需要多层次的劳动力资源，既要有主导产业发展方向的高层次技术人才，这样的城市才具有创造力；还要有为生产生活服务的大量劳动力资源，这样的城市才有活力，才有生活气息。当前，部分地方政府过分强调高层次技术人才的吸纳，而忽视大量为城市发展贡献巨大的流动人口，部分地方政府甚至希望通过减少流动人口总量的方式来提高所谓的人均产值。一旦需要城市政府对流动人口公共服务进行投入时，流入地政府往往过分强调流动人口的流动性而不愿投入。这样也就造成了流动人口集聚区政府公共服务供给的短缺，比如基础设施供给严重不足，教育、医疗卫生、防疫等公共服务网点布局欠缺；周边的环境设施较差，垃圾不能及时清运，街道脏乱不堪，治安管理严重滞后。

其次，担心流动人口增加城市公共服务供给负担。许多城市管理者担心城市流动人口增多对城市公共资源的分摊和占用会增加城市的负担，会影响城市的可持续发展。事实上，我们的研究发现，流动人口的增加避免了城市公共资源设施的浪费，比如说在上海，流动人口子女已经利用了35%的公共教育资源，大大地缓解了教师和教育资源过剩的压力。另外，流动人口有效缓解城镇老龄化社会，减轻社保压力。

再次，担心流动人口增多冲击本地居民的就业岗位。许多城市政府管理者认为城市流动人口的增多，一定会和现有的城镇居民分享有限的就业资源，对本地居民就业造成冲击。研究已经验证，城市流动人口和城镇劳动力之间在就业上并不存在明显的替代或竞争关系，主要是一种“互补”关系。而且，当流动人口在城市集聚的增多，带来城镇人口密集度的增加，会创造更多的服务业就业机会，最终带来城镇产业结构的转变。事实上，城镇化发展的结果就是人口的城镇化和产业结构的转变，因此从这个角度来讲，试图通过减少或者是控制城市流动人口数量，提高人均产值的方式不符合城镇化发展规律，必将会阻碍城市的发展。

4. 有关流动人口管理服务法规不健全，机构不完善

首先，有关流动人口管理服务的法规不健全。一是法规不健全，造成缺乏执法依据。这突出表现在流动人口权益保障方面，当前对流动人口权益法律保护的主要依据是《宪法》、《劳动合同法》、《就业促进法》以及部门规章和地方性法规。但其中的规定大多是原则性的，缺乏具体的法律保障和实施办法，而且尚未制定全国性的农民工权益保护法规。相关法律法规的缺乏，正是农民工权益屡受侵害的主要原因之一。二是法规不完善，造成对流动人口公共服务水平不高。比如，流动人口的社保由于缺乏国家层次的统筹，使得流动人口社保退保率居高不下，降低了流动人口公共服务水平。再比如，流动人口的失业统计，虽然有关规定已经将流动人口纳入失业统计范围，但是国家统计局关于城镇登记失业率却是以城镇非农业户口居民作为统计范围。与之相应的是对失业人员的救济和保障政策，对流动人口可不可以适用。

其次，许多公共服务并没有涵盖流动人口。现在城镇再就业和创业方面的优惠政策并没有涵盖流动人口，再就业是针对城镇失业人员出台的一系列优惠政策，但是对流动人口来说，他们失业后的再就业并没有纳入城镇工作范畴。我们在调研中也遇到，许多流动人口希望能够在城市从事小本经营，但并不能获得相应的资金支持和政策优惠。

再次，流动人口管理服务机构不完善。从现有对流动人口的管理机构来看，主要有劳动部门的培训，计生部门的计生管理以及地方公安部门的治安管理。而在解决农民工居住条件改善、住房建设等重要的公共服务内容，还没有部门牵头进行统筹管理。这关系到城镇发展战略的综合性问题，涉及基础设施建设、政府的公共服务、土地资源的配置、户籍制度和农村集体建设用地改革、农村土地承包制等问题。安居才能乐业，对流动人口居住问题缺乏必要的部门统筹管理，造成流动人口居住生活条件较差。虽然我国政府一直在回避“贫民窟”的事实，但是一些国际组织和机构并不认可，联合国人口基金（2008）指出，世界37%的贫民窟在中国和印度。

5. 流动人口流动还受一些制度障碍限制

首先，户籍制度是阻碍流动人口市民化的主要障碍。当前我国户籍制度改革基本停顿在“投资移民”、“技术移民”上，并没有向事实上的城镇居民——广大流动人口开放，限制了有条件的流动人口在城镇定居，也阻碍了农民工市民化进程。另外，目前城镇的诸多公共服务还依赖于户籍制度，比如，现有的保障性住房供给对象主要是城镇户籍居民，中低收入的“农民工”家庭虽然在政策中有所涉及，但是在操作中基本被排除在外。另外，城镇医疗卫生、教育、就业等各方面的公共服务都与户籍制度直接挂钩，户籍制度的存在造成了城乡分割的二元体制，这也是地方政府将流动人口列在服务对象之外的主要原因。户籍制度的存在使得城镇居民形成了新的“二元”现象——本地城镇居民及流动人口，弱化了流动人口对城镇的认同感。

其次，土地制度是流动人口流动的主要制度障碍。一是土地制度使得农村人口缺乏退出机制。农村土地归集体所有，农民获取其土地依赖其集体成员身份，在土地流转内生机制不健全和外部环境不成熟的条件下，农户对集体身份的放弃，实际上是一种利益的损失。转变农民身份就会失去土地权利，且得不到相应补偿，这在一定程度上增加了农村人口向城市永久性迁移的成本。另外，以集体土地为纽带，农村也成了一个封闭的共同体，限制了城市人口向农村的迁移和流动，阻碍了农村城镇化的步伐。二是现行土地制度不利于流动人口居住生活条件的改善。随着流动人口增多，城乡结合部的农民为了增加收入，在集体建设用地上建造了一些用于出租的建筑。但是集体土地在建设和流转中受到了诸多的限制，使得城乡结合部农民对集体土地投入缺少稳定预期，因此大多数建筑以临时性为主，降低了城市的视觉效应，“城中村”就这样形成了。“城中村”虽然为流动人口提供了廉价的住房，但是在“拆迁—改造”模式下，居住在其中的流动人口也不能获得稳定的预期，势必影响到以农民工为主体的流动人口融入城市社会。

再次，现行财政体制限制了城市政府吸纳流动人口的公共服务能力建设。我国财政体制具有两个显著特点，一是层级行政管理体制下，上级政府对财政及行政管理权限的支配权。在现行财政体制下，省以下各级政府间的分税制基本上是在有利于上级政府的多种形式的“讨价还价”式体制，基层或下级城镇政府没有能力根据自己管理的人口规模，建立相应的公共财政服务体制，因为自己所创造的财政税收绝大部分上交给上级政府了。二是财政预算与户籍人口相挂钩。我国公共服务由部门执行，部门在编制相关公共服务经费支出标准时，特别是一些事业型经费支出时，主要是依靠户籍人口的数量进行编制，在流入地大量流动人口并没有被涵盖在内，造成流入地政府公共服务经费的严重不足，只能把有限的精力和资金用于当地的户籍人口。对于外来人口大多以管理为主，采用聘用或者是编外的协管人员，费用也从外来人口中收取，造成了流入地基层政府公共服务能力的不足。

四、促进人口有序流动合理分布的政策建议

做好流动人口工作，促进流动人口融入城镇，无论对农村发展，还是对工业化、城镇化长期协调发展，以及对当前拉动内需，都具有十分重要的意义。做好流动人口工作，必须坚持“转变认识，公平对待，尊重需求，推动改革”的基本原则。转变认识就是要切实转变对流动人口认识上的偏差，把流动人口与中国工业化、城镇化发展战略相结合，将流动人口作为发展的资源而不是负担来看待；公平对待就是要逐步消除流动人口的歧视性政策规定，实现流动人口与城镇居民享受同等权利和义务；尊重需求就是在政策的制定过程中要充分考虑流动人口的基本需求，提高政策的针对性；推动改革就是要允许地方在流动人口管理和服务工作上进行大胆地探索，及时总结地方探索经验，并加以推广，逐渐消除不利于流动人口工作的体制性障碍，推动改革是做好流动人口服务和管理工作的关键，也是推动我国经济社会又好又快发展的重要手段。就当前中央政府做好流动人口工作，具体建议如下。

1. 稳妥有序地改革户籍管理制度

传统的户籍管理体制已经给我们稳定有序地开展农村人口向城镇逐步集中创造了有利的体制条件。因此，应充分利用户籍管理制度的功能，逐步分期分批有条件地解决长期在城镇务工就业的流动人口定居落户问题，使城镇化的潜能在可控的情况下稳定地释放出来。

户籍制度改革的根本目的是顺应我国从农村农业社会向城市工业社会转变，使社会管理制度与市场经济相协调，逐步消除在就业、社保、教育等政府管理和公共服务领域附加在户口上的城乡居民不平等权益。

改革的制度取向，不是取消户籍登记管理，而是剔除附在户籍上的不合理的权益，实现城乡居民的平等权利。在当前阶段首先要逐步放宽户籍制度，改革可以从以下四个方面依次推进：一是要在外来人口不多的小城镇，完全放开流动人口落户的限制；二是允许携家眷长期在城镇务工就业的外来人口办理城镇落户手续；三是在大城市郊区的小城镇，可以通过户籍管理制度改革，允许流动人口有条件地办理小城镇落户手续；四是可以先期开展试点，就以上内容进行试验，取得成效后逐步推广。

2. 建立与人口流动相适应的财政体制

在城镇的流动人口已经被统计到城镇人口中，但是财政体制并没有随着统计制度的变动做出相应的调整，使得公共财政不能适应人口流动所带来人口空间布局改变的状况。

探索实行把常住人口作为财政分成依据来调整各级政府之间的财政分配关系；探索实行根据本地常住人口数量方式，编制地方和部门预算，将流动人口纳入到公共财政覆盖范围。对中西部人口流出地区，尝试通过对转移农村劳动力进行奖励等转移支付方式来解决财政资金缺口，鼓励人口流动。

建立农民工专项资金转移支付制度，形成中央和地方财政共担机制。设立流动人口专项资金，中央财政根据输入地吸纳流动人口数量给予资金转移支付支持。通过转移支付，做好流动人口的就业服务、职业培训、子女教育、权益维护、社会治安、计划生育等公共管理服务费用。对吸纳流动人口较多的城市补助建设资金，支持城市建设更多面向流动人口的社区医疗卫生、义务教育和职业教育设施。对吸纳流动人口较多的中小城市和小城镇，通过转移支付专项资金做好基础设施扩容，增强城市的综合承载能力。

3. 推进农村土地制度改革，为流动人口进城定居创造条件

未来中国农村人口进城总量会不断增多，已经在城镇长期生活的居民的农村土地如何处置，城镇如何解决人口增多对产业和居住用地需求的增加，这些都是比较现实的问题。解决问题总的原则是，在坚持当前农村基本土地政策的前提下、在确保中国 18 亿亩土地红线的条件下进行。具体可以包括以下两个方面。

一是促进农村土地流转，探索流动人口“退出”机制。要尽快做好农村土地登记工作，界定国家、集体和农户对土地的权利边界，奠定土地流转的基础。赋予农村土地使用权的完全交易权，扩大交易对象范围，允许已经进城定居和落户的农民有偿转让在原农村的宅基地和承包地，转让对象在集体经济组织内部成员优先的前提下，可超出原集体经济组织范围；允许城镇居民到农村合作开发和长期租赁承包地、宅基地以及农村住房，鼓励城乡要素的双向流动。

二是允许各级城镇政府探索集体建设用地使用权的改革，改善流动人口居住条件。在流动人口集聚区要允许农村集体经济组织和农民在集体建设用地和宅基地建设农民工住宅。在不改变土地产权关系，不新增占用耕地的前提下，按政府统一规划要求在自己的宅基地上建设出租屋，并且将出租屋用于出租或者是用于相关服务业的经营。对于在城市有稳定住所、稳定收入来源的业主可以允许出售。探索集体建设用地参与金融服务的方式，解决好建设中资金短缺的问题。政府关键是在规划、基础设施等方面予以引导，要改变当前城市拆迁改造的模式，要给予这些区域居民对未来一个稳定的预期，让集体土地的所有者同样成为建设者，让本地居民主动参与到城市的发展并长期受益。

4. 探索城镇间的行政管理体制改革

沿海地区的许多县，包括乡镇，有的外来人口已经超过当地人口，但在行政事业编制上，依旧按户籍人口设置，远不能适应经济社会发展需要，也造成了对流动人口公共服务的缺失。一是研究行政事业管理机构和编制与常住人口相联系的条件。改革过去依据户籍人口设置行政机构和人员编制的办法，把常住人口作为机构设置和人员编制的重要依据，切实提高流动人口管理和服务水平。二是应允许发展规模较大的小城镇设市管理。应根据现有城镇集中居住的常住人口规模（不仅仅是户籍人口），重新研究设“市”条件。应允许设立“镇级市”，并把设立权限下放到省一级，逐步实现省直接管“市”。对并对设市单位按照实际管理的人口规模，确定行政管理权限、行政机构的设置和人员的编制。

5. 允许多元化的投资主体进入到部分公共服务领域

随着流动人口增多，政府对公共服务“大包大揽”的做法带来了巨大的财政压力。要允许多元化资金进入流动人口公共服务领域，关键是要发挥财政性资金的引导作用。应继续允许民办机构投资建设流动人口子女的幼儿和中小学教育设施，对各类打工子弟学校政府不能片面地去取缔，而应当主动做好相应服务，改善现有民办学校的条件，提高流动人口子女教育水平。支持各类机构建立对农民工的职业培训，推进培训主体多元化。城镇政府应允许农村集体经济组织和农民利用集体建设用地建立适合流动人口居住的出租房，将农民出租屋作为政府保障性住房的有效补充。政府主要做好规划，进行相应基础设施和公共服务设施建设。应支持各类投资主体参与流动人口集中居住区的非公益性的基础设施改造。

6. 明确流动人口管理机构和职责

国家财政资金中用于流动人口的专项资金非常少，这与流动人口管理机构不明确有直接关系；地方有限的资金投入也要靠向流动人口收取。近年来，中央出台关于流动人口的文件较多，由于缺乏必要的协调机构，文件落实状况并不理想。流动人口工作在我国发展过程中将会长期存在，做好流动人口工作是促进城镇化工业化健康发展，落实科学发展观和以人为本的根本举措。从长远来看，流动人口工作需要专门机构进行统筹协调管理，但相关工作涉及基础设施建设、政府公共服务、土地资源配置、户籍制度和农村集体建设用地改革、农村土地承包等诸多问题，单靠某职能部门难以完成，需要由一个全局性的综合经济管理部门来承担。建议成立专门的流动人口管理协调机构，加强对流动人口管理服务的统筹协调工作，确保流动人口政策的落实。

7. 建立流动人口信息采集制度

当前对流动人口的管理主要是从促进农村劳动力转移角度出发考虑，流动人口数据也主要是农村转移的劳动力，城市对吸纳多少流动人口，来自哪里，在哪里就业等基本信息并不清楚，对流动人口的基本需求状况更不了解，相关政策的针对性不强。金融危机以来，城镇政府难以全面把握流动人口失业和流动状况，给相关政策制定带来了困难，这也提醒我们需要从城镇角度来认识流动人口，需要从人口宏观管理的角度出发，这才符合科学发展观和以人为本的基本要求。政府要研究城镇监测流动人口的方式方法，安排专项财政资金建立流动人口信息监测体系，借鉴广东“以屋管人”模式经验，探索建立城镇流动人口信息监测网络，全面把握流动人口基本信息。改革现行统计指标体系，把流动人口纳入城镇的全部统计指标范畴。

8. 尽快建立覆盖全国的社会保障体系

农民工的社会保障问题，归根结底是在新形势下重新调整国家、企业和农民工个人三者之间利益关系的重大问题，也是我国社会经济发展过程中必须面对的问题，必须及早加以研究解决。政府要在建立社会保障方面担负起更大的责任，投入更多资金。国家从宏观层面上要尽快研究出台农民工养老保险跨省转移接续的办法，在操作层面上可以允许不同的省份有所差异。未来应不断提高社会保障的统筹层次，逐渐减少地区之间的制度差异，提高政策的统一性。探索用财政资金建立大病医疗保险、农民工社会救助制度，保证农民工生活陷入困境时，能够得到政府的应急救助。

9. 进一步完善流动人口公共服务体系，实现基本公共服务均等化

要逐步将流动人口纳入城市劳动就业服务、社会保障和其他公共服务之内，并纳入城市社会事业发展规划中，使城市基本公共服务逐步覆盖流动人口。要取消对流动人口就业设置的歧视政策，如许多城市出租车驾驶岗位不对外地户口的农民工放开，超市收银员和医药代理岗位需要在本地户籍人口的担保下才聘用外地流动人口等等。在居住管理上，要转变城市“暂住人口”的管理观念，创造平等参与的社区生活环境，将流动人口服务纳入到城市社区服务，促进流动人口融入当地社会。要逐步完善相关规章制度，高度重视流动人口的基本权益保护，进一步做好流动人口权益保障工作。

第一章　流动人口形成的历史沿革及政策演变

一、限制人口自由流动政策的形成

新中国成立以后并没有限制人口的自由迁徙，大规模的工业建设使城市对劳动力的需求急剧增长起来；而农村在初步恢复生产后，出现了大量的剩余人口自发地从农村流入城市。到 1953 年城镇人口就已从 1949 年的 5765 万增加到 7725 万人，城镇人口占全国总人口的比例从 1949 年的 10.6% 上升到 13.3%。城镇人口的增加，意味着吃商品粮人口的增加，这加剧了粮食供应的紧张，也使城镇的住房、交通、就医、就学、就业等问题越来越突出，从而对新中国的经济和社会造成很大压力。为此，1953 年到 1957 年中国政府先后 8 次发出指示，劝阻农民盲目流入城市，并开始改变自由迁移政策为控制城市人口规模、限制农民进城的政策。

为制止农村人口盲目流动，国家消耗了大量人力、物力，农村人口的盲目外流也迫使加快制定人口管理法律的步伐。1958 年中央政府通过了《中华人民共和国户口登记条例》，确立了一套较完善的户口管理制度，它包括常住、暂住、出生、死亡、迁出、迁入、变更等 7 项人口登记制度。该条例第十条规定："公民由农村迁往城市，必须持有城市劳动部门的录用证明、学校的录取证明或者城市户口登记机关的准予迁入的证明，向常住地户口登记机关申请办理迁移手续。"这项规定实际改变了乡—城户口迁移和变动的程序，增加了迁入地的限制条件。这个条例成为各种行政部门控制个人迁徙的法律依据。随着 1959 年开始的 3 年自然灾害的发生，政府为了减少粮食供给的压力，开始加强对人口迁移的限制，人口迁移受到政府的诸多限制。

二、流动人口政策演变

长期以来，受户籍管理制度的影响，对于在城镇就业的农村流动人口一直采取排斥限制的政策。然而，随着中央政府城镇化发展战略的提出，以及对外出打工对于农民增收的重要性的认识，各级政府在改进和完善对进城农民工的管理和服务政策方面有了明显的改进。这也意味着，中国城镇化发展战略从允许农民进入小城镇务工经商和落户开始，转向了各级城市的农民工的待遇的改变。

1. 1979～1983 年：控制流动

改革开放前中国实行的是城乡分割的户籍制度和就业制度，农村劳动力的流动受到严格的限制，这种限制到改革开放初期并没有根本的改变。1980 年的全国劳动就业工作会议及其后下发的文件，一方面解开了对城镇职工流动的禁锢，另一方面又加强了对农村劳动力流动的限制。1981 年中央在提出城市实行合同工、临时工、固定工相结合的多种就业形式的同时，又进一步强化了对农村劳动力流动的管理。

这一时期政府对农村劳动力流动的政策安排主要是基于以下几点考虑：一是国内食品供给不足，尤其是农副产品供应量远不能满足劳动力流动的需要；二是由于知青大批返城加大了城镇原本就存在的就业压力；三是计划经济时期形成的发展战略和城乡隔绝的体制还没有破除。在上述背景下，政府仍按照计划经济的方式，采取严格控制农村劳动力进城流动就业的政策。

表 1.1　劳动力流动的政策要点：1979～1983 年

发布时间	颁发单位	文件名称	政策要点
1980 年	中共中央、国务院	关于进一步做好城镇劳动就业工作的意见	对农业剩余劳动力，要采取发展社队企业和城乡联办企业等办法加以吸收，并逐步建设新的小城镇。要控制农业人口盲目流入大中城市，控制吃商品粮人口的增加。要压缩、清退来自农村的计划外用工。确需从农村中招工的，要从严控制，须经省（市、自治区）人民政府批准

续表

发布时间	颁发单位	文件名称	政策要点
1981 年	中共中央、国务院	关于广开门路，搞活经济，解决城镇就业问题的若干决定	对农村多余劳动力通过发展多种经营和兴办社队企业，就地适当安置，不使其涌入城镇。对于农村人口、劳动力迁进城镇，应当按照政策从严掌握。农村人口迁入城镇的要严格履行审批手续，公安、粮食、劳动等部门要分工合作把好关，不要政出多门。要严格控制使用农村劳动力，继续清退来自农村的计划外用工
1981 年 12 月	国务院	关于严格控制农村劳动力进城务工和农业人口转为非农业人口的通知	严格控制从农村招工；认真清理企业、事业单位使用的农村劳动力；加强户口和粮食管理

2. 1984～1988 年：允许向小城镇或者在农村之间流动

从 1984 年开始，国家准许农民自筹资金、自理口粮，进入小城镇务工经商。这一小小的城门开放是农村劳动力流动政策变动的一个标志，它表明实行了 30 年的限制城乡人口流动的就业管理制度开始松动。之后，政府又进一步出台了一些政策和措施，允许和鼓励农村劳动力的地区交流、城乡交流和贫困地区的劳务输出，使农村劳动力的转移和流动进入了一个较快增长的时期。

国家这一时期对农村劳动力流动的政策变化，可以从三个方面解释：一是农村改革促进了农产品产量的大幅度增长，基本上满足了农民进城就业所需的食品供应；二是城市经济体制改革的全面推进，新增了大量需要农村劳动力的就业机会；三是人民公社的解体和农产品统购统销制度的改革，部分消除了农民自主流动的体制性障碍。

值得注意的是，允许流动的范围，基本还是限制在农村，在所有的城市甚至是县城，农民流动就业还是受到严格限制的。

表 1.2　　劳动力流动的政策要点：1984～1988 年

发布时间	颁发单位	文件名称	政策要点
1984 年 1 月 1 日	中共中央	关于 1984 年农村工作的通知	允许务工、经商、办服务业的农民自理口粮到集镇落户
1984 年 10 月	国务院	关于农民进入集镇落户问题的通知	①农民进入集镇务工、经商、办服务业，对促进集镇的发展，繁荣城乡经济，具有重要的作用，对此应积极支持；②凡申请到集镇务工、经商、办服务业的农民和家属，在集镇有固定住所，有经营能力，或在乡镇企事业单位长期务工的，公安部门应准予落常住户口，及时办理入户手续，发给《自理口粮户口簿》，统计为非农业人口；③粮食部门要做好加价粮油的供应工作，可发给《加价粮油供应证》；④地方政府要为他们建房、买房、租房提供方便；⑤为了使在信贷务工、经商、办服务业的农民保持稳定，乡镇人民政府和村民委员会对其留居农村的家属不得歧视；⑥对到集镇落户的，要事先办好承包土地的转让手续，不得撂荒；⑦一旦因故返乡的应准予迁回落户，不得拒绝
1985 年 1 月 1 日	中共中央、国务院	关于进一步活跃农村经济的十项政策	要扩大城乡经济交往，……允许农民进城开店设坊，兴办服务业，提供各种劳务，城市要在用地和服务设施方面提供便利条件
1986 年 7 月	国务院	关于国营企业招用工人的暂行规定	企业招用工人，应当公布招工简章，符合报考条件的城镇行业人员和国家允许从农村招用的人员，均可报考
1988 年 7 月	劳动部、国务院贫困地区经济开发领导小组	关于加强贫困地区劳动力资源开发工作的通知	①将大力组织劳务输出，作为贫困地区劳动力资源开发的重点；②按照“东西联合，城乡结合，定点挂钩，长期协作”的原则，组织劳动力跨地区流动；③沿海经济发达地区、大中城市的劳动部门要有计划地从贫困地区吸收劳动力，要动员和组织国营企业招用一部分贫困地区的劳动力；④鼓励和支持大中型企业与贫困地区建立挂钩联系，共同创办劳务基地，发展长期劳务合作；⑤要发挥国营、集体劳务组织的作用，重视发挥已有民间劳务组织、能人的作用，通过经济手段，利用联营、代理等多种形式，开拓劳务市场，为搞活劳动力流动创造条件

3. 1989～1991 年：控制流动

这一时期政府对前一个时期实行的农村劳动力流动政策进行了局部的调整，加强了对流动人口的管理。这一段时期农民工流动就业的主要表现是，按照市场的需求自由地流动，而且是在前一时期政策鼓励下引发了大规模的农村劳动力跨地区流动。农村劳动力市场的发育，使得在计划经济管理下的交通运输、劳动力管理和社会治安等方面的不适应问题凸显出来，突出地反映在舆论对所谓“民工潮”的负面报道。人们已经习惯了按部就班和政府安排的就业方式，可是新增的强大的市场就业需求，特别是沿海地区乡镇企业迅速的兴起，本地的劳动力供给严重不足，为农村过剩的劳动力提供了广阔的劳动力市场空间。而城市以及满足于城市的运输和基础设施的管理，显然已经不适应改革开放后突现的劳动力市场膨胀的现象，而且基本服务于城市间人口流量的铁路和公路运输系统，则在民工流动的高峰期出现了严重的饱和。在这样的市场经济大潮下，政府宏观政策的准备不足和原有的计划经济思维方式惯性，使政府采取了行政的控制手段，试图遏制农民出外流动就业的浪潮。

尽管如此，这一时期的政策效应影响有限。因为农民流动的目的地还是在农村范围，乡镇企业的发展还是在计划经济管辖的范畴之外，所谓的管理和限制实际上并没有发挥什么作用，允许农村劳动力流动的政策和措施仍在发挥作用。

表 1.3　　劳动力流动的政策要点：1989～1991 年

发布时间	颁发单位	文件名称	政策要点
1989 年 3 月	国务院办公厅	关于严格控制民工外出的紧急通知	各地人民政府采取有效措施，严格控制当地民工外出
1989 年 4 月	民政部、公安部	关于进一步做好控制民工盲目外流的通知	各地人民政府采取有效措施，严格控制当地民工盲目外流

续表

发布时间	颁发单位	文件名称	政策要点
1990年4月27日	国务院	关于做好劳动就业工作的通知	对农村富余劳动力，要引导他们“离土不离乡”，因地制宜地发展林牧副渔业，沿着正确方向办好乡镇企业，开展多种服务业，搞好农村建设，使农村富余劳动力就地消化和转移，防止出现大量农村劳动力盲目进城找活干的局面。对农村劳动力进城务工，要运用法律、行政、经济的手段和搞好宣传教育，实行有效控制，严格管理。确定一个时期内城市使用农村劳动力的规划，由劳动部门本着从严的精神负责统一审批，并建立临时务工许可证和就业登记制度，加强对单位用工的监督检查。对现有计划外用工，要按照国家政策做好清退工作，重点清退来自农村的计划外用工，使他们尽早返回农村劳动。要严格控制“农转非”过快增长，把“农转非”纳入国民经济与社会发展规划，实行计划指标管理，认真执照国家有关政策规定审批。对自行规定政策或放宽条件、扩大“农转非”范围的，要抓紧进行清理整顿
1991年2月	国务院办公厅	关于劝阻民工盲目去广东的通知	①各级人民政府要从严或暂停办理民工外出务工手续。回乡过节民工，如没有签订续聘合同，要劝阻他们不要再盲目进粤寻找工作。返回工作岗位履约的民工，不要盲目带人到广东。②对大量南下在途的民工，有关地区各级人民政府要组织力量，切实采取措施，就地进行劝阻，并及时通报广东省人民政府

4. 1992～2000年：限制、排斥和有序管理并存

自1992年以来，农村劳动力流动的政策逐渐发生变化，变化主要在两个方面显现出来。从劳动力的需求上看，由于邓小平南巡讲话以后，城市的发展和建设成为当时国民经济的重要亮点，城市投资的膨胀带动了各产业的发展，农民工的流动从原来在农村范围和小城镇之间，开始向大中城市转移，可以说农民工问题已经逐渐对城市产生了震撼的效应。由于农民工数量在城市的迅速增加，也在某种程度上造成了严重的恐慌。对于就业市场的冲击，对于城市基础设施管理带来的压力，对交通运输

增长的压力，开始的表现是城市居民在城市独特的消费地位受到了影响。一方面，舆论大声疾呼“狼来了”，反映出社会对于劳动力市场在计划体制下的冲击的不适应和不满；另一方面，从政策上要求运用计划经济管理的手段，加以管理和限制。

需要指出的是，在此期间，从1984年开始的城市经济体制改革和国有企业改革的效果，也造成了城市下岗职工的增加，实施再就业工程已成为各级政府的重要任务。在这种背景下，大部分城市出台了各种限制农村劳动力进城及外来劳动力务工的规定和政策。这一期间，劳动部从有序管理的角度，出台了对农民工就业管理实行证卡管理的制度，要求对农民工就业要办法许可，并收取费用。这种有序管理的政策和办法，并不符合当时完全按照市场规律寻求就业的大趋势，从实施开始，就受到了社会上特别是农民工就业群体的抵制。

表1.4　　劳动力流动的政策要点：1992～2000年

发布时间	颁发单位	文件名称	政策要点
1993年11月	中共中央	关于建立社会主义市场经济体制若干问题的决定	鼓励和引导农村剩余劳动力逐步向非农产业转移和地区间有序流动
1993年12月	劳动部	关于建立社会主义市场经济体制时期劳动体制改革总体设想	培育和发展劳动力市场的目标模式，是建立竞争公平、运行有序、调控有力、服务完善的现代劳动力市场。竞争公平，要打破统包统配的就业政策，破除妨碍劳动力在不同所有制之间流动的身份界限，劳动者自主择业、自主流动，企业自主用人，劳动力供求主体之间通过公平竞争、双向选择确立劳动关系。从长远发展来看，建立公平竞争的劳动力市场，还要逐步打破城乡之间、地区之间劳动力流动的界限。 要建立农村就业服务网络，合理调节城乡劳动力流动，逐步实现城乡劳动力流动的有序化。 要在“九五”时期基本取消统包统配，进一步放开城乡界限，取消职工身份界限，扩大公平竞争范围，争取在20世纪末基本形成现代劳动力市场体系

续表

发布时间	颁发单位	文件名称	政策要点
1994 年 8 月	劳动部	关于促进劳动力市场发展，完善就业服务体系建设的实施计划	必须在短时间内建立起完善的就业服务体系。具体计划：①1994 年，着手华南（广东）、华东（上海）和华北（北京）三大区域劳动力市场信息中心建设，推进省际劳务协作，大力发展乡镇劳动服务网络，健全流动服务制度；②1995 年，在重点地区（广东、福建、山东、浙江、江苏、北京、天津、上海、四川、安徽、湖北、湖南、广西、贵州、江西、河南、河北、甘肃）形成有效的管理制度、服务手段和调控方法，使农村劳动力有组织地输出、输入（跨地区流动持证率）达到 60%
1994 年 11 月	劳动部	关于农村劳动力跨省流动就业的暂行规定	首次规范流动就业证卡管理制度：被用人单位跨省招收的农村劳动者，外出之前，须持身份证和其他必要的证明，在本人户口所在地的劳动就业服务机构进行登记并领取外出人员就业登记卡；到达用人单位后，须凭出省登记卡领取当地劳动部门颁发的外来人员就业证；证、卡合一生效，简称流动就业证，作为流动就业的有效证件
1995 年	中共中央办公厅、国务院办公厅	关于加强流动人口管理工作的意见	促进农村剩余劳动力就地就近转移；提高流动的组织化、有序化程度；实行统一的流动人口就业证和暂住证制度；整顿劳动力市场
1997 年 6 月	国务院	关于小城镇户籍管理制度改革试点方案	应当适时进行户籍管理制度改革，允许已经在小城镇就业、居住并符合一定条件的农村人口在小城镇办理城镇常住户口，以促进农村剩余劳动力就近、有序地向小城镇转移。 经批准在小城镇落户的人员，与当地原有居民享有同等待遇。当地人民政府及有关部门、单位应当同对待当地原有居民一样，对他们的入学、就业、粮油供应、社会保障等一视同仁。 对在小城镇落户的人员，各地方、各部门均不得收取城镇增容费或者类似增容费的费用

续表

发布时间	颁发单位	文件名称	政策要点
1997 年 11 月	国务院办公厅	关于进一步做好组织民工有序流动工作的意见	加快劳动力市场建设，建立健全劳动力市场规则，明确劳动力供求双方、中介服务以及市场管理的行为规范。劳动部门要按照统一、开放、竞争、有序的原则，制定劳动力市场发展规划，会同有关部门切实加强对劳务中介服务组织的管理和指导，通过加强法律、行政、社会舆论监督等手段强化市场监管，坚决打击市场欺诈、非法职业介绍、牟取暴利等违法行为，维护劳动力市场的正常秩序
1998 年 6 月	中共中央、国务院	关于切实做好国有企业下岗职工基本生活保障和再就业工作的通知	各级党委、政府和有关部门必须把国有企业下岗职工基本生活保障和再就业工作列入重要议事日程，实行党政“一把手”负责制，并纳入政绩考核的重要内容；要继续鼓励和引导农村剩余劳动力就地就近转移，合理调控进城务工的规模
1998 年 10 月	中共中央	关于农业和农村工作若干重大问题的决定	适应城镇和发达地区的客观需要，引导农村劳动力合理有序流动
2000 年 1 月	劳动部办公厅	关于做好农村富余劳动力流动就业工作的意见	建立流动就业信息预测预报制度；促进劳务输出产业化；发展和促进跨地区的劳务协作；开展流动就业专项监察，保障流动就业者合法权益

5. 2000 年至今：完善管理和公平服务

从 2000 年下半年开始，随着国家城镇化发展战略的提出，对于促进农村劳动力转移的呼声日益强烈。关于农村劳动力流动就业的政策发生了一些积极的变化（表 1.5）。这些变化有以下两个突出特点：一是要求逐步取消对农民进城就业的各种不合理限制和政策上的歧视，公平对待进城就业的外来农民工，并对他们的就业条件和生活条件实现和城市居民平等的权利。二是积极推进各个方面的改革，特别是加快户籍管理制度的改革，为农民工进城稳定就业和定居创造条件。

这一时期政策变化的要点起始于 2003 年 1 月国务院办公厅颁发的《关于完善农民进城务工就业管理和服务的指导意见》，文件要求解决拖欠农民工工资问题，取消对农民工就业的歧视性政策，撤销对农民工就业的各项不合理的证卡等收费项目，建立符合农民工实际条件的保障机制，公平解决农民工子女教育入学问题等等。此后出台的一系列文件，都强调了对外来进城务工就业人员，继续实行亦工亦农、城乡双向流动的政策，在劳动报酬、劳动时间、法定假日和安全保护等方面依法保障其合法权益；对在城市已有稳定职业和住所的进城务工人员，要创造条件使之逐步转为城市居民，依法享有当地居民应有的权利，承担应尽的义务；对因城市建设承包地被征用、完全失去土地的农村人口，要转为城市居民，城市政府要负责提供就业援助、技能培训、失业保险和最低生活保障等。鼓励农村人口进入中小城市和小城镇定居，特大城市要从调整产业结构的源头入手，形成用经济办法等控制人口过快增长的机制。

表 1.5　　劳动力流动的政策要点：2000 年至今

发布时间	颁发单位	文件名称	政策要点
2000 年 7 月	劳动保障部、国家计委、农业部、科技部、水利部、建设部、国务院发展研究中心	关于进一步开展农村劳动力开发就业试点工作的通知	改革城乡分割体制，取消对农民进城就业的不合理限制
2000 年 6 月	中共中央、国务院	关于促进小城镇健康发展的若干意见	凡在县级市市区、县人民政府驻地镇及县以下小城镇有合法固定住所、稳定职业或生活来源的农民，均可根据本人意愿转为城镇户口，并在子女入学、参军、就业等方面享受与城镇居民同等待遇，不得实行歧视性政策。 对在小城镇落户的农民，各地区、各部门不得收取城镇增容费或其他类似费用
2001 年 3 月	全国人大	中华人民共和国国民经济和社会发展第十个五年计划纲要	打破城乡分割体制，逐步建立市场经济体制下的新型城乡关系，改革城镇户籍制度，形成城乡人口有序流动的机制，取消对农村劳动力进入城镇就业的不合理限制。 破除地区封锁，反对地方保护主义，废除阻碍统一市场形成的各种规定。 坚持城乡统筹的改革方向，推动城乡劳动力市场逐步一体化

续表

发布时间	颁发单位	文件名称	政策要点
2001 年 3 月	国务院	关于推进小城镇户籍管理制度改革的意见	在县级市市区、县人民政府驻地镇及其建制镇，只要有合法固定的住所、稳定的职业或生活来源的人员及与其共同居住生活的直系亲属，均可根据本人意愿办理城镇常住户口。“对经批准在小城镇落户的人中，…根据本人意愿，可保留其承包土地的经营权，也允许依法有偿转让” 要切实保障在小城镇落户人员“在入学、参军、就业等方面与当地原有城镇居民享有同等权利，履行同等义务，不得对其实行歧视性政策”，“不得借户籍管理制度改革之机收取城镇增容费或其他类似费用”
2001 年 5 月	国家计委	关于印发国民经济和社会发展第十个五年计划城镇化发展重点专项规划的通知	打破垄断和地区保护，除个别特大城市外，要改革城乡分割的就业制度，取消各地区针对农民和外地人口制定的限制性就业政策。积极开展面向城镇迁入人口的各类社会服务。要高度重视为迁入人口提供创业、就业、生活等方面的条件。中心城市要建立劳动力市场信息网络，提供求职和用人等方面的就业服务。在住房、子女教育、医疗等方面，对进城务工的农民提供普遍服务。加强实施城镇化战略意义的舆论宣传，在城市中形成接纳新市民的社会氛围，促进进城农民与城市社会的融合
2002 年 11 月	国务院	国务院关于取消第一批行政审批项目的决定	取消跨省农村劳动力的用工计划审批等行政审批项目
2003 年 1 月	国务院办公厅	关于完善农民进城务工就业管理和服务的指导意见	取消对农民进城务工就业的不合理限制…各行业和工种尤其是特殊行业和工种要求的技术资格、健康等条件，对农民工和城镇居民应一视同仁；改善农民工的生产生活条件，切实解决拖欠和克扣农民工工资问题，用人单位必须依法与农民工签订劳动合同；组织农民工培训，解决农民工子女教育，加强对农民工的管理

续表

发布时间	颁发单位	文件名称	政策要点
2003年9月	国务院办公厅	国务院办公厅转发农业部等部门2003～2010年全国农民工培训规划的通知	综合运用财政扶持政策和竞争、激励手段，进一步调动农民工个人、用人单位、教育培训机构、行业的积极性，多渠道、多层次、多形式地开展农民工培训工作，逐步形成政府统筹、行业组织、重点依托各类教育培训机构和用人单位开展培训的工作格局
2004年2月	中共中央、国务院	中共中央、国务院关于促进农民增加收入若干政策的意见	进城就业的农民工已经成为产业工人的重要组成部分；推进大中城市户籍制度改革，放宽农民进城就业和定居的条件
2004年12月	国务院办公厅	国务院办公厅关于进一步做好改善农民进城就业环境工作的通知	开展有组织的劳务输出。要充分调动政府职能部门、农村基层组织和社会各方面的积极性，整合乡镇劳动保障、农业、乡镇企业管理等部门在促进农村劳动力转移就业方面的职能作用。要加强跨省劳务工作和乡镇劳动服务工作，积极建立劳务基地，大力发展劳务协作，通过订单培训、定向输出，提高农民外出务工组织程度。要研究进城就业农民的住房问题。做好农民工工伤保险工作
2004年12月	中共中央、国务院	中共中央、国务院关于进一步加强农村工作提高农业综合生产能力若干政策的意见	进一步搞好农民转业转岗培训工作，扩大“农村劳动力转移培训阳光工程”实施规模，加快农村劳动力转移
2005年4月	国务院	国务院关于2005年深化经济体制改革的意见	进一步改革户籍管理制度，促进农村富余劳动力合理有序转移。选择部分具备条件的城市开展城乡一体化劳动力市场的试点工作

续表

发布时间	颁发单位	文件名称	政策要点
2006 年 3 月	国务院	国务院关于解决农民工问题的若干意见	提出“公平对待，一视同仁；强化服务，完善管理；统筹规划，合理引导；因地制宜，分类指导；立足当前，着眼长远”的原则。要求实现“一是实行城乡平等的劳动就业制度，建立城乡统一、平等竞争的劳动力市场和就业服务体系；二是从各地实际出发，逐步地、有条件地改革户籍制度；三是探索适合农民工特点、符合我国国情的农民工社会保障办法”
2007 年 12 月	中共中央、国务院	关于切实加强农业基础建设进一步促进农业发展农民增收的若干意见	提出全面加强农民工权益保障，包括建立统一规范的人力资源市场，加快大中城市的户籍改革制度，加强对农民工的就业指导和服务，建立农民工工资的正常增长和支付机制，健全农民工的社会保障制度，提供廉租房和改善住房条件，农民工输入地要以公办学校接受农民工子女教育
2008 年 12 月	国务院办公厅	关于切实做好当前农民工工作的通知	包括：采取多种措施促进农民工就业；加强农民工的技能培训和职业教育；大力支出农民工返乡创业和投身新农村建设；确保农民工工资按时足额发放；做好农民工社会保障和公共服务工作；切实保障返乡农民工的土地承包权益
2008 年 12 月	中共中央、国务院	关于 2009 年促进农业稳定发展农民持续增收若干意见	重视农民工就业难和工资下降问题，支持企业多留用农民工，妥善解决农民工的劳资纠纷，鼓励城乡基础设施建设和新增公益性就业岗位多用农民工，大规模开展针对性、实用性强的农民工技能培训，落实农民工返乡创业扶持政策，保障农民工合法的土地承包权益等
2009 年 2 月	国务院	关于做好当前经济形式下就业工作的通知	采取多种措施，促进农民工就业，包括落实企业减负稳岗措施，加强就业服务和职业培训，做好农民工社会保障和公共服务，加强农村劳动力转移就业服务信息网络建设，大力发展劳务经济，加强劳务协作，引导农民工流动就业

出台这些有关政策的主要原因有：①由于农民工在城市的长期就业，已经成为城市生活中重要的组成部分，城市的发展和建设已经离不开农

民工这个庞大的流动性的社会就业群体；②城乡收入差别的逐步扩大，已经成为中央政府日益担心的问题，外出打工已经是农民收入的主要来源，农村政策的要点，不仅仅是关系到农民在农村的生产经营和生活条件的改善，他们在城市的就业条件和生活状况，也标志着中央政府的农村政策延伸到城市；③城镇化发展战略从小城镇开始的突破转向城市，虽然暂时不能解决农民工进城落户问题，但是，稳定他们的就业条件，毕竟是稳定定居的开始。

这些变化表明，中央政府及有关部门在改革城乡分割体制，促进城镇化发展战略，推动城乡劳动力市场一体化方面已开始迈出实质性步伐，也必将要求地方政府的政策和措施发生相应的变化和调整，农村劳动力的转移和流动正在进入一个新的发展时期。

第二章　流动人口的空间分布格局和趋势

改革开放以来，随着工业化和城镇化的发展，对人口流动的控制也在逐步放宽，中国人口空间分布格局发生了一些根本性的变化，人口开始更多地从农村流向城市，跨区域流动人口增加。流动人口促进了城乡一体化发展，为工业增加了竞争力，为城市增加了活力，为现代化增添了动力，也有力地推动了中国经济体制改革和政府职能与管理服务方式转变。把握中国流动人口特别是农村流动人口的空间分布格局和趋势，对制定符合“以人为本”科学发展观根本要求的人口政策，建立有中国特色人口管理体制，促进我国城镇化健康发展具有重要意义。以下我们主要分析中国农村流动人口分布及其变化的基本情况，更好地把握中国流动人口分布的空间格局。

为了清楚反映中国流动人口基本情况和变化趋势，本研究主要利用2000年第五次人口普查及2005年1%人口抽样调查数据中有关流动人口的数据进行分析。

一、流动人口流动的基本特征

劳动力流动是城市化发展的基本特征，也是一个长期而漫长的过程。流动人口是我国城镇化过程中的一个显著特征，我国流动人口具有以下基本特征。

1. 农村人口是流动人口的主体

2005年农村人口占到我国流动人口总量的61.4%，城镇人口占38.6%。同期我国农村人口的比重为57.01%，农村流动人口占流动人口的比例高于农村人口比重。在跨省流动人口中82.3%是农村人口，城镇人口仅占17.7%，农村人口是我国流动人口的主体。把握农村流动人口的基本状况，是研究我国流动人口基本情况的重点，我们在以下研究中将着重关注农村流动人口状况。我国流动人口问题的解决主要是解决农村流动人口问题，这也事关我国“三农”问题的解决。

表2.1 流动人口来源状况表

来源	乡村			城镇		
	乡	镇的村委会	合计	街道	镇的居委会	合计
比重（%）	26.2	35.2	61.4	28.9	9.7	38.6

资料来源：2005人口抽样调查资料。

2. 以农村流向城镇为主

从农村流向城镇的人口占全部流动人口的49.2%，从城镇流向城镇占37.8%，从农村流向农村的占9.6%，从城镇流向农村的占3.4%。其中，从农村流向城镇的占省内流动的41.1%，占跨省流动的65%。整体上来说，农村流向城镇是我国人口流动的主要部分。

表2.2 城乡人口流动状况表（%）

出发地 / 目的地	省内						跨省					
	乡村			城镇			乡村			城镇		
	乡	镇的村委会	合计	街道	镇的居委会	合计	乡	镇的村委会	合计	街道	镇的居委会	合计
城镇	16.3	24.8	41.1	35.7	9.4	45.1	29.7	35.3	65.0	10.3	5.6	15.9
乡村	4.2	5.3	9.4	2.3	2.1	4.4	7.5	9.8	17.3	1.0	0.8	1.8

资料来源：2005人口抽样调查资料。

3. 流动人口以省内迁移为主，省际迁移以农村人口为主

2005年数据显示，省内迁移占流动人口的66%，为流动人口迁移的主要方式；相比省内迁移，跨省迁移的比重要低32个百分点。而在省内迁移人口中，29.9%的人口是市区内人户分离，这说明城镇人口流动更倾向于短距离的流动。

相比城镇人口的流动，农村人口流动倾向于更远距离。在跨省流动人口中农村人口占到82.3%，而城镇人口仅占17.7%。流动的农民工已经成为我国工业化城镇化的特有现象，农民工也是推进我国城镇化进程

的主体，同时也带来一系列社会问题，比如“春运”拥堵等。

城乡流动人口的对比，也说明我国城乡之间存在着系列制度差距，城镇居民更倾向于稳定的短距离流动，因为城镇居民可以享受到更好的就业、社保等福利，而农民工则以追求就业为主的长距离跨省流动。

表 2.3　　省内和省际迁移状况表

迁移类型	省内迁移	省际迁移
比重（%）	66	34

资料来源：2005 人口抽样调查资料。

4. 相比省内迁移，省际迁移更趋短期性

总体上来说，随着迁移时间的拉长，流动人口的比重在不断下降。就省内迁移和省际迁移对比来看，省际迁移更趋短期性，比如迁移时间在两年之内的流动人口占省际迁移的 42%，占省内迁移的比例为 33.6%，相差 8.4 个百分点。

虽然省际迁移短期特征比较明显，但是 78.4% 的跨省流动人口在流入地居住的时间在一年以上，成为流入地的常住人口，仅有 21.6% 的在流入地居住不满一年，流动人口流动趋向基本稳定，这就要求政府在各项工作中，要充分考虑到流动人口的基本需求情况。

表 2.4　　流动人口迁移时间比重（%）

迁移时间	0.5～1 年	1～2 年	2～3 年	3～4 年	4～5 年	5～6 年
省内迁移	17.5	16.1	13.5	9.6	7.1	5.3
省际迁移	21.6	20.4	14.6	9.4	6.3	6.3

资料来源：2005 人口抽样调查资料。

5. 省际迁移倾向于经济型原因，省内迁移倾向于社会型原因

“务工经商”是省际流动的主要原因，占到省际迁移的 73.36%；对省内迁移来说主要是以“拆迁搬家”、“婚姻嫁娶”等社会原因带来的迁移，社会型流动占到省内迁移的 55.38%。区域发展不平衡带来的就业机会的差异是推动人口流动的主要原因之一，特别是对于广大中西部地区的农村居民来说，可以通过流动来寻求非农就业机会，改善收入水平。

影响省内和省际迁移因素的不同，要求我们在制定人口政策时，要考虑不同迁移原因，以及经济社会因素对于人口迁移的影响，避免政策

“一刀切”所带来的与现实情况不相适应的状况。迁移距离较短的省内迁移受社会因素影响更大，在社会融入程度上更高；而对于迁移距离相对更长的省际迁移要更多地关注与就业相关的因素。

表 2.5　　流动人口流动原因比重（%）

	流动原因	省内	省际	合计
经济型流动	务工经商	27.46	73.36	43.07
	工作调动	3.8	1.16	2.91
	分配录用	1.01	0.21	0.74
	学习培训	4.49	1.44	3.45
	小计	36.76	76.17	50.17
社会型流动	拆迁搬家	14.81	0.54	9.95
	婚姻嫁娶	10.75	4	8.45
	随迁家属	17.38	9.99	14.87
	投亲靠友	9.36	6.53	8.4
	寄挂户口	3.08	0.36	2.16
	小计	55.38	21.42	43.83
	其他	7.87	2.4	6.01
	总计	100	100	100

资料来源：2005 人口抽样调查资料。

6. 流动人口年龄集中在劳动年龄内

从年龄构成上看，在流动人口中，劳动年龄（16～60 岁）人口占 80.15%；其中省内迁移的流动人口中，劳动年龄人口占 76.08%，省际迁移的流动人口中，劳动年龄人口占 88.05%。流动人口年龄集中在劳动年龄阶段内。

通过年龄结构的比较可以看出，流动人口主要集中在 16～43 岁间。在总人口中，这个年龄段的人群占 45.09%，而在迁移人口中占到 66.18%，其中省际迁移要占到 80.29%，比省内迁移高 21.39 个百分点。15 岁以下儿童在迁移人口中所占比重（13.55%）明显低于总人口（21.59%），省际迁移的儿童比重仅为 9.56%，比省内迁移的 15.61% 低 6.05 个百分点。虽然，儿童迁移的比重还比较低，但是相比 2000 年，儿童迁移的比重已经有了较大幅度的增长，比如迁移人口中儿童的比重提高了 0.75 个百分点，省际迁移儿童的比重提高了 1.41 个百分点，这说明带孩子外出的家庭在增多，特别是跨省迁移人口。超过60岁的老人在迁移人口中所占比重要明显低于老年人人口比重。

对流出区而言，流动人口以年轻人居多，老年人比重很低，导致人口流出区老龄化趋势日趋明显。在农村养老保险等社会保障体系尚不健全的情况下，老人的生活、就医等形势十分严峻。对于跨省流动人口来说，儿童比重还仅占10%左右，绝大部分子女并没有跟随父母一起迁移。这部分家庭的子女教育问题将受到严重影响，也会影响到未来中国农村人口的素质，如果农村人口不能通过教育来提高人力资本水平，最终实现收入水平的改善，那么对中国农村流动人口来说，他们可能会陷入到“贫困陷阱”中，流动人口子女教育问题值得进一步关注。

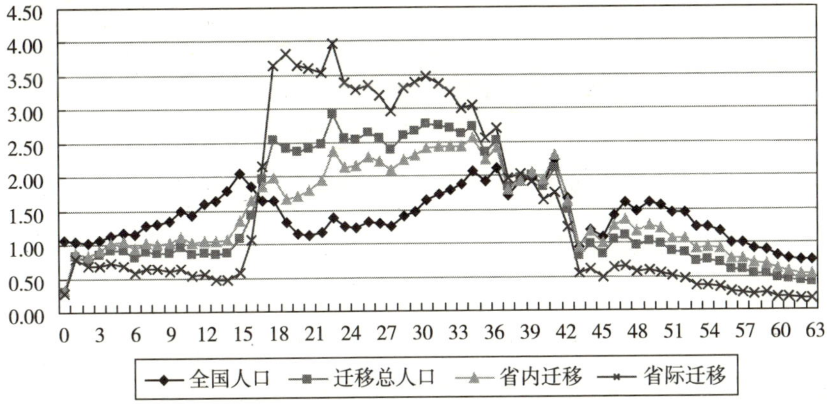

图2.1 流动人口的年龄分布图

7. 就业以生产制造和服务业为主

流动劳动力较多从事的职业是“商业、服务业人员”和“生产、运输设备操作人员及有关人员”，这两类职业分别占全部流动劳动力的29.66%和48.64%。合计占到流动人口就业总量的78.3%，生产制造和服务业是流动人口就业的主要渠道。

流动人口主体是农村人口，受各方面因素的影响，农村外出劳动力集中在制造业、批发和零售贸易、餐饮业、建筑业和服务业。国家统计局农调队2006年的数据显示，77%的农村外出劳动力集中在以上行业，特别是制造业和建筑业更是集中了农村外出劳动力的56.2%；而且制造业吸收农村外出劳动力的比重还在增加。在中国如何发展适合中国特色的劳动密集型的制造业，仍然将是转型时期中国的重要战略。

表 2.6　　2005 年在业流动劳动力的职业构成（%）

职业	百分比
国家机关、党群组织、企业、事业单位负责人	2.45
专业技术人员	6.58
办事人员和有关人员	4.73
商业、服务业人员	29.66
农、林、牧、渔、水利业生产人员	7.94
生产、运输设备操作人员及有关人员	48.64
总计	100

资料来源：根据 2005 年全国 1% 人口抽样调查的抽样数据计算。

二、流动人口空间分布特征

1. 东部地区是吸纳流动人口的主要区域

东部地区无论是在吸纳省内流动人口还是跨省流动人口方面都是主要区域。东部地区集中了流动人口的 64.02%，跨省流动人口的 84.61%，其中省内流动人口的 48.9% 也集中在东部地区。流动人口主要集中在广东、浙江、江苏、福建、山东、上海等六省市，共吸纳全国流动人口的 53.01%，其中仅广东就吸纳全国流动人口的 20.65%；吸纳跨省流动人口的省份要更为集中，广东、浙江、上海、江苏、北京和福建等六省市吸纳跨省流动人口的 75.19%，其中仅广东一省便吸纳了跨省流动人口的 32.64%。在中西部地区流动人口的来源主要是省内流动人口，跨省流动人口的目的地主要在东部。

相比全国流动人口的空间分布，东部地区吸纳的跨省流动农村人口比重要高于吸纳跨省流动人口比重，整个东部地区共吸纳跨省流动农村人口的 86.03%，而广东、浙江、上海、江苏、北京和福建等六省市共吸纳跨省流动的农村人口 77.9%。进一步对比可以发现，制造业相对发达的广东、浙江和福建等省份在吸纳农村居民方面能力要更强，而在上海、北京等产业结构更为高端的大城市吸纳跨省流动的城镇居民的比重要更高一些。这也说明农村居民的就业在很大程度上受文化素质的影响，毕竟农村居民的文化素质在很大程度上要低于城镇居民的文化素质水平。

总体上来说，东部地区是跨省流动人口的集中区域，另外东部地区内部的人口流动水平也要高于全国的平均水平。比如东部11省市共吸纳省内流动人口的48.9%，而东部11省市总人口比重仅为39.4%；而在广东、浙江、福建、山东等东部经济发达省份，省内流动人口的比重都超过了5%。这可以用在这些经济发达省份人口也在从经济发展水平较低地区流向经济发展水平较高地区来解释，另外也可以说明人口流动和经济发展水平有一定的相关性，经济发展促进要素流动，要素流动对经济发展也是一个促进。

表2.7　　分省流动人口状况（%）

现住地省份	跨省流入人口	跨省流入农村人口	省内流入人口	省内流入农村人口	全部流入人口	流入农村人口
全国	100.00	100.00	100.00	100.00	100.00	100.00
广东	32.64	33.82	11.83	12.02	20.65	21.97
浙江	12.39	13.97	5.31	5.88	8.31	9.58
上海	9.26	9.03	2.16	0.53	5.17	4.41
江苏	8.46	9.16	7.93	7.21	8.15	8.1
北京	6.78	5.68	0.12	0.58	2.94	2.91
福建	5.66	6.24	5.7	6.06	5.68	6.14
山东	2.53	2.04	6.9	6.79	5.05	4.62
天津	2.36	2.24	0.07	0.25	1.04	1.16
辽宁	2.21	1.99	5.08	3.58	3.86	2.85
新疆	2.05	2.18	1.55	0.92	1.76	1.5
河北	1.74	1.36	3.03	3.9	2.48	2.74
云南	1.61	1.55	3.12	3.13	2.48	2.41
内蒙古	1.4	1.37	2.72	4.01	2.16	2.8
四川	1	0.73	6	6.32	3.88	3.77
湖北	0.91	0.8	4.11	4.17	2.75	2.63
山西	0.82	0.82	1.91	2.51	1.45	1.74
黑龙江	0.79	0.72	3.36	3.46	2.27	2.21
贵州	0.76	0.7	2.42	2.52	1.72	1.69
陕西	0.75	0.64	2.03	2.22	1.49	1.5
广西	0.73	0.6	2.92	3.19	1.99	2

续表

现住地省份	跨省流入人口	跨省流入农村人口	省内流入人口	省内流入农村人口	全部流入人口	流入农村人口
重庆	0.7	0.58	1.74	1.99	1.3	1.34
安徽	0.69	0.56	3.86	3.71	2.52	2.27
湖南	0.64	0.55	4.79	4.85	3.03	2.89
吉林	0.6	0.51	2.39	1.87	1.63	1.25
海南	0.58	0.5	0.77	0.73	0.69	0.63
河南	0.55	0.44	3.06	2.85	2	1.75
江西	0.5	0.43	3.1	2.63	2	1.62
甘肃	0.32	0.27	1.05	1.2	0.74	0.77
青海	0.25	0.23	0.48	0.38	0.38	0.31
宁夏	0.23	0.22	0.41	0.47	0.33	0.36
西藏	0.08	0.07	0.07	0.09	0.08	0.08

资料来源：根据2005年全国1%人口抽样调查数据整理计算。

2. 中西部地区是跨省流动人口主要输出地

49.91%的跨省流动人口来自于中部地区，50.71%的跨省流动农村人口来自于中部。安徽、湖南、河南、江西、湖北等省份跨省流出人口占全国跨省流动人口的比重都超过7%，其中安徽达11.49%。西部地区的跨省流动人口主要来自于四川、广西、重庆、贵州等省市，其中四川省流出人口位居全国首位达11.69%，西部地区输出跨省流动人口的比重总计为33.55%，输出跨省流动农村人口共计35.15%。我国跨省流动人口主要来自于中西部地区，83.46%和85.86%跨省流动人口和跨省流动农村人口来自于中西部地区，中西部地区又主要集中在四川、安徽、湖南、河南、江西、湖北、广西、重庆、贵州等省市，上述9省市共计流出中国跨省流动人口的70.96%和跨省流动农村人口的75.82%。从输出人口省份的地理分布来看，人口输出地集中在长江中游及河南等中原地区，特别是输出跨省流动的农村人口，而长江中游和中原地区恰恰也是我国农村人口密度最为稠密且非农产业发展滞后的地区。

对中西部省份来说，所吸收的流动人口则以省内流动人口为主，吸收的跨省流动人口比例则比较低，比如四川、湖北、湖南、江西等省份，吸收跨省流动人口占全国比重要显著小于省内流动人口占全国的比重，都属于人口净流出的省份。劳务输出是解决中西部地区农村剩余劳动力就业，增加农民收入的主要手段。对于中西部地区来说，经济发展水平较低，非农就业如何对接东部地区的产业转移，促进中西部地区非农产业的发展，实现农村劳动力就近转移，对促进城镇化健康发展和区域协调发展具有重要的意义。

我们用跨省迁移人口总量与全省总人口的比值来衡量人口跨省迁移的活跃程度。在安徽、重庆、江西、湖南、四川、湖北、广西、贵州、河南等省市人口跨省迁移的比重较高；特别是农村人口，在上述9省市除河南外，农村人口的跨省迁移比重都超过10%，安徽和重庆的比重超过17%。农村人口的外出务工能够增加收入，但是由于外出的大多都是处于劳动黄金年龄阶段的劳动力，也会带来严重的农村“空心化”问题，制约着农村的发展。

在东部发达地区及西藏、宁夏、新疆、云南等少数民族聚集地区，人口跨省流动倾向并不明显。与东部地区更倾向于在省内流动不同，在少数民族集居地区人口省内流动倾向也不高，因此在制定人口政策时，需要考虑人文风俗方面因素对人口政策落实的影响，切实提高政策的针对性和可操作性。

表2.8　　跨省流动人口状况（%）

户口所在地省份	跨省流出人口	人口跨省迁移比	跨省流出农村人口	农村人口跨省迁移比
四川	11.69	7.70	12.71	12.60
安徽	11.49	10.09	12.79	17.67
湖南	9.31	7.93	9.65	13.21
河南	9.02	5.01	9.82	8.23
江西	7.41	9.31	7.64	15.35
湖北	7.1	6.79	6.90	11.60
广西	5.67	6.52	6.22	10.96
重庆	4.65	9.07	4.89	17.36
贵州	4.62	6.67	5.20	10.39
江苏	3.57	2.81	3.28	4.80
黑龙江	3.16	4.59	2.17	6.60

续表

户口所在地省份	跨省流出人口	人口跨省迁移比	跨省流出农村人口	农村人口跨省迁移比
山东	2. 85	1. 68	2. 86	3. 06
河北	2. 8	2. 20	2. 57	3. 29
浙江	2. 46	3. 25	2. 21	5. 59
陕西	2. 15	3. 09	2. 03	4. 75
福建	1. 94	3. 52	1. 87	5. 47
吉林	1. 64	3. 34	1. 11	4. 69
甘肃	1. 34	2. 71	1. 29	3. 87
内蒙古	1. 33	3. 45	0. 99	4. 30
云南	1. 3	1. 59	1. 43	2. 49
辽宁	0. 98	1. 37	0. 52	1. 61
广东	0. 84	0. 65	0. 51	0. 77
山西	0. 78	1. 27	0. 62	1. 74
海南	0. 34	2. 31	0. 22	2. 64
北京	0. 30	0. 87	0. 02	0. 46
新疆	0. 31	1. 55	0. 11	0. 49
上海	0. 28	1. 31	0. 03	0. 75
青海	0. 25	2. 53	0. 14	2. 25
天津	0. 21	1. 27	0. 05	1. 13
宁夏	0. 2	1. 83	0. 14	2. 20
西藏	0. 04	0. 74	0. 01	0. 26
合计	100	—	100	—

资料来源：根据2005年全国1%人口抽样调查数据整理计算。

3. 相对输出省份，人口输入省份要更为集中

在输出人口最多的6个省，输出人口的比重占全国跨省流动人口的56. 02%，输出农村人口占全国跨省流动农村人口的59. 51%。相对于人口输出省份，人口输入省份在地理上要更为集中，主要集中在珠三角的广东省，长三角的上海、浙江和江苏及京津地区，其中珠三角、长三角的4省市就吸纳了我国跨省流动人口的62. 8%以及跨省流动农村人口的65. 98%。珠三角和长三角吸纳的跨省流动人口占全国的比重都在30%以上，成为吸纳人口的两个重要极点。流动人口向珠三角、长三角地区的

集中也提高了这些地区的城镇化水平，比如跨省流动农民工给广东城镇化率贡献了 13.74 个百分点，分别为上海、浙江、江苏城镇化率贡献了 23.27、5.68 和 2.59 个百分点（小城镇中心，2007）。流动农民工已经成为了推动我国城镇化进程的主体。

4. 人口集中输出省份输出活跃程度相当

跨省流动人口的来源地分布相对更为分散，但是每个省输出人口所占比重相对更平均。输出跨省流动人口最多的是四川省，其输出的跨省流动人口在全国跨省流动人口中所占比例为 11.69%，而吸收人口流入最多的广东省则高达 32.64%。虽然人口输出的集中度没有流入地高，但是输出地要更为平均，人口流动的活跃程度相差不大。比如，跨省输出人口最多的四川省占全国比重为 11.69%，而处于第 6 位的湖北省占全国的比重也达到 7.1%，两者相差 4.59 个百分点。在人口输出最多的 9 个省市，人口跨省迁移比集中在 6.5% ~10% 之间，而农村人口跨省迁移比则集中在 10% ~17% 之间，人口迁移的活跃程度相差并不大。

三、流动人口流动趋势分析

为了了解中国流动人口的变化趋势，特别是中国农村流动人口的变化趋势，我们对 2000 年人口普查和 2005 年人口抽样调查的流动人口数据进行对比分析，发现流动人口的变化具有以下趋势特征。

1. 总体流动趋势变化不大，跨省流动趋势增强

2005 年中国流动人口数量达 14735 万人，与 2000 年普查相比，流动人口增加 296 万人；流动人口占全部人口的比重为 11.28%，与 2000 年人口普查时的 11.41% 基本相差不大。2005 年，我国跨省流动人口 4779 万人，比 2000 年人口普查时增长 12.66%；跨省流动人口占全部人口的比重为 3.66%，比 2000 年增长 0.31 个百分点；而省内流动人口减少 241 万人。从人口流动的总体趋势来看，人口流动会继续持续下去，政府要做好充分的引导、管理与服务。

与此同时，跨省流动人口比重不断上升，2005 年跨省流动人口比重已达 32.4%，比 2000 年人口普查时提高了 4.6 个百分点。人口跨省流动

趋势加强，也要求在制定人口政策时要考虑区域之间的协调，在执行人口政策时需要加强区域之间的合作。如何增强政府管理的有效性和公共服务的可及性，促进流动人口和户籍人口的融合也成为做好流动人口管理和服务的关键。

表 2.9　　2000 年和 2005 年跨省流动对比（%）

年份	2000 年	2005 年
跨省流动比重	29.4	34

资料来源：2000 年人口普查资料；2005 人口抽样调查资料。

2. 农村人口流动趋势在加强

相比 2000 年，2005 年来自农村的流动人口增加了 577 万人，同期我国流动人口共计增加 296 万人，来自城镇的流动人口减少 281 万人；跨省流动的农村人口增加 628 万人，来自城镇的跨省流动人口减少 91 万人。流动人口的增长主要是靠来自农村人口的增加，来自城镇的流动人口在此期间是减少的。

随着农村流动人口的增多，农村人口占流动人口的比重也在不断增加，2005 年农村流动人口比重比 2000 年提高了 2.7 个百分点，农村人口占省际流动人口的比重比 2000 年提高了 4.4 个百分点。农村人口的流动趋势在不断加强，比重也在上升，特别是跨省流动的人口比重已经超过 80%，解决好农村流动人口问题是解决我国流动人口问题的关键所在。

表 2.10　　农村人口占全部流动人口比重（%）

	全部流动人口		省内		省际	
	2000 年	2005 年	2000 年	2005 年	2000 年	2005 年
比重	58.7	61.4	51.7	50.5	77.9	82.3

资料来源：2000 年人口普查资料；2005 人口抽样调查资料。

3. 迁移向东部集中

从人口普查数据来看，东部地区吸纳的跨省流动人口比重在不断增加。特别是 1995 年以来，东部地区集中跨省流动人口的比重迅速增加，10 年来东部地区吸纳跨省流动人口比重提高了 21.5 个百分点，达 84.6%。随着流动人口在东部地区的集中，中西部地区吸纳的流动人口比重在不断下降。

表 2.11　　　　跨省迁移人口的地区分布（%）

目的地	年份	出发地			
		东部地区	中部地区	西部地区	全国平均
东部地区	1987	49.7	61.7	44.2	52.0
	1990	56.0	59.0	49.3	54.6
	1995	63.5	71.8	56.5	63.1
	2000	64.4	84.3	68.3	75.0
	2005	78.3	89.8	80.1	84.6
中部地区	1987	31.3	21.8	21.2	24.6
	1990	28.4	23.5	20.4	24.0
	1995	20.5	12.7	13.4	18.8
	2000	19.7	7.1	7.9	9.8
	2005	10.9	4.4	4.4	5.5
西部地区	1987	18.9	16.6	34.6	23.3
	1990	15.6	17.5	30.3	21.4
	1995	16.1	15.5	30.2	18.1
	2000	15.9	8.6	23.9	15.3
	2005	10.8	5.8	15.5	9.9

注：东部11省为：北京、天津、河北、辽宁、上海、江苏、浙江、福建、山东、广东、海南；中部9省为：山西、吉林、黑龙江、安徽、江西、河南、河北、湖南、湖北；西部12省为：内蒙古、广西、重庆、四川、贵州、云南、西藏、陕西、甘肃、青海、宁夏、新疆。

从农村跨省流动人口来看，农村跨省流动人口在东部集中的趋势更加明显。2005年农村跨省流动人口的86%集中在东部地区，比2000年提高了7.4个百分点。其中中部地区90.5%的农村流动人口集中流向东部地区，西部地区81.9%的农村跨省流动人口流向东部地区，比2000年提高近10个百分点，农村人口向东部流动集中倾向明显。

流动人口向东部集中，说明我国人口流动符合基本经济规律，表现为从不发达地区流向发达地区。未来，我国流动人口向东部集中是城镇化、工业化发展的必然要求，是不可逆转的必然趋势。当前对东部地区来说，要处理好产业升级与增加就业之间的关系，为流入人口提供充足的就业机会，同时要加强对流动人口的服务与管理，促进流动人口融入当地社会，这对保持我国社会稳定，促进城镇化健康发展都具有重要的意义。而对中西部地区，在促进农村人口向非农产业转移的同时，还要做好承接东部地区产业转移的准备，加快中西部经济发展速度，实现东中西部经济协调发展。

表 2.12　　农村跨省迁移人口的地区分布（%）

目的地	年份	出发地			
		东部地区	中部地区	西部地区	全国平均
东部地区	2000	69.2	86.4	72.1	78.6
	2005	79.9	90.5	81.9	86
中部地区	2000	15.4	5.8	6.6	7.7
	2005	10.1	4.1	3.8	4.8
西部地区	2000	14.4	7.8	21.3	13.7
	2005	10	5.4	14.2	9.1

注：东中西部地区的划分同表 2.11。

4. 长三角吸纳流动人口比重不断上升

从国际城市发展经验来看，由区域内不同规模城镇相互之间协调发展所构成的都市圈是城市化发展的一种重要模式，是吸纳城镇人口的主要区域。目前来看，我国东部逐渐形成了珠三角、长三角和环渤海三个主要都市圈，特别是珠三角、长三角，在 2000 年和 2005 年已经分别吸纳我国跨省流动人口的 57.6% 和 62.8%，珠三角和长三角对流动人口吸纳的比重逐渐提高。其中，长三角吸纳跨省流动人口比重增长幅度较大，从 2000 年到 2005 年，提高了 8.1 个百分点。

就都市圈对农村跨省流动人口的吸纳来看，珠三角和长三角吸纳的农村跨省流动人口比重在 2000 年和 2005 年分别达 60.7% 和 66%，高于对跨省流动人口吸纳比重。长三角吸纳农村跨省流动人口比重提高了 9.6 个百分点，与珠三角的比重基本相等。

总体上来说，长三角对流动人口吸纳的比重不断上升。从都市圈对流动人口的吸纳来看，珠三角和长三角都市圈城镇体系相对环渤海都市圈要更为成熟，在经济发展、吸纳就业方面贡献要更大。如何更好地促进合理城镇体系的形成，发挥要素集聚效益，加快人口向城镇的集中，是我国人口管理政策的重要组成部分。从珠三角和长三角的发展可以看出，区域经济发展离不开龙头带动，大中小城市和小城镇协调发展的城市群是我国城镇化发展的主体形态。从珠三角与长三角吸纳流动人口比重的变化来看，我国跨省流动人口的流动流向和我国经济发展速度密切相关，在经济发展速度越快的地区，提供的就业机会越多，对流动人口吸引力越大。

表 2.13　　三大都市圈吸纳跨省流动人口比重表（%）

		2000 年		2005 年	
		跨省流动人口	农村跨省迁移人口	跨省流动人口	农村跨省迁移人口
长三角	上海	7.4	6.8	9.3	9
	江苏	6	6.1	8.5	9.2
	浙江	8.7	9.7	12.4	14
	小计	22.1	22.6	30.2	32.2
珠三角		35.5	38.1	32.6	33.8
环渤海	北京	5.8	5	6.8	5.7
	天津	1.7	1.4	2.4	2.2
	河北	2.2	2	1.7	1.4
	山东	2.4	2.1	2.5	2
	小计	12.1	10.5	13.4	11.3

资料来源：2000 年人口普查资料；2005 人口抽样调查资料整理。

5. 流动人口集中年龄段扩大

从 2000 年第五次人口普查数据来看，迁移人口集中在 16 ~ 38 岁间。在总人口中，这个年龄段的人群占 41.8%，而在迁移人口中占到 70.3%。到 2005 年，从人口抽样调查资料来看，迁移人口集中在 16 ~ 43 岁间。在总人口中，这个年龄段的人群占 45.09%，而在迁移人口中占到 66.18%。

近年来，流动人口年龄段延长，流动人口集中年龄段从 2000 年的 16 ~ 38 岁延长到 16 ~ 43 岁。这也意味着，人口流动趋势在增强，流动人口的年龄在增大，对劳动力来说，人口流动受年龄因素的限制在不断减小。

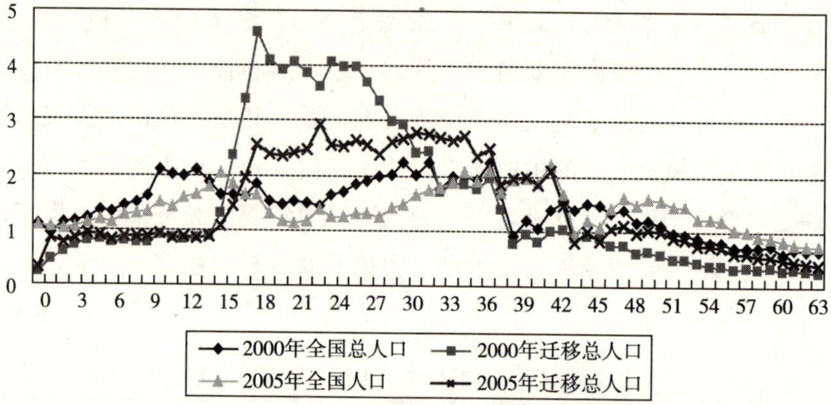

图 2.2 流动人口和总人口年龄分布对表图

6. 跨省迁移距离有缩短趋势

为了描述流动人口迁移距离情况，我们使用平均迁移距离①指标来度量迁移距离状况。

2000 年跨省流动人口的平均迁移距离为 1313.71 公里，到 2005 年变化为 1283.56 公里，减少了 30.15 公里。农村跨省流动人口的平均迁移距离从 1306.72 公里减少为 1276.57 公里，同样减少 30.15 公里。总体上来说，流动人口的跨省流动距离存在逐渐缩短的趋势，但是还不十分显著。

在流动人口跨省迁移趋势不断加强的同时，流动人口跨省迁移距离有缩短趋势，说明流动人口更倾向于在距离更近的省份寻找工作，流动人口的流向在逐渐清晰。

---

① 平均迁移距离 $\overline{D}$ 的计算公式如下：

$$\overline{D} = P_i * D_i$$

$$P_i = \frac{X_i}{X}$$

$$D_i = P_{ij} * D_{ij}$$

$$P_{ij} = \frac{X_{ij}}{X_i}$$

X_i 为 i 省外出总人口数量；X_{ij} 为 i 省迁往 j 省的人口数量；D_{ij} 为 i 省与 j 省省会之间的铁路距离（公里数）。

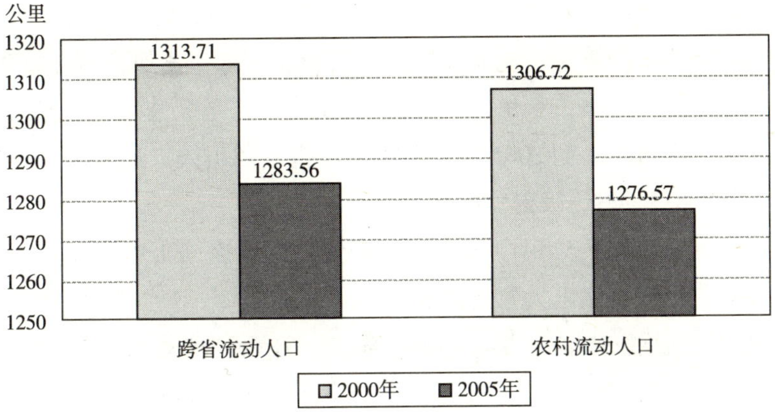

图 2.3　平均迁移距离对比图

7. 对人口输出省来说，流向趋于集中

从 2005 年和 2000 年的数据对比来看，人口输出省的人口流向更趋集中。我们使用输出集中度①来描述输出集中程度，从人口输出最多的 5 个省来看，输出集中度趋向于集中，四川、安徽和河南的集中度得到较大的集中，比如安徽提高了 6.5 个百分点，河南提高了 6.4 个百分点，四川提高了 4 个百分点；而湖南和江西集中度较高在 87% 以上，出现了小幅度下降。

2005 年在人口输出最多的 10 个省中，首位省份吸纳集中度②都在 30% 以上，其中首位省份吸纳集中度最高的为广西 89.4% 的跨省流动人口流向广东，最低的为安徽 30% 的跨省流动人口流向江苏。但是相对 2000 年首位省份吸纳集中度出现了一定程度的下降，而集中接受本省人口前几位省份吸纳的人口比重有所增加，比如接受安徽省人口最多的三个省份，由 67.2% 提高到 75.8%；接收湖北省人口最多的两个省，人口比重由 60.8% 提高到 62.8%。

对农村跨省流动人口来说，输出集中度出现了一定程度的提高，首位吸纳集中度也出现下降。输出集中度的提高和首位吸纳集中度的下降

---

① 输出集中度是指接收本省人口最多的 5 个省接收本省人口数量占本省输出总人口的比重。

② 首位省份吸纳集中度，是指吸纳某人口流出省份流出人口最多的省份所吸纳的该省流出人口占该省跨省流动人口的比重。

说明流动人口流动选择机会增多，流向也趋于明确，就是在东部发达地区。一些中西部的省份对流动人口的吸引力在下降，比如新疆在2000年时分别吸纳了11.5%、6.9%的河南及四川人口，是吸纳河南、四川人口第二和第三多省份，到2005年新疆吸纳河南、四川人口比重已经分别下降为5.5%和3.7%，吸引力明显下降。

整体上对流动人口集中输出省份来说，人口流向集中度比较高。基本上，对每个人口输出大省来说，输出人口都被2~3个省份集中吸纳，比如说安徽流向江浙沪一带，湖南、湖北、江西流向粤浙一带。人口集中输出为在人口流动集中省份之间建立协调人口流动相关事宜的办事机构提供了便利条件。

表2.14　　输出集中度比较（%）

省份	跨省流动人口		农村跨省流动人口	
	2000年	2005年	2000年	2005年
四川	70	74	76.99	80
安徽	81.4	87.9	88.2	88.5
湖南	89.3	87.9	91.4	91.2
江西	92.4	91.9	94.1	94.8
河南	64.9	71.3	72.8	77.6

资料来源：2000年人口普查资料；2005年人口抽样调查资料整理。

第三章　人口流动和布局有关影响因素分析

以上我们已经对我国流动人口的基本情况进行了分析，对流动人口的流向和布局有了初步的了解。流动人口现在已经对我国经济社会发展带来了重要的影响，流动的农民工已经成为推动我国城镇化进程的主体，要更加清晰和准确地把握流动人口，对流动人口流动的合理性和有序性做出准确的判断，必须对影响人口流动的因素进行分析。以下我们将着重分析影响人口流动的因素，找出这些影响因素对人口流动的影响方向和影响程度的大小，在研究方法上，我们将主要应用计量分析法进行分析。

需要说明的是，我们的研究是以省为研究对象，因此我们关注的是省际的迁移，省内迁移并不作为我们研究的主要内容。同时，我们以省作为主要研究对象，那么迁移者个体将不再作为我们研究的重点，迁移者个体特征也将不作为我们的研究因素。上一章的分析中我们已经得出省际流动人口主要来自于农村，也就是农民工，因此在我们的研究中，以农村流动人口作为主要研究对象，对影响农村流动人口的系列因素进行分析。事实上，影响我国农村人口流动的因素是把握影响我国人口流动的主要方面，解决好农村流动人口问题是解决好我国流动人口问题的关键所在。

一、影响人口流动的因素

人口布局取决于流动人口的流向，经济学理论认为人口流动是为了通过流动来获取最大化的经济效益。推拉理论认为，迁移行为发生的原因是迁出地与迁入地的推力和拉力共同作用的结果。人口迁移和移民搬迁的原因是人们可以通过搬迁改善生活条件。于是，在流入地中那些使移民生活条件改善的因素就成为拉力，而流出地中那些不利的社会经济条件就成为推力。

（1）经济驱动力

经济差异是驱使人口流动的一个主要因素，这主要取决于两个地区之间经济发展水平的差异。一般来说，人口会从经济发展水平较差的地区流向经济发展水平较高的地区。我们主要使用以下指标来反映经济发展水平：人均 GDP 之比、城镇居民可支配收入及农民人均纯收入之比、失业率等。经济发展水平越高，那么人均收入水平也会越高。失业率反映的是城镇正规部门就业的情况，流动人口的非正规就业和城镇正规就业是一种互补关系。推拉理论认为，流入地和流出地各自都有推和拉两种因素，即流入地和流出地都同时具有吸引和排斥两方面的作用力；经济因素对于经济落后地区可能是推动力，但是对经济发达地区可能会成为一种排斥力。

（2）自然社会因素

除经济因素外，在流入地和流出地之间还有中间因素，这主要是迁入地和迁出地的自然社会因素。在自然社会因素中，我们主要使用以下变量：两省省会间的距离、资源禀赋条件差异、自然条件差异等，这些都会对流动产生影响。迁移距离可以反映迁移成本，迁移成本可以包括货币成本，也可以包括心理成本等。一般而言，迁移距离对人口流动会产生负方向的影响。我们使用人均耕地面积来反映资源禀赋条件，对自然条件的差异我们使用省会城市的年平均气温指标来反映。

需要指出的是，与研究人口流动所不同的是，我们是以省作为研究对象，而通常的研究大多是把研究者的个体特征作为重要的影响因素来研究，我们的研究将不关注迁移者个体特征，而是将迁移者作为一个整体来关注，而反映迁移者整体特征最基础的指标就是劳动力平均受教育年限。再就是，我们是以一个省作为研究对象，因此对劳动力的平均受教育年限指标的选择，我们使用了全省劳动力整体状况，而不仅仅是迁移者的状况。

二、研究方法和数据

1. 研究方法

维拉亚纳（Narayana，1990）在对印度的一项研究中，使用了在多重定类选择 logit 回归基础上，通过推导建立了对数线性回归模型。维拉亚纳所得到的模型如下：

$$ln(M_{ij}/N_i) = \alpha + \sum_{k=1}^{K} b_k lnX_{ki} + \sum_{k=1}^{K} C_k lnX_{kj} + dlnd_{ij}$$

$$(i,j = 1,2,\cdots,n)$$

其中，M_{ij}为 i 省迁到 j 省的迁移总数，N_i 为 i 省的总人口；X_{ki}为迁出省的特征向量；X_{kj}为迁入省 j 的特征向量，d_{ij}为省 i 和省 j 之间的距离，该模型参数可以直接应用最小二乘法估计。

该模型已经被诸多研究者（朱农，2005）使用来对中国人口迁移的影响因素进行模拟估计。我们借鉴该模型对影响人口流动的因素进行分析。

通过以上我们的分析，初步设定人口迁移模型如下：

$$lnM_{ij} = \alpha + \beta_1 lnD_{ij} + \beta_2 lnY_{ji} + \beta_3 lnL + \beta_4 lnE_i + \beta_5 lnE_j + \beta_6 lnU_i$$
$$+ \beta_7 lnU_j + \beta_8 lnT_{ji} + \beta_9 lnI_i + \beta_{10} I_j + \varepsilon_{ij}$$

各变量定义如下：M_{ij}为从省 i 到省 j 的迁移数除以省 i 的人口数；Y_{ji}为省 i 人均 GDP 除以省 j 人均 GDP；L 为省 i 农民均耕地除以省 j 农民人均耕地；D_{ij}为省 i 与省 j 省会之间的铁路距离（公里数）；E_i，E_j 为省 i 和省 j 的平均受教育年限；U_i，U_j 为省 i 和省 j 的失业率；I_i 为迁出省 i 的农民人均纯收入，I_j 为迁入省 j 的城镇居民可支配收入（从跨省流动的基本情况来看，跨省流动人口以农村人口为主，以农村流向城镇为主，因此我们分别使用了迁出地农民人均纯收入和迁入地城镇居民可支配收入来代表发展水平）；T_{ij}为省 i 省会年平均气温除以省 j 省会年平均气温。

2. 数据说明

根据 2000 年的人口普查和 2005 年的 1% 全国人口抽样调查数据，我们可以得到有关人口数据，如迁移人口总量、失业率等；其他有关经济、社会、自然因素指标数据来源与相关年份《中国统计年鉴》、《中国农村统计年鉴》等。

三、实证分析结果

我们使用2005年人口抽样调查数据，因此每个省既是流入地，又是流出地。使用EViews3.1，利用农村流动人口和全部流动人口数据，分别估计了回归方程，具体估计结果如表3.1。

表3.1　　　　省际流动人口影响因素

变量名称	农村流动人口	全部流动人口
人均GDP之比	-1.096（0.197）＊＊＊	-1.463（0.229）＊＊＊
平均气温之比	-0.192（0.138）	-0.528（0.111）＊＊＊
平均耕地面积之比	-0.134（0.118）	-0.281（0.107）＊＊＊
迁移距离	-1.332（0.077）＊＊＊	-1.263（0.065）＊＊＊
迁入省城镇居民可支配收入	1.237（0.429）＊＊＊	1.746（0.375）＊＊＊
迁出省农民人均纯收入	1.291（0.325）＊＊＊	0.551（0.284）＊
迁入省失业率	-0.525（0.127）＊＊＊	0.067（0.165）
迁出省失业率	-0.171（0.127）	-0.186（0.165）
迁入省受教育程度	1.33（0.352）＊＊＊	1.507（0.407）＊＊＊
迁出省受教育程度	-1.073（0.413）＊＊＊	-1.519（0.433）＊＊＊
常数项	-15.218（2.805）＊＊＊	-14.471（2.461）＊＊＊
R^2	0.50	0.57
观察值个数	847	906

注：①教育程度指标估计农村流动人口方程时使用了农村统计年鉴数据，在全部流动人口方程中使用中国统计年鉴数据。两者有所差异，农村数据描述的是农村劳动力受教育程度，全国总体数据是6岁以上人口的教育程度，虽然有所差异，但是都可以反映整体文化素质水平。②被解释变量为省i到省j的省际总迁移率的对数。由于一些省份之间的流动为零，由于方程采取对数式，将为零的观察值删除，故观察值数小于931个。括号中为标准误差。③＊表示在10%的水平上显著；＊＊＊表示在1%的水平上显著。

实证分析结论如下。

①经济发展水平对人口流动起到重要影响作用。从两个方程的估计结果来看，经济发展水平对人口流动的影响是显著的。经济发展差距促进了人口的流动，人口倾向于从经济落后地区流向经济发达地区。流出省经济发展水平越高对人口流出的排斥力就越大，也就是阻碍了人口的

流出；流入省经济发展水平越高那么对流动人口的吸引力就越大。

②收入水平对流动人口的影响。为了避免共线性问题，我们使用流入地城镇居民的收入水平和流出地农民人均纯收入来进一步验证经济发展水平对人口流动的影响。从两个方程的估计结果来看，两个收入指标在两个方程中都非常显著。流入省的收入水平越高，那么人口流入的概率就越大；而对流出省来说，流出省农民收入水平同样对人口的流动起到促进作用。这可以说明迁移是需要支付成本的，对于一些农民收入水平不高地区的西部省份农民来说，收入水平本来就不高，而且迁移还要比中部省份农民支付更高的成本，从另一方面也意味着流动是要支付成本的。

③迁移距离对人口流动有负面影响。两省之间的人口流动与距离高度相关，两个方程显著性程度都非常高。迁移距离对两省之间迁移的发生起到反方向作用，距离越远，迁移发生的概率越低。

④失业率对人口流动的影响。迁入地失业率对农村人口的流动影响显著，迁入地失业率越高，那么迁入人口越少，反之则越高。而流出地失业率对跨省流动影响不显著，而且影响方向跟我们预期也不一致。需要说明的是，失业率的统计是针对城镇居民的就业状况，没有考虑到流动人口情况，我们使用普查数据中的正在寻找工作人口与流动人口的比值来代替。这样在一些人口流入地由于人口流入数量大，往往该指标也较高，比如上海、北京该指标分别达6.15和5.93，而在人口流出大省四川、河南仅为1.93和1.89。

⑤人口平均教育程度对人口流动的影响。无论是流出地，还是流入地，人口平均教育程度对人口流动的影响都是显著的。流出地教育程度对人口流动具有反作用，也就是说流出地人口平均教育程度越高，那么人口流出倾向越低。这可以从以下方面解释，人口平均教育程度与经济发展密切相关，人口平均教育程度越高，经济发展潜力和速度就越快，那么创造就业的能力就越强，因此人口越倾向于在本地就业，而不是流动。迁入地人口平均教育程度对人口流动的影响呈正相关，也就是人口倾向于流向平均教育程度更高的省份。这也验证了流出省份对人口流动影响的解释。

⑥耕地资源和自然条件对人口流动的影响。耕地面积之比对农村人口流动的影响不显著，对全部人口流动的影响是非常显著的。从影响的方向来看，流动人口倾向于从人均耕地较少的地区流向人均耕地资源更为丰富的地区，这与我们的预期相一致。平均气温对农村流动人口的影响并不显著，但对全部跨省流动的人口影响显著水平较高。从影响方向来看，人口倾向于流向平均气温更高的地区，事实上，我国经济发达地区主要集中在中国南部。

第四章　现行户籍制度及其对人口流动的影响

一、户籍制度形成与改革

1. 我国城乡差别户籍制度的形成和巩固

1958 年 1 月 9 日，《中华人民共和国户口登记条例》的通过，标志着国家限制农民进城的二元户籍管理制度开始以立法的形式正式确定下来。这一条例近半个世纪以来深深地影响着中国的每一个家庭，成为新中国户籍制度史上最重要的法规。1958 年 4 月，公安部根据《户口登记条例》的规定，制定和颁发了《关于执行户口登记条例的初步意见》。1958 年 9 月 13 日，中央精简干部和安排劳动力五人小组发出《关于精简职工和减少城镇人口工作中几个问题的通知》，规定"对农村县镇迁往大中城市的，目前要严格控制"。

1961 年 12 月 9 日，公安部转发三局《关于当前户口工作情况的报告》，要求对户口工作进行彻底检查整治，健全户口管理机构。同年，公安部将农业户数和人口数这一统计指标改为"非农业人口户数和人数"，这使"非农户口"和"非农人口"成为广泛使用和广为人知的概念。

1962 年 4 月 17 日，公安部发出《关于处理户口迁移问题的通知》，指出"应当本着既要严格控制农村人口迁入城市，又要保障必要的正常迁移的原则，实事求是地进行处理"。1962 年 12 月 8 日，公安部三局发出《关于加强户口管理工作的意见》指出："对农村迁往城市的，必须严格控制；城市迁往农村的，应一律准予落户，不要控制"。

1963 年以后，公安部在人口统计中把是否吃国家计划供应的商品粮作为划分户口性质的标准，吃国家供应粮的户口也即城镇居民，称作

“非农业户口”。

1975年1月17日，第四届全国人大第一次会议通过的《宪法》历史性地去掉了关于“中华人民共和国居民有居住和迁徙的自由”的条文。公安部《关于处理户口迁移的规定》指出：“从农村迁往市、镇（含矿区、区等，下同），由农业人口转为非农业人口，从其他市迁往北京、上海、天津三市的，要严格控制。从镇迁往市，从小市迁往大市，从一般农村迁往市郊、镇郊农村或国营农场、蔬菜队、经济作物区的，应适当控制。”从此提出了中国老百姓十分熟悉的“农转非”问题，在此后又制定了若干项具体的“农转非”政策。公安部为贯彻上述规定，给全国各省、市、自治区下达了“农转非”控制指标，即“每年批准从农村迁入市镇和转为非农业人口职工家属人数，不得超过非农业人口数的1.5‰”，从而对“农转非”实行了政策与指标双重控制的管理体制。“农转非”这个新词也就开始在中国大地上流行起来。

1978年3月5日，第五届全国人大第一次会议通过的《宪法》也没有恢复公民的居住和迁徙自由权。这一阶段是中国城乡分割的二元户籍制度正式形成和不断完备的时期，公民的居住和迁徙自由被人为地从《宪法》中取消了，全体公民被人为地划分为不可逾越的“农业户口”和“非农业人口”。这段时期户籍制度的最大特点是严格限制农民向城镇迁移。

2. 户籍制度改革的探索和松动

改革开放以来，我国户籍制度进行了一系列的改革和探索。我国户籍制度改革的实践始于小城镇户籍制度的松动。

1984年1月1日，《中共中央关于一九八四年农村工作的通知》决定“1984年，各省、自治区、直辖市可选若干集镇进行试点，允许务工、经商、办服务业的农民自理口粮到集镇落户”。这是中国小城镇户籍制度改革的先声。1984年10月，国务院发出了《关于农民进集镇落户问题的通知》，规定凡申请到集镇（指县以下集镇，不含城关镇）务工、经商、办服务业的农民和家属，在城镇有固定住所，有经营能力，或在乡镇企事业单位长期务工的，公安部门应准予落常住户口，发给《自理口粮户口簿》，统计为“非农业人口”，并把他们纳入街道居民小组进行管理，使其同集镇居民一样享有同等权利，履行同等义务。这是中国进行户籍制度改革的第一个规范性的政策规定，它的重要性在于为后来在小城镇开始的真正户籍制度改革奠定了很好的政策基础。

1995 年，由原国家体改委和公安部等国务院十一个部门联合颁发的《关于指导全国小城镇综合改革试点的意见》中明确提出了要在试点小城镇进行户籍管理制度改革，1997 年 7 月国务院批转公安部《关于小城镇户籍制度改革试点方案》，规定试点镇具备条件的农村人口可以办理城镇常住户口。这次在试点改革进行的改革对于中国的户籍管理制度是一次重要的实践和突破。

2000 年 6 月 13 日，中共中央、国务院下发了《关于促进小城镇健康发展的若干意见》，规定“从 2000 年起，凡在县级市区、县人民政府驻地镇及县以下小城镇有合法固定住所、固定职业或生活来源的农民，均可根据本人意愿转为城镇户口，并在子女入学、参军、就业等方面享受与城镇居民同等待遇，不得实行歧视性政策”。这项政策的颁布意味着户籍管理制度改革不仅仅将在小城镇全面推开，而且已经涉及县级市等中等城市。根据中央国务院文件精神，2001 年 3 月 30 日国务院批转了公安部《关于推进小城镇户籍管理制度改革的意见》，小城镇户籍管理制度改革全面推开。

随着小城镇户籍制度改革的深入，我国城镇户籍制度也在开始逐渐进行探索与改革。2001 年 5 月 1 日，明令取消了《市镇居民粮食供应转移证明》，终止了延续近 40 年的“户粮挂钩”政策。2004 年中央 1 号文件中提出“推进大中城市户籍制度改革，放宽农民进城就业和定居的条件”，这是在国家政策文件中第一次提出进行大中城市户籍制度的改革，同年 12 月份国务院办公厅颁布《关于进一步做好改善农民进城就业环境工作的通知》中重申了这一改革要求。2006 年 3 月国务院发布《关于解决农民工问题的若干意见》，提出“深化户籍管理制度改革。逐步地、有条件地解决长期在城市就业和居住农民工的户籍问题。中小城市和小城镇要适当放宽农民工落户条件；大城市要积极稳妥地解决符合条件的农民工户籍问题”。

二、户籍制度改革的一些地方实践

随着改革开放的进行，计划经济时代生活消费品和生产资料的供给都以户口性质为依据的“利益分配”角色开始逐步淡化。户籍制度也在上世纪80年代中期、90年代初一步步松动。近几年来，户改又加快了步伐，在地方也开始了更为积极的户籍改革尝试，概括起来包括以下几个方面。

（1）取消二元户口分类

取消农业户口、非农业户口、地方城镇户口等各种户口性质，按照实际居住地登记户口，统称为“居民户口”。截止到2007年，我国已有河北、辽宁、江苏、山东、重庆、四川、广西等12个省（区、市）相继取消了农业户口和非农业户口的二元户口性质划分。在已经取消了“农业户口”和“非农业户口”划分，并在名义上建立了城乡统一的户口登记制度的省区市中，改革通常仅仅是户口名称的改变，配套政策并没有跟进，养老、医疗和低保等方面的福利待遇基本没有落实（王美艳、蔡昉，2008）。

专栏4.1　南京市户籍制度改革

2004年，南京市政府批转市公安局关于《南京市户籍准入登记暂行办法》，该办法自2004年7月1日起正式执行。新办法规定，建立城乡统一的户口登记制度。在全市范围内取消农业户口、非农业户口、地方城镇户口等各种户口性质，按照实际居住地登记户口，统称为“居民户口”。

（2）放宽落户条件，降低进城门槛

在许多省市户籍制度进行了较大的改革，放宽了落户条件。放宽投靠条件，比如石家庄市规定，凡是有合法固定住所并有常住户口的职工和居民都可以申请办理其配偶、子女、父母的落户手续，取消了年龄等限制条件。降低务工经商人员的落户标准，比如郑州市规定“凡与我市企事业单位签订劳动合同，并交纳社会统筹金的人员，可办理迁郑户口”，为流动人口迁入创造了条件；石家庄市规定“只要在市区投资兴办实业或经商都可以办理落户本市手续”，取消了对投资额度和固定住所的限制。成都市实行按实际房屋产权和租赁合同为依据的户口登记和准迁措施，把房屋租赁作为落户依据，大大降低了落户条件。

专栏 4.2　郑州市户籍制度改革

2003 年 8 月，郑州市发布《郑州市人民政府关于户籍管理制度改革的通知》，开始实施户籍改革。规定凡在郑州市辖区内购买住房的外省市公民，凭房屋产权证明即可办理本人及其直属亲属的迁郑户口；凡具有中等专业技术学校（含技工学校）以上文凭的毕业生，到郑州市人才中心存档后，凭毕业证即可办理迁郑户口；凡与郑州市企事业单位签订劳动合同，并缴纳社会统筹金的人员，可办理迁郑户口。

（3）取消指标管理

采取以准入条件取代人口控制指标的方式，一般来说，申请人具有固定住所和稳定生活来源这两个条件，就可以办理迁移落户。广州市在 2003 年以来先后推出了多项政策，改革了“农转非”和人口增长调控管理办法，取消了“农转非”人口控制计划，将夫妻投靠的年限由 10 年放宽至 5 年，并明确了以准入条件取代按计划指标审核落户的办法。石家庄规定大中专毕业生（师范类本科、非师范类专科，特殊专业中专）落户本市取消了指标限制，只要有接受单位都可以办理落户手续。

专栏 4.3　石家庄市户籍制度改革

石家庄市所坚持的原则和改革措施主要包括：①取消农业与非农业户口的划分，按实际居住地登记户口；②取消落户的指标政策，代之以落户条件；③落户条件采取以固定住所、稳定职业和可靠生活来源为依据；④放开家庭团聚、夫妻分居、亲子投靠的户口迁移；⑤出生登记以出生医学证明为准；⑥对高层次人才的户口迁移从简，实行迁入地管理。

石家庄户籍制度改革以来，城市规模扩大，城市经济得到拉动，城市化进展顺利。2001～2003年新落户人口44.7万人，其中，68.2%的人为就地"农转非"，19.5%来自务工人员，6.0%来自亲属投靠，3.4%为外地大学生，2.9%为在城市购买住房和投资经营的人。

（4）户口迁入作为一项奖励措施

许多大城市对人口的吸引力比较大，出台了措施允许获得一定级别称号的流动人口和暂住人口获得城市的户口作为一项重要的奖励措施。比如深圳市规定获得一定奖励的农民工破格免试招调入户深圳；宁波市出台了《关于加强外来务工人员服务与管理工作意见》，其中一项规定是优秀外来工可落户宁波，2007年8月首批10名优秀外来务工人员正式落户宁波。2009年40名优秀农民工落户上海也引起了媒体的关注（见专栏4.4）。

专栏4.4　40名优秀农民工落户上海

2009年2月上海市公布的《持有〈上海市居住证〉人员申办本市常住户口试行办法》规定，凡"在本市作出重大贡献并获得相应奖励，可不受持证及参保年限的限制，优先申办本市常住户口"。

据上海市农民工工作联席会议办公室透露，去年我国诞生了首批"全国优秀农民工"。在这1000位优秀农民工中，有40位在沪务工。据人力资源和社会保障部及公安部于2008年11月联合发布的文件，这些"全国优秀农民工"可根据个人意愿，选择在就业地落户。因为这项特殊政策，上海自去年至今已经有21位优秀农民工取得了上海市户籍，还有19位农民工可提出落户申请。

从各地进行的户籍制度改革来看，落户条件比以前更为宽松，大多城市也取消了落户指标限制；但是从落户条件来看，并不是很明确，比如对固定住房、固定职业等并没有进行明确规定。对流动人口来说，落户还要受到准入门槛的限制，主要是经济门槛和学历门槛两个方面。经济门槛主要是对固定住房条件的满足，因为现在绝大多数城市没有把租房作为落户条件，那么购买商品房对于大多流动人口来说很难满足。另外，具备一定文化素质的人口落户条件要更为宽松。虽然各地在户籍制度方面进行一些探索，但是相关配套政策受各方面因素的限制，进展并不大。

三、户籍制度与相关制度的关系

户籍制度改革涉及重大利益分配与调整，是关乎民生和社会和谐的全局性问题，必须审慎行事，有时还要清醒冷静地面对巨大的社会压力。现就相关的几个问题谈谈我们的意见。

1. 户籍改革与城市公共服务供给

城市户口的放开，必然会带来城镇人口的增加，势必会对城市的公共服务带来很大的压力，比如城市的基础设施要承担更多的人口，城市的学校要向新增人口开放，城市社保也要为新增城市人口提供必要的保障，这些方面都在考验着城市的公共服务。已经进行的改革可以给我们提供一些基本经验教训。

以郑州户改为例。郑州市2004年户籍制度进一步放开后，2004年一年投靠亲属住所的落户者大概有10万人左右，18岁以下的学龄儿童占了入户者的一多半。新增户籍人口的学生，加上放开外来务工人员子女的入学限制，使得郑州市面对的教育资源的供求矛盾特别突出。到了2004年学校要开学的时候，问题出现了。好多孩子拿着郑州市的居民户口却上不了学。不少小学的班额已经到了七八十，开家长会的时候家长在教室都坐不下，要排到外面去；老师的负担很重，作业批改不完，就让学生互相批改作业。学生人太多了，老师记不住名字，有的学校甚至想出办法，让学生每人头戴一个买蛋糕时用的生日快乐帽子，写上学生的名字，在老师点名的时候用。由于城市公共服务供给能力和城乡之间的公共服务水平之间的巨大差异，郑州在进行户改时并没有考虑到改革会对城市公共服务和财政的巨大压力，也没有考虑到公共服务之间差异带来的吸引力，特别是对学龄儿童的吸引力。我们调研时发现，宽松的落户条件方便了落户，甚至出现了一个户口本上挂六七十个人的现象。

然而在另外一些城市，流动人口子女却成为避免城市教育资源浪费的重要群体。随着中国人口出生高峰的远去，中国社会也逐渐进入老年社会，特别是许多严格控制人口迁入的特大城市，人口老龄化现象比较显著，在人口出生高峰期所配置的教育资源，开始出现过剩，教育方面的限制也在减轻。据估计，如果没有农民工子女的进入，上海有1/3的中小学教育资源将闲置；北京将有34%的小学资源闲置，9%的中学资源闲置。以北京为例，小学在吸纳农民工子女入学后，2007年增加到66.7万人，一年增长19.4万人。中学在吸纳农民工子女入学后，2007年增加到83.9万人，一年增长4万人。

以上对比也可以看出，城市人口的增加会对城市公共服务造成一定的影响，但是随着外部条件的改变，许多公共服务方面的限制程度也在逐渐降低，公共服务对户籍制度改革的影响也并非一成不变、不可逾越的。当然在进行户籍制度改革时要充分考虑改革对城市的可能冲击，要分期逐步进行，绝不可能一蹴而就。事实上，户籍制度改革与社会保障、医疗卫生、社会养老、低保等方面的公共服务都密切相关，户籍制度的改革也是一项系统性工程，关键是逐渐缩小户籍制度背后的公共服务差异。

2. 户籍改革与财政体制改革的配套问题

目前，社会上议论的户籍改革多是身份制度的改变，因而把关注的焦点集中在公安部门何时出台取消农业和非农业的二元户口登记制度上。殊不知户籍制度背后，更深层次的矛盾是以户籍人口为依据的各项公共服务配套措施，所有这些措施是要通过财政体制来支持的。

随着改革开放的深化，农民可以通过流动就业进城务工来增加收入，但是却很少享受到在就业地政府所提供的各项公共服务。虽然各级城镇政府的财政体制本身也经历了多次改革，以便于更好地解决所在地城乡居民的公共服务。但是，很显然，还没有真正地做好准备来面对日益增长而且已经成为城镇主要居住和就业群体的广大农民工的公共服务需求。当人们开始日益关注户籍制度改革时，却忽略了对人口管理和服务与现行的财政制度之间的关系。

随着数以亿计的农民工进城就业，城乡差距和农民工所受的差别待遇，成了眼见为实的事情，并屡屡通过各种传媒渠道，加深人们的印象，引起了人们的关注，并一再成为近年的热点公众话题、群体性事件的诱因乃至可能危及社会稳定的导火线。尽管各级政府采取了一系列措施，在改善农民工待遇和统筹城乡发展上取得了显著的成效，但长效的、制度化的、主要靠以财政税收体制为主的国民收入再分配来实现城乡公平的稳定政策机制还没有建立。这个问题不解决，户籍制度改革就没有经济基础。因此，在进行户籍制度改革时，必须对公共财政分配体制做出重大改革，而这样的改革，短时间内是难以完成的。

（1）户籍改革的推进要充分考虑改革成本和施政成本

前几年，许多地方都相继放开城乡间户籍限制，宣布要实行一元化的户籍制度。到2008年底，全国已有12个省宣布建立了城乡统一的户口制度。但由于没有相应的配套改革，没有充分考虑改革成本及施政成本，户改没有现实的支撑点，在实现均等化服务上也难以有实质性进展。

广东省早在2001年就提出全面启动一元化户籍管理制度，也较早提出了户籍改革与一系列相关政策措施之间存在的矛盾，并选择在经济比较发达的佛山、深圳、珠海、中山等地进行试点。佛山市为落实与户改相关的配套措施，从2004年7月1日到2006年3月，花了12.07亿元。但是，这项户籍改革还只在佛山市的户籍人口中进行，并不包括大量农民工在内的非佛山市户籍人口。其他地区率先推动户改的城市，虽然在户口形式上都统一为“居民户口”，但一到落实相关社会福利待遇时，差别就浮现出来。城乡户口差别背后隐含的社会不公，诸如子女入学、劳动就业、医疗卫生、社保福利、住房、高考、培训等等差别并没有完全消除，这些壁垒制约着户籍管理制度改革的进程。如果这项改革再包含大量的外来农民工，对人口按常住地不分城乡均实现一体化，政府的财政压力会成倍增大。例如，郑州市在2003年宣布入户政策完全放开，但一年之后却以“暂缓人口激增带来的城市压力”为由，踩了急刹车。因而，进行户籍制度改革，没有财政体制的配套改革，不认真测算改革成本（转轨期的支出）及施政成本（长期支出），做到量力而行，是很难将这项改革进行到底的。如果在相关配套政策没有逐一落实之前匆匆宣布改革，户改就极有可能成为一纸有名无实的空文，影响政府的公信力。

（2）目前各级政府间的财政分配体制，不利于户籍改革的推进

1994年实行分税制改革，先后确立了中央、省级政府、地市级政府和县市级政府的分税体制，省以下各级政府间的分税制基本上是在有利于上级政府的多种形式的“讨价还价”式体制，对于同样容纳外来人口较多的乡镇级政府，县市级政府基本上采用统收统支或包干分成的财政体制。这种体制的结果是，基层或下级城镇政府，没有能力根据自己管理的人口规模，建立相应的公共财政的服务体制，因为自己所创造的财政税收，绝大部分上缴给上级政府了。

例如长三角、珠三角、京津地区的各级城镇都有大量农民工流入。许多城镇的常住人口规模远超过了户籍人口规模，广州、苏州的外来人口都占到40%左右。在一些小城镇，农民工数量远远超过本地人口，已经出现了一批相当于中等城市乃至大城市人口规模的超级镇，目前人口超过20万人以上的镇有43个，30万人以上的镇10个，50万人以上的镇有3个。如东莞虎门镇的户籍人口11万人，外来人口已达53万人。在这些小城镇，事权和财权极不对称，它们创造的公共收入绝大部分上缴给上级政府，上级返还给它们的却仅够机构人员开支和少量的公共服务开支。农民工创造的社会财富，与他们应享受到的公共服务不成比例。在这些小城镇，我们看到工厂林立、人口集聚，但治安、教育、卫生、环境等问题日益突出。它本质上反映了财政体制的历史惯性，即注重行政级别的属性和上级政府对财政及行政管理权限的支配权。然而在更多的人关注户籍改革的同时，当财政权力没有下放，这些容纳如此之多的外来人口的城镇，有多少财政能力来满足对这些庞大的农民工群体的公共服务呢?

3. 户籍制度改革与城镇管理体制改革的配套问题

我国正处于工业化、城镇化的快速发展阶段，城镇的人口形态同样也处在一个快速变动时期。但是目前的660个城市和数以万计的小城镇仍是按它们的历史人口状况划分行政级别，行政级别一旦形成，就具有不可更改的刚性，严重制约了那些具有人口规模经济潜力的城镇发展。一方面，特大城市因资源环境容量要限制人口发展；另一方面，一些有活

力的中小城市和小城镇又因为行政级别的问题，不能定义为大城市和特大城市。因此，和户籍制度改革相联系的，是与行政级别对应的改革和机构设置与公共服务能力的提升。

（1）城镇管理面临的人口压力要求政府行政资源的重新配置

我国现存的大中型城市，其城市管理的功能是比较健全的，但管理机构、人员编制，基本上是按照一定历史时期所确定的行政级别设置的。可是改革开放之后，市场配置要素的流动，使得各个城镇人口的数量已经远远超过了当时确定行政等级时的规模。一些原来的中等城市（地级市）加上就业的外地农民工，人口已达几百万，一些县级市，人口已经达到了数十万或者近百万。一些小城镇，人口从原来的 2 万 ~3 万，达到了十几万或者数十万。但是由于行政级别没有发生变化，机构设置远不能满足管理和服务的需要，因此，只能把有限的精力和资金用于当地的户籍人口。对于外来人口大多以管理为主，采用聘用或者是编外的协管人员，费用从外来人口中收取。劳动部规定每一万人配备一个劳动监察人员，深圳按 900 万外来劳动者计算，则应配备 900 人的监察队伍，而实际上只有 43 人。例如在一个 30 万人口的小城镇，机构设置只能设派出所或公安分局，如此庞大的人口治安管理，这样小的机构编制如何解决问题。教育、卫生等机构配备也存在类似的问题。适应这种人口转变，不仅需要城镇在管理机构和人员配置上进行大的调整，实现有效管理，同时需要极大地强化服务功能。而新增加的管理和服务功能，一方面要通过转变政府职能节约出的巨大管理能量来实现，另一方面还需要通过行政资源的重新配置和调整来解决。因此，城镇的户籍制度改革如能与管理体制的改革相配套，在成效和进展上将相得益彰。

（2）户籍改革的前提是公共服务的均等化

最近几年，在中央决策引导下，各级政府对民生问题日趋重视，这是深得民心的大好事。改革户籍制度，核心要求是提供渐趋均等的公共服务。但是提供均等的服务，不能降低城里人的公共福利水平，否则，城里人就会不高兴，产生新的社会矛盾。反过来，在维持城乡二元结构的现状条件下，公共福利增加，继续主要向城市居民倾斜，会进一步导致城乡差距扩大，给户籍制度改革增加难度，农民和农民工也会不高兴，同样会诱发新的社会矛盾。因此，在制度设计上，既不能拆东墙补西墙，也不能无所作为。按公平正义原则，关注民生时，对城市的步子可以稳一点，以改进为主；对农民工和农村的步子应该大一点，以增长为主。通过增量改革促使落差减缓，这也是我国改革可资借鉴的主要成功经验。所谓增量改革，对于户籍制度改革而言，就是加大对农民工管理和服务的支持力度，进一步取消城镇政府在公共服务方面对农民工的各种限制。虽然这是一个漫长的过程，但是会逐步地减少各种社会压力，降低户籍制度改革的难度，而且有利于稳步操作和各项有关政策的逐步落实。实际上，当城镇的公共服务在居民和外来群体中趋于均等时，户籍改革已经是水到渠成。

4. 户籍制度改革和农村土地制度的配套问题

土地问题历来是改革的焦点问题，我国土地制度与户籍制度之间存在着紧密的联系，户籍制度改革对土地制度势必带来很大冲击，需要配套改革与之适应。

（1）对农村以集体土地为基础的社会保障体系的冲击

由于历史的原因，集体土地不但承担了生产要素的职能，还承担了公共财政中社会保障的职能。这样，当农民工大量进入城镇时，就业和收入的职能从土地上实现了空间分离，但由于土地的不可流动性，它所承担的住房、养老、失业保险乃至社区福利功能却不能实现空间分离。随着新型农村合作医疗、农村社会养老保险事业、农村义务教育事业的发展，农村的公共服务通过财政政策取得了显著的进步。但是，这些公共服务的提供，依然是基于土地所有制形态和农村集体经济组织的，而非基于就业和个人居住形态。土地的社保功能，对于流动人口的积极意义是明显的，因为农民一旦遇到就业障碍，就可以很自然地回到自己的家乡，返回到原始的就业和生存形态，而不至于流离失所，也不至于给城镇带来巨大的无法承受的就业压力。但是，当户籍制度改革使越来越多的农民工从城乡双向流动向城镇单向迁移发生转变时，是否要考虑集体土地保障功能的有效“退出”机制和易地“转化”机制。因为这些城乡两栖就业和生存的农民，也在面临着城乡两种形式的公共保障。我们在制定有效的公共政策时，特别是要提出大胆的户籍制度改革的设想时，是不是应该考虑到，这些在城镇打工的农民，是否愿意放弃承包地和宅基地，是否通过物权的形式，置换出相应的保障权利，顺利地完成具有根本意义的户籍制度的变革。

（2）对农村土地为基础的固化集体利益的冲击

农村土地是一项实实在在的资产，改革开放后，为乡镇企业的迅猛发展奠定了要素基础。特别是在沿海地区，无论通过何种方式，集体土地通过由农业向非农产业用途的转化，将所带来的级差收益留在自己的社区内，形成固化的集体利益，并为其成员提供丰厚的福利。在长三角、珠三角地区和京津等大城市的近郊和一些村庄，农村居民甚至不愿转变户口。同样在这样的村庄，人口的集聚超过了许多中西部地区的县城。然而，一边是当地农民的规范社区，其环境及居住条件超过了许多城市；一边是外来打工农民的居住区，其环境和条件与前者相比天差地别。农村集体财产权利形成了农村以集体为单位的封闭性，集体以外成员很难加入到集体当中。在这里，户籍制度改革如何实施，因为这里不涉及城乡关系问题，户籍制度改革面对的是原有的建立在土地公有制基础之上的农村集体经济组织的利益。这里没有城镇政府的公共服务，只是存在着排他性较强的集体经济组织利益。事实上我们在研究户籍制度改革的时候，应该了解这样一个现实，户籍制度的障碍不仅仅是城镇对农村，城镇人口也很难进入到农村落户，农村集体经济组织之间的户籍流动也十分困难。因此在户籍制度改革中，我们不能不忽视上千万的在村一级企业打工的农民工群体，他们的户籍问题是否也应该引起我们的重视。然而，这里需要面对的是，必须在实践中找到一种有效可行的“进入”机制，前提是要在农村集体的土地所有制上进行相应的变革。

（3）户籍制度改革对农业生产的冲击

出于我国的特殊国情，严格保护耕地，促进农产品的稳定增长是基本国策。涉及户籍制度改革，一是要面临着农村的承包地是不是要根据户籍制度改革的方向进行调整。这里的争论是，转变户籍关系到底是自动放弃承包地，还是在承认物权的基础上，允许有偿流转。二是大批农民工举家进城，会不会影响到农业劳动力的流失。观点也是多重的，但是基于国际上的经验，农村人均占有耕地的增加才有助于提高规模效益，关键是流转的形式是否被农民接受。当然还有观点认为，正是农民就业的两栖行为，才导致了农田的使用效益下降。但是，在进行户籍制度改革方案设计的时候，要认真考虑农村承包地关系的调整，或者是从物权或财产权的立场出发来解决问题。但是难点是，这样户籍制度改革就要面临是否和农村土地制度改革同步的问题，好处是我们终于可以考虑如何在城镇化进程的基础上，推进农村土地制度的变革了。

四、几点建议

综上所述，户籍制度改革综合性强，难度大，对诸方面的配套要求高，改革的经济成本高。为了避免改革走弯路，诱发新的社会问题，应尽可能有序进行，牢牢把握“先易后难、取消门槛、稳步推进、逐渐均等”的原则。改革本身具有探索性，在定规矩的时候，要给地方留下充分的弹性空间，让一些好的办法、好的方式从实践中创造出来，逐步规范化、制度化。具体有以下几点建议。

①要研究户籍改革的配套措施。要认真研究按照人口规模来确定的公共服务标准，并以此为基础的财政制度改革。一是要研究财政制度改革，如何在相关各级政府现有的财政盘子中，逐步地增加对外来就业人员的公共服务支出，支出比例要逐年加大，直至和城镇居民的公共服务支出水平相等为止。二是要改革现有的各级政府的财政分配制度，并涉及分税制度的改革。要从管理和服务的人口规模出发，来确定地方财政支出的基数，而不是以行政级别为主要依据。要把分税制建立到镇一级。特别是在经济发达地区，镇一级上级财政较多的地方，要率先改革。

②要研究地方政府的行政资源配置的改革。改革户籍管理制度，重要的是改革政府的公共服务体系和加强政府的公共服务能力。在农民工人口较多的地方，要根据人口规模来设置政府的管理机构和人员编制。对于一些人口已经达到一定规模的城镇，要重新考虑设置城市的标准。要弱化城镇管理的行政级别。对于一些发达地区和省份，在过渡过程中，可以考虑县级市由省级政府直接管理，发达的小城镇可以直接由地区级政府管理。在此基础上，进一步研究设市和设镇标准以及行政管理等级

制度的改革。

③要通过城镇公平服务为主，逐步取消户籍制度改革门槛。要通过分期分批解决已进城的农民工的相关问题为切入点，逐步缩小农民工及其家人在教育、医疗卫生、住房、社会保障方面与城镇居民的差距，使他们融合于城镇中，以城镇平等的一员，去分享改革开放和经济增长的成果。一旦差距缩小到可以接受的水平，户籍改革就成为水到渠成的事。从改革的有序性考虑，尽快着手解决中小城镇的配套措施及户籍改革，似乎更具可行性。

④要研究农村集体土地所有制的改革。要在现有的物权法和土地承包法的基础上，进一步尝试集体土地所有制的改革。重点是解决农民在农村集体土地的财产权和抵押权以及处置权问题。要对农民的宅基地和承包地采取不同的方式测定价值标准，允许外出进城就业的农民在已经得到了城镇社保待遇之后，可以有偿流转宅基地和承包地。

⑤要通过试点的方法，进行户籍管理制度改革的试验。可以选择一些地区和城市，由中央政府或者省级人民政府主导改革的试验，特别是在配套的财政体制改革和行政管理制度改革，包括机构的设置，行政级别的重新确认，各级政府之间的管理关系等方面大胆进行改革的试验。确保在户籍制度改革上，各项政策可以有效地配套实施，各项公共服务的水平能够深入到外来务工就业人员，各种制度性的障碍和歧视性的政策可以顺利地取消。这也是改革开放几十年来最有效的政策的尝试，在此基础上总结经验、逐步推广。

可以说，户籍制度改革代表着中国城镇化历史进程的重要一步，但是，户籍制度改革并不是这一历史性转变的源头，而是这一历史性转变的催化剂和对这种转化的确认。

第五章　现行土地制度及其对人口流动的影响

我国土地实行“二元”制度，农村土地是集体所有，城市土地属于国家所有。以集体所有土地为载体使农村成为一个封闭的利益共同体，阻碍了人口的流动和迁移。城市土地制度对人口流动的影响，主要是建设用地指标的计划分配体制，这结合城市行政等级管理体制对处于不同行政层级城镇发展的影响不一样，从而影响到流动人口的发生及其流向。

一、农村土地制度现状和基本特征

中国农村土地，除由法律规定属于国家所有的以外，均属于农民集体所有。中国农村集体所有的土地可以分为耕地、农民住宅用的宅基地和集体建设用地三大类。农地实行家庭承包经营制度，在稳定农户土地承包权的基础上，允许土地使用权自愿、依法、有偿流转。农村宅基地使用权人必须是本集体经济组织成员，实行“一户一宅”制度，禁止城镇居民在农村购置宅基地。集体建设用地是指乡（镇）村建设用地，是乡（镇）村集体经济组织和农村个人投资或集资，进行各项非农业建设所使用的土地，主要包括：乡（镇）村公益事业用地和公共设施用地，以及农村居民住宅用地。

1. 基本现状

（1）耕地家庭承包经营权

目前我国土地实行家庭承包经营方式，对于家庭承包经营权，2007年物权法将其界定为用益物权。当前我国法律对土地家庭承包经营权的权利规定可以分解为：①经营自主权。按照我国现行法律规定农村耕地只能用于农业用途，一旦耕地脱离农业用途家庭承包经营权也就结束。

②经营的稳定权。农村土地承包法和土地管理法规定我国现行土地承包关系是30年，在承包期内发包方不得收回。而物权法规定享受城市居民的社会保障待遇时发包方可以收回承包地。③征用的补偿权。目前我国法律中明确规定了对土地征用的补偿，但对补偿的标准和报偿的程序等问题在研究中也是众说纷纭，并没有形成统一的观点。④部分的抵押权。抵押人依法承包并经发包方同意可以抵押荒山、荒沟、荒丘、荒滩等荒地的土地使用权。这也就是说四荒地的承包权可以进行抵押，但耕地承包经营权仍然不能够进行抵押。

（2）土地承包经营权的流转

1993年中共中央、国务院发出的《关于当前农业和农村经济发展的若干政策措施》规定：在坚持土地集体所有和不改变土地用途的前提下，经发包方同意，允许土地使用权依法有偿转让。此后中央出台了系列文件，鼓励农村耕地流转。这些文件精神在2008年《中共中央关于推进农村改革发展若干重大问题的决定》中得到集中体现，文件规定：按照依法自愿有偿原则，允许农民以转包、出租、互换、转让、股份合作等形式流转土地承包经营权，发展多种形式的适度规模经营。虽然国家鼓励农村耕地流转，但是从一些研究和对各地的调查来看，中国农村土地流转市场发展缓慢。2002年全国土地流转面积为466.67万公顷，占农户承包地面积比例的6.7%左右①。2005年年底，福建省土地流转面积为121.79万亩，占承包耕地面积的7.33%②。即使是在我国工业化发展最为迅速的省份浙江，到2006年年底流转土地仅占总承包耕地的19.8%③。

（3）农村宅基地使用权

农村宅基地使用权是指农村居民在依法取得的集体经济组织所有的宅基地上建造房屋及其附属设施，并对宅基地进行占有、使用和有限制处分的权利。

现行农村宅基地法律和政策规定的主要特征是：农村宅基地使用权

---

① 王宗非：《农村土地承包法释义与适用》，人民法院出版社2002年版。

② 严庆业，高胜栋：“我国农村土地流转存在的主要问题及对策研究”，《中国商界》，2010年第3期。

③ 李亚彪：“浙江：土地流转‘星火燎原’多种模式推陈出新”，载 http：//ent. zjol. cn/05zjnews/system/2007/09/03/008761809. shtml。

人必须是本集体经济组织成员；一户只能拥有一处合法的不超过法定标准的宅基地；不能向本集体组织以外的单位和个人转让，禁止城镇居民在农村购置宅基地。2008 年 7 月 8 日国土资源部《国土部进一步加快宅基地使用权登记发证工作通知》规定：严格执行城镇居民不能在农村购买和违法建造住宅的规定，对城镇居民在农村购买和违法建造住宅申请宅基地使用权登记的，不予受理。同时规定城镇居民不得到农村购买宅基地、农民住宅或“小产权房”，单位和个人不得非法租用、占用农民集体土地搞房地产开发。

中国目前农村社会保障体系尚未完全建立，所以宅基地使用权对农民来说有安身立命之本的社会保障性质，宅基地的福利性和保障性对农民而言具有相当重要的意义。中共中央、国务院一直将“一户一宅”制度作为农村宅基地的重要准则，以保证农村居民的居住条件和保护耕地。

（4）集体建设用地使用的有限权利

虽然现行土地制度允许农村集体使用农村土地进行建设，但使用的范围限定在农村公益事业，乡镇企业发展用地以及农民的自建住房用地。从法律上将乡镇企业界定为集体建设用地参与非农产业发展的合法使用者，将农村土地参与非农产业的范围限定于以工业为主，严格限制用于商住开发，因为我国《乡镇企业法》中将乡镇企业的界定为以工业为主。在广东省颁布的《集体建设用地流转办法》中明确规定“通过出让、转让和出租方式取得的集体建设用地不得用于商品房地产开发建设和住宅建设”，将集体建设用地流转严格限定在以工业用途为主的范围内。因此我们能够看到乡村工业化的蓬勃发展，但是乡村城镇化的进程却非常缓慢①。

---

① 虽然改革开放以来，我国建制镇由 1985 年的 7956 个，到 2005 年已经达到 19522 个，但是这种增长在很大程度上在于 1984 年我国降低了建制镇的设置标准，而且通过“撤乡并镇”的行政手段也使得我国建制镇的总量迅速增长。但是实质上，这些小城镇大多成为一些产业相对集中的商贸易流通型或生产加工型专业镇（石忆邵，2003；杨忠臣、陆玉麟，2003），并没有形成人口集中的城镇密集区。姜长云、蓝海涛（2003）以经济发达的浙江省和江苏省为例进行研究，研究发现浙江省平均每个建制镇的建成区面积仍不足 1 平方公里，建成区人口在 1 万人以下的约占 80%，其中，人口在 5000 人以下的约占一半；而江苏省小城镇建成区人口的平均规模不足 5000 人。我国建制镇总量的迅速增长，并没有带来人口的集中。小城镇建成区人口的增长，在很大程度上也归因于小城镇建成区区域的调整，从而带来建成区人口的迅速增长。

2. 我国现行农村土地集体所有制的特征

(1) 农村土地集体产权的准国有性质

我国《宪法》规定农村土地属于集体所有。从制度经济学的角度来讲，集体所有制和集体产权的定义并不存在，它出自马克思主义经典作家，并没有得到严格的界定（党国印，1998；韩俊，1999）。周其仁(1995) 将我国集体所有制定义为“集体公有制既不是一种共有的、合作的私人产权，也不是一种纯粹的国家所有权，它是由国家控制但由集体来承受其控制结果的一种中国农村特有的制度安排”。周其仁的定义将农村土地集体所有制看做是国家控制农村土地的一种延续，朱秋霞（2004）提出我国土地集体所有制是一种准国有制，这种准国有制下，国家是土地的唯一所有者。我国的一系列重要法律都对农村土地归农民集体所有进行了界定，这体现在《宪法》、《民法通则》、《土地管理法》、《农村土地承包法》等法律中。但是在这些法律中“集体”具体是指哪一级，法律规定较为含糊。如在《宪法》中，被笼统界定为集体所有，但没有做进一步的界定；而在《民法通则》中被界定为乡（镇）、村两级；在《土地管理法》中的规定为“农民集体所有的土地依法属于村农民集体所有的，由村集体经济组织或者村民委员会经营、管理；已经分别属于村内两个以上农村集体经济组织的农民集体所有的，由村内各该农村集体经济组织或者村民小组经营、管理；已经属于乡（镇）农民集体所有的，由乡（镇）农村集体经济组织经营、管理”。从以上的规定中可以看出产权的主体被界定为“集体经济组织”、“村民委员会”和“村民小组”这三类，这看起来是非常完备的，但是问题在于这些组织有没有完备的法律对其做具体的界定，有没有独立的民事行为能力。“村民委员会”虽然得到了《村民委员会组织法》的保障，然而在其中对“村民委员会”的界定却是村民自治组织，并不具备民事行为能力。另外，“集体经济组织”和“村民小组”并没有确定的法律进行保障，我国并没有相应的法律进行界定。

(2) 农村土地集体产权的残缺性

农地产权不是一项单一的权利，而是一束关于农地权利的集合。张五常（2002）将产权定义为包括资源的排他性使用权，通过使用资源获取租金的收益权，以及通过出售或者其他办法转让资源给他人的转让权三项权利。在这三项权利中，转让权起到了更为关键的作用。

首先，农村土地交易权的缺失。对农村土地交易权的缺失，周其仁（2001）进行了精彩的论述，他认为农地产权在法律上没有资格作为土地交易的一方，无权参加讨价还价，同时关于资产的登记、注册、正式的文书表达等等远远跟不上来，从而“资产”在大范围内转手和再转手的活动受到抑制，影响了“资产转化为资本”。农村土地交易权的残缺具体表现在两个方面：一是农村土地不能够进入到建设用地市场。我国现行的土地管理法规定，农村集体土地不能够进入到建设用地市场进行流转，建设用地必须使用国有土地。土地征用是我国集体土地转为国有土地的唯一途径。土地征用权是政府特有的权力，我国《宪法》规定国家只有为“公共目的”才可以行使土地征用权，并且征用土地必须给予一定的补偿。而我国在土地的实际征用中，对“公共目的”的限定不足，存在土地征用权的滥用，这在一定程度上可以归因于农村土地交易权的缺失，土地所有者不能参与交易。二是农村土地抵押权残缺，难以进入资本市场融资。在《担保法》中明确规定“耕地、宅基地、自留地、自留山等集体所有的土地使用权”一律不能用于抵押，2007 年 3 月颁布的《物权法》重申了这一规定，但是同时规定“法律规定可以抵押的除外”，这为未来的土地制度改革留下了一些空间。

其次，农村土地集体所有制下，集体成员缺失“退出权”。“集体所有制”最基本的特征是每一个集体成员的“退出权”被剥夺（韩俊，1999）。我国现行《农村土地承包法》规定“承包期内，承包方全家迁入设区的市，转为非农业户口的，应当将承包的耕地和草地交回发包方。承包方不交回的，发包方可以收回承包的耕地和草地”。当农村人口迁向城镇落户，农民作为农村集体成员的资格将永远取消。在身份注销的同时，进城农民也就失去了土地承包权，失去了生存的基本保障。就目前我国农村的土地承包经营法律关系来说，作为农村集体组织成员的承包经营权人所享有的权利和承担的义务是与其成员身份不可分离的，单就其权利来说，它是基于成员资格依法获得并且是成员合意的结果，因此，这种权利实质是一种社员权（史建民，2000）。这种社员权也就决定了任何农民对集体土地的享有权是与生俱来的，农村孩子一出生，就决定了他作为集体成员的身份，这不需要任何代价。而当农村孩子考上大学或者其他的原因使他的户籍关系脱离所在的集体时，他也就失去了社员身份，同样也无法拿走任何一份集体财产，也无法要求退还其作为集体成员的那份财产，这不但包括农村的土地，而且包括在农村土地基础上衍生的一系列财产权利。

（3）农村土地集体产权的封闭性

农村土地权利具有“社区共有”产权的性质，其最基本特征是以社区为界具有排他性，而且在交易上同样具有以社区为界的封闭性特征。这表现在以下方面。

一是在所有权上的封闭性。只有社区成员才能具有所有权，社区成员的身份一般是通过户籍制度进行界定，社区的边界与行政村或者村民小组的边界重合①，要获得社区成员的身份就必须具有这些社区的户籍，这是社区成员身份的必要条件。社区外的成员不能拥有社区集体土地，而且一旦社区成员失去社区成员身份后，也就失去集体土地的所有权。因此可以说农村土地集体所有在所有权上是封闭的。

二是农村土地的使用权也具有封闭性。比如在我国《农村土地承包法》中规定“农民集体所有的土地由本集体经济组织以外的单位或者个人承包经营的，必须经村民会议2/3以上成员或者2/3以上村民代表的同意，并报乡（镇）人民政府批准”。从以上的规定可以看出，农村土地承包经营权也以社区为边界，社区内成员具有优先权，而一旦超越这个边界就必须通过村民大会或者是村民代表大会的同意，这样使得集体作为发包方参与土地流转受到了很大的限制。然而，集体作为发包方参与土地流转在实践中是农地使用权市场的重要供给者（田传浩，2003），一般来说单独的农户参与土地使用权市场形式，如果流转超越社区范围，那么对交易的双方来说，交易成本是非常高的。农村宅基地流转同样具有

① 目前在我国农村，在一些地区社区的边界是与行政村相关联的，村民委员会和村民代表大会决定着村里的大小事务；而在另外一些地区，主要是我国南方村庄，村民小组具有非常大的自主权力，他们一般自主决定小组内部的集体事务，比如承包地的分配，小组成员的集体福利等事务，在这些小组，社区的边界就与村民小组的边界具有较高的重合度。

封闭性的特征。2004 年《国务院关于深化改革严格土地管理的决定》中规定“禁止城镇居民在农村购置宅基地”，2005 年讨论的《物权法（草案）》中重申了禁止城镇居民在农村购置宅基地的规定。虽然 2007 年最终颁布的《物权法》中将“禁止城镇居民在农村购置宅基地”修改为“宅基地使用权的取得、行使和转让，适用土地管理法等法律和国家有关规定”，但是并没有对宅基地的流转做出具体的松绑，只是为未来的改革留下一定的操作空间。从土地使用权的角度来讲，农村土地制度将土地的合法交易限定在社区范围之内，交易一旦超出社区界限，那么交易就受到了诸多的限制。因此在土地交易上，国家土地政策也限制了村庄土地的交易范围，即使是村庄的土地仍然用于农业用地，同样受到诸多的限制，这些限制使得土地交易权具有封闭性。

我国农村土地具有明显人格化特征，只有农村人口才能拥有，城镇居民并不能拥有。农村土地权利是一种社员身份权，只有社区集体成员才能拥有土地所有权，社区外的成员不能够获得土地所有权。社区成员一旦失去了社区成员的身份，那么属于他的那份土地权利同时也会失去，而且不能获得任何补偿，当然他在获得这份土地权利时，也不需付出任何代价，仅仅是因为他具有社区成员身份。同时社区外成员在获得农村土地使用权上也受到诸多限制，这是农村土地要素市场难以发育的一个重要原因。国家宏观土地政策制造了农村土地产权的社员身份权特征，使得村庄具有封闭性特征。农村土地交易权的缺失，也是当前我国农村土地产权制度的最主要缺陷。

二、农村土地制度对人口流动的影响

简单来说，土地制度对人口迁移的影响主要包括两个方面：一是农村人口迁往城镇的影响；二是人口到农村流动的影响。目前，对农村人口流向城镇无论是在政策上还是在研究中都得到了较多的关注。国家也多次出台政策来保障流动人口的土地权益，尽可能的消除农村土地对人口流动的影响，但是由于农村土地制度设计上存在的缺陷，农村土地制度对人口流出农村的影响是不可避免的。土地制度对人口迁往农村的研究目前关注还不多，但是这种影响却体现了限制中国发展的一些体制性问题，我们将对这个问题进行深入的分析。以下我们首先看一下，农村土地制度对人口流出的影响。

1. 对人口流向城镇的影响

（1）农村土地流转市场发育不完善，阻碍人口迁出

一是土地权属关系混乱，所有权主体界定不清，内容不完整。市场经济条件下，农地作为一种商品需要有明确的产权关系，然而现行的农地制度规定凡农民耕种的土地都属集体所有，但是对“集体”的规定又并不清晰，这就造成了事实上的农地产权主体缺位，从而限制了土地的合理流动，阻碍了市场对土地资源的优化配置，不利于农村劳动力的最优流动和转移。

二是承包经营权的内涵不完整、不明确。事实上，我国的农地承包经营权只是一种耕种权，虽然一些法规条文规定了农民的土地可以在发包方同意的情况下允许土地使用权依法有偿转让，但这种权利在实践中却受到严格的限制，其权能是残缺的，这就导致了土地使用上的随意性以及土地流转的困难，同样的原因也使得农民无法抵押土地使用权取得银行贷款，使得农民缺乏转移出农村的原始资金积累。

三是土地产权期限不足。尽管土地使用期限是不断延长的趋势，从最初的 5 年、10 年到 30 年，但农村土地依然要随着人口的变动而进行不断的调整，农民使用土地普遍存在着随意性和不稳定性，这就仍然隐含着对农村劳动力在社区间流转及土地向非社区成员流转的限制。

（2）农村土地保障功能不能异地转化，限制人口永久迁出

现有的农村土地制度为农业人口提供了一种特殊的社会保障。广大的中国农村几乎没有一个有效的社会保障制度。在这种情况下，土地在某种程度上成为现金的替代品，为农村人口提供了一定的社会保障。

土地的社会保障功能主要体现在以下几个方面：首先，土地为农民提供了基本生活的保障。因为土地是最基本的农业生产资料，人们在土地上劳动会生产出生活必需的粮食等生活资料。土地对农民的这一功能为生活保障功能。其次，土地为农民提供就业机会。农民可以以土地作为劳动对象，也可以以其他生产资料作为劳动对象。农民若以土地为劳

动对象，土地则为农民提供就业机会，土地对农民的这一功效为就业功能。再次，农民的后代对土地有继承权。此外，土地还可能由于价格上涨对其所有者具有增殖功能。正是由于土地为农民提供了农民自己和国家都无力承担的社会保障功能，这就造成了农民即使抛荒土地，也不会轻易放弃所承包的土地的现象。

农村土地承包经营权30年不变，农村土地的保障功能限制了土地异地转化，也就是说现行的土地制度和政策还不支持土地转化为其他保障方式。比如城市有统一的社会保障办法，而农村还没有纳入到统一的社会保障范畴里。如果能制定出一种合理有效的方法将农村土地的保障功能转化成非土地的形式，那么对农民的永久性迁出就提供了一个前提。所以目前的土地保障功能的不可转化性对人口的迁移有一种限制性的作用。

2. 对人口流向农村的影响

从吸纳流动人口的角度，农村吸纳的流动人口要超过1000万人，如果将居住在“城中村”和城乡结合部村庄的流动人口计算在内，那么流向农村的人口数量就要更多，但目前关注的主要是城市的流动人口。我们应该关注这部分流动人口，更为关键的是，通过分析农村土地制度对人口流向农村的迁移的影响，可以更为清晰地反映中国城乡体制对人口流动乃至中国城乡发展的影响。

（1）村庄对流动人口迁入的封闭性特征

对农村土地对人口流向农村影响的分析，首先要看一下村庄的一个基本特征，就是村庄的封闭性，许多社会学学者称之为“单位化”趋势。单位制度和单位体制是社会学中一项对中国的计划经济时期的城市组织、产业组织以及政府组织等研究的描述范式。在单位体制下，单位成员通过其单位成员身份获得单位的福利，而单位成员身份是在特定的制度条件下获得的，这种身份具有封闭性和终身性。农村实行家庭联产承包责任制后，在大多数的中国村庄里，农村社会的组织也发生了重大变化。家庭作为生产单位的功能被强化，村集体经济组织则趋于解体。此外，由于政策上放开，一些村庄还因大量村民外出谋职而成为“空壳村”。而在部分村庄，随着农村工业化的推进以及城市化进程的不断推进，一些村庄非农经济得到了迅速的发展，同时村庄集体经济实力得到了快速的提高。伴随着集体经济实力的提升，村庄也出现了一些新的特点，比如村庄福利增长、福利分配的封闭性、终身性与排他性、村庄边界的多元化以及村庄资源的非流动性等。已有学者对非农经济发达村庄的这些特点概括为“村庄单位化”倾向（毛丹，2000；李培林，2002；蓝宇蕴，2005）。

许多非农化村庄都程度不等地形成了与其经济社会发展水平相适应的村籍制度，这些村籍制度以《村规民约》等村庄内部正式制度的形式，对村民的身份进行划分，确定享受本村福利的条件，符合条件的村民享受村庄所带来的福利，而在条件以外的居民则不享受村庄的任何福利。在这里村籍和户籍是不同的两个概念，它们之间有重合的部分，但是也有不重合的部分，拥有户籍，并不一定拥有村籍（折晓叶，1997）。对这些非农化程度较高的村庄村民来说，村籍比户籍更重要。正是因为具有“村籍”，他们同时也是强大的村集体经济的股东，并因此与外来的村宅租客和一般市民在经济地位上有极大的差别，从这一点上来说，他们宁可为“村民”而不愿为“市民”（李培林，2002）。村籍制度的共同点无非是以各种名目保证村组织成员在就业、入学、医疗、收入分配各方面的独享权或优先权。实际上，村籍制度就是实现村社区利益自我保护，从而使村社区资源不致外流的控制机制。由此而不难理解，越是发达的非农化村庄，村籍制度往往越加严格。虽然不同村庄中，村籍制度包含的具体内容千差万别，但是否拥有土地权却往往是村籍制度中区别对待的分水岭。从这个意义上可以说，村籍制度是土地权封闭性的派生物，但它一旦产生却又成为强化村庄社区利益格局封闭化的催发剂，“一村两制”因此成为非农产业发达村庄的普遍现象。

（2）村庄封闭性的成因——以土地集体所有为核心的村庄经济集体所有制的排外性

尽管在集体组织内的成员间的产权很难界定得像私人产权那样清楚，但集体组织的产权具有同样的排外性。这种排外性表现为当集体经济组织作为一个整体时，对其产权保护同样是有力的，这种排外性在某种程度上强于私人产权的排外性，因为对集体经济产权的侵犯所要面对的是一个集体内部所有的成员，当这些集体经济成员通过一定的利益关系组成一个利益共同体的时候，其排外性表现得更为明显。我国村庄集体经济制度形成于人民公社时期，村庄集体经济的形成首先是村庄土地的集体化，然后在土地集体化的基础上发展了村庄集体经济。虽然人民公社体制解体，但是村庄土地集体所有制却保存下来，并且写进了宪法中，成为我国村庄的根本经济体制。我国相关的土地法律规定村庄集体经济组织对村庄土地的所有权，负责村庄耕地的发包以及集体建设用地的审批；集体经济组织成员有土地的承包经营权以及获得宅基地的权利。农村土地集体所有制对集体经济的起源、发展起到重要作用，村庄土地的权利状态成为判断是否具有村籍的主要依据。集体经济特征决定了集体组织成员具有分摊集体内部资源的权利，因此从这个逻辑出发，集体所有制经济具有天生排外性和封闭性。

因此，在土地集体所有的基础上建立起来的村庄集体经济对外部资源具有天生的排外性，特别是限制了人口融入到村庄共同体的社会圈子中。村庄自治组织的法律特性决定了只有村庄成员才可能进入到村庄的决策机构，经营村庄集体资产。集体经济的排外性和封闭性限制了外来人口成为村庄组织的成员，这样以“规避风险，降低效率”为特征的村庄守护型经济也就成为村庄集体经济发展的必然结果，造成这个结果的深层次原因即为村庄集体经济的排外性与封闭性。在村庄中，一方面外来人口成为村庄发展的支柱，但是另一方面村庄共同体又排斥外来人口融入他们的村庄中去。这样外来人口在村庄中得到了就业机会或者廉价住房，但是他们又不能够融入村庄中去，所以我们看到的是村庄中外来人口的流动性。

（3）村庄封闭性的影响

一是公共服务的封闭。中国的村庄不仅是一个社会组织，还具有一定的经济功能，具有生产发展的功能，可以获得一定的可支配剩余。在国家政策允许的范围内，村庄积极地发展集体产业，形成了村庄集体非农资产，在一些村庄，非农产业得到迅速发展。村庄的经济功能让村庄承担了发展村庄公共事务的责任，农村公共服务水平得到较大幅度的提升。我们可以看一下，集体化时期中国村庄提供的公共服务和筹资渠道。

如表5.1所示，在集体化时期村庄几乎承担了与农民生产和生活相关的系列公共服务，这种状况在改革开放以后很长一段时间内得到了延续，比如农村学校的发展，主要是依靠农民的教育费附加得以发展起来的。也就是说，村庄许多公共服务是依靠村庄的积累发展起来的，这种积累主要是来自于农村集体所有的土地。到目前为止，城镇的公共服务向农村延伸的项目并不多，那么依靠集体积累发展的公共服务显然对集体之外的成员是封闭的，对生活在村庄的大量流动人口来说，他们所能享受的公共服务也将受到诸多限制。从深层次来说，这个问题涉及城乡之间公有制的区别，这种区别是以土地所有制来体现的，比如农村土地属于集体所有，而城镇的土地是国家所有。城市的发展首先要改变土地的所有权性质，否则城乡之间就是分割的。我们在关注流动人口的公共服务问题时，往往会忽视城乡之间公共服务提供方式的差异，这也会造成流动人口公共服务的缺失。

表5.1 集体化时期村庄提供的主要公共服务和及其筹资渠道

公共服务项目	筹资渠道
社队兴办的小型农田水利工程	凡是社队有能力全部承担的，应自筹解决；对困难社队，国家给予必要补助
所有水利工程	新中国30年兴修的水利工程，国家总投资共763亿元，而社队自筹及劳动积累，估计达580亿元
公社卫生院	公社集体力量和国家财政的支持
农村合作医疗	大队统筹全体农民的医疗费用，基本医疗服务社区集体承担；财政补贴用于培训医务人员和支持穷队合作医疗
大队卫生所	集体经济投资和维持
农村社队集体办学	集体负担为主，国家适当补助
公社文化和广播事业	公社社有资金为主，国家适当补助
农村社会保障	依靠集体、生产自救为主，辅之以国家必要的救济

资料来源：根据林万龙：《中国农村社区公共产品供给制度变迁研究》，中国财经出版社2003年版，及相关资料整理。

二是经济和人口的封闭性。在长期的发展中，村庄成为一个经济共同体，起到了对外来人口排斥的作用。村庄的资源，特别是土地属于本村村民。一般会认为村庄会对为村庄经济发展贡献较大的成员具有开放性，但是事实上，王晓毅（2000）对温州宜一村的调查发现，即使是外来的企业家，虽然他们与村庄的经济有了很密切的关系，但他们仍然游离于村庄的社会生活之外，他们与村庄的关系更多地表现为与干部个人之间的关系。在企业家面前，村庄仍然是一个封闭的整体。而对具有较高发展水平的"城中村"，村庄的收入主要来自几乎是"无成本"的物业收入，所以产权的占有和收益具有集体的"封闭性"，它不允许外部资金的注入来改变产权结构和分享收益（李培林，2002）。

从村庄封闭性的后果来看，更深层次的问题是封闭性制约了城乡统筹发展的实现。城乡统筹发展的关键是城乡之间要素的自由流动，要素配置效率的提高也建立在要素自由流动基础上。对一些典型案例的研究也证明了村庄封闭性对村庄集体经济效率的影响。李培林（2002）对广州市"城中村"的研究发现这些村庄早期的集体收入来自一些集体兴办的劳动密集产业，但随着城市劳动力价格和土地使用价格的升高以及城市劳动密集产业的衰落，这些村庄经历了一个"去工业化"的过程，现在村集体的收入主要来自村集体的物业收入。而这种物业收入几乎是"无成本"的，这种"无成本"的物业收入从村庄集体所有土地上获得，主要是土地出让收入、土地租金收入或者物业租金收入。蓝宇蕴（2005）对广州市珠江村的研究得出，村庄的集体经济具有相对较低的市场风险，经营管理相对简单性以及相对低下的劳动力吸纳量。

农村土地集体所有制阻碍了人口迁移的发生，但是我们同样应当看到，土地集体所有制不但是农民最低生活的基本保障，而且农村土地集体所有制对我国经济体制的转轨起到了重要的保险作用，因为中国占人口绝大多数的农民生活在土地集体所有的村庄，因此对他们来说并不存在失业问题，这样降低了我国体制转轨的风险和成本（裴小林，1999）。对我国农村土地集体所有的认识和分析必须站在历史的角度进行分析和认识，农村土地集体所有制在一些方面限制了农村经济的健康快速发展，但是我们同时也要看到农村土地集体所有制的历史必要性和对我国工业化的贡献，以及对降低我国当前经济体制转轨风险起到了重要的保障作用。

三、建设用地制度变迁与流动人口流向的变化

改革开放以来，中国农村乡镇企业的崛起和农村非农就业的增加，

一个重要的因素是土地用地成本的低廉。当城镇建设用地在按照传统国有征地制度及行政划拨的方式供给时，农村集体建设用地市场开始通过租赁、股份等方式，实现了非农用途的工业开发，突破了传统土地供给管理制度上的限制。不可否认，正是这种突破，开辟了我国成为“世界工厂”的先河，随着城市体制改革的深入，也带来了中国流动人口的迅速增多。然而，进入 20 世纪 90 年代中期以后，粮食供给的形势发生波动，导致中央政府重新审视土地供给的宏观政策问题，中央土地政策发生了根本性的转变。随着中央土地政策的变迁，流动人口的流向也发生了明显的变化。随着建设用地政策的变迁，流动人口的流向也从“离土不离乡”到“孔雀东南飞”的转变，从以小城镇为主到向城市群集中的转变。

1. 第一阶段（1978～1989 年）：建设用地政策探索和松动，流动人口以“离土不离乡”为主

所谓“探索”就是如何根据我国现行的土地管理制度，特别是在两种土地所有制下处理农村工业投资与建设用地之间的关系。这没有一定的规则可循，因此在这个时期土地管理最重要的标准是在实践中总结经验，摸索管理规律，逐步把土地管理纳入法制化的轨道。同时，允许地方或者基层在用地政策方面进行大胆的试验。

1982 年中央颁布《国家建设征用土地条例》，对建设用地的征用程序、补偿标准等问题进行了具体的规定，这一条例是 1986 年《土地管理法》出台以前国有建设用地征用和使用的基本依据。在这一条例中同时把“发展社队工副业生产”作为安置征地造成剩余劳动力的基本手段。社队企业即乡镇企业的前身，在十一届三中全会以来社队企业的发展得到了中央的高度重视，1979 年国务院颁布《关于发展社队企业若干问题的规定（试行草案）》对促进乡镇企业的发展具有重要的意义。把乡镇企业的发展作为国家解决农村剩余劳动力就业，控制农村人口流入城镇的一个重要手段。1981 年《中共中央、国务院关于广开门路，搞活经济，解决城镇就业问题的若干决定》中充分体现中央把乡镇企业的发展作为在就业方面控制农村人口流入城镇的基本手段。因此，乡镇企业的发展不仅承担着发展农村经济的重要责任，而且成为国家控制人口流入城镇的重要手段。

随着经济的迅速发展，非农建设用地也在不断地增长。在1978年到1985年间，乡村集体建设用地年均占用耕地接近8万公顷，非农建设与耕地保护的矛盾日益凸现。乡镇企业和农村建房乱占耕地、滥用土地的现象极为突出。许多地方耕地大量减少，有的省一年减少一个中等县的耕地面积①。为此中共中央于1986年3月发布《中共中央、国务院关于加强土地管理、制止乱占耕地的通知》，以期控制非农建设用地的增加，并且决定成立国家土地管理局，作为国务院的直属机构。要求全面清查非法占地，各地要对所有非农业用地进行登记和发证，建立健全地籍管理制度。同年6月《土地管理法》颁布，从此以后将建设用地的审批管理纳入到法律范畴。对国有建设用地和农村集体建设用地审批和管理都进行了明确的规定。

在这个阶段值得注意的现象是，大规模耕地的占用基本是在农村发展乡镇企业，低价征地用于工业投资比较普遍，促进了农村非农产业的发展，低廉土地对促进农村非农就业发挥了重要的作用。乡镇企业的占地是这一阶段耕地非农占用的主体，在这一阶段，乡村是建设用地增长的供给主体，乡村在建设用地上具有较大的支配权。在这一个阶段，乡镇企业各方面飞速增长。在产值方面，乡镇企业总产值占农村社会总产值的比重由1978年的24.3%，迅速增长到1985年的43.5%，到1987年已经超过50%。乡镇企业从业人员快速增长，1978年仅2827万人，到1989年已达到9367万人，12年间增长2.3倍，年均增长达10%。这一阶段乡镇企业的发展主要特征是分散发展②，从人口流动的角度来看，这一阶段人口流向以就近转移为主。虽然跨区域的流动开始出现，但是总量还不多，到1989年农村劳动力流动人数为3000万人，其中跨省流动的人数为700万人③。

---

① 《中共中央、国务院关于加强土地管理、制止乱占耕地的通知》，中发1986（7）。

② 在改革开放初期的10多年，大约有80%的乡镇企业分布在村落，12%在农村集镇，7%在建制镇，仅有1%在县以上城镇（陶然，1995）。

③ 崔传义："中国农村劳动力流动的现状与地位"，转载于：农村劳动力流动课题组：《中国农村劳动力流动的回顾与展望》，http://finance.people.com.cn/GB/43429/43544/59613/4204322.html，2006年03月15日。

2. 第二阶段（1990 ~ 1996 年）：改革和耕地占用放大，人口流动不断增多，民工潮初现

90 年代以来，建设用地用途发生了比较大的变化。随着城市改革的推进和房地产业的兴起，城镇开始出现征地用于开发和工业用地并存的现象，加大了对建设用地的需求。对土地管理也开始逐步规范起来，但是并没有影响到对耕地的大规模占用。

城镇国有土地使用制度改革是这一个阶段土地管理政策的主要内容之一，对我国建设用地管理有非常大的影响。1990 年颁布《中华人民共和国城镇国有土地使用权出让和转让暂行条例》对城镇国有土地使用制度进行改革，规定“国有土地使用权在使用年限内可以转让、出租、抵押或者用于其他经济活动”，从此国有土地的使用权逐渐完善。与此同时由于建设用地与耕地保护之间矛盾日益凸现，1992 年《国务院批转国家土地管理局、农业部关于在全国开展基本农田保护工作请示的通知》，要求开展基本农田保护工作，严格对占用保护区土地的审批管理。但是这些措施并没有扼制住耕地减少的势头，乱占、滥用耕地及违法用地、批地的现象又重新抬头，1991 年全国净减少耕地又回升到 23 万多公顷（350 万亩），为此 1992 年发布《国务院关于严格控制乱占、滥用耕地的紧急通知》要求严格依法审批土地，加强对各类开发区审批、建设的管理等多项措施严格控制耕地的减少。1994 年颁布《基本农田保护条例》希望加强对耕地的保护，控制建设用地的增加。

经过 1990 年的国有土地使用制度的改革使各级城镇政府加大了非农建设用地需求，把农村耕地先行征为国有土地然后开发所占比重越来越高。据调查，1994 年底江苏昆山与浙江义乌、绍兴、上虞等县市，国有土地的供给比重分别占到 70%、50%、50% 和 80% 以上。城镇政府开始成为建设用地供给的主角，而以集体所有制建设用地的形式，通过租用等方式发展乡镇企业的势头也在继续。在这个时期乡镇企业出现更为迅速的增长，乡镇企业增加值占国内生产总值的比重由 1991 年的 13.7%，迅速增长到 1996 年的 26%，比重几乎提高了一倍。但是，乡镇企业吸纳就业的能力在下降，1984 ~ 1988 年，乡镇企业平均每年吸纳农村劳动力 1084 万人，而 1989 ~ 1994 年，平均每年只吸纳 412 万人，乡镇企业的相

对于固定资产投资的就业弹性，从 80 年代前期的 0.81 下降到 0.22[①]。乡镇企业作为就地吸纳农村剩余劳动力就业的主要渠道已经容纳不下农村剩余劳动力，农村劳动力流动增多。据调查，1993 年全国外出务工农民达6200 多万人，比 1989 年增加了 3200 多万人；其中跨省流动约为 2200 万人，比 1989 年翻了一番多。

3. 第三阶段（1997～2002 年）：严格控制阶段，大规模流动逐渐趋于稳定

90 年代中期亚洲金融危机和中国农产品供给的波动，导致中央政府对耕地大量减少开始重视。对我国经济的持续增长和耕地严重减少的矛盾，中央政府开始采取一系列措施，强化对耕地占用的管理。1997 年《中共中央、国务院关于进一步加强土地管理切实保护耕地的通知》发布，文件主要内容包括以下五点。一是实行占用耕地与开发、复垦挂钩政策。非农业建设确需占用耕地的，必须开发、复垦不少于所占面积且符合质量标准的耕地。二是冻结非农业建设项目占用耕地一年，确实需要占用耕地的，报国务院审批。三是严格控制城市间建设用地规模，特别要严格控制中等城市和小城市用地。四是加强农村集体土地管理。五是加强国有土地资产管理。国家开始强化对城镇政府以及乡村建设用地的管理。1998 年 3 月要求继续冻结非农建设项目用地直至土地管理法修订完成。1998 年 8 月土地管理法经过第二次修订后颁布，修订后强化了中央对土地的管理力度。修订后的土地管理法削弱了地方政府建设用地管理权限，要求各级人民政府加强土地利用计划管理，实行建设用地总量控制，实现动态平衡。

通过 1998 年土地管理法的修订，实现了建设用地审批权的上收，地方政府的土地审批权限在不断缩小，而且取消地市级以下政府建设用地增加的最终审批权，实行土地利用年度计划管理。我国城镇实行等级管理体制，一般来说土地利用计划指标与政府所处的行政级别直接相关，上级政府相对下级政府要掌握更多的土地利用计划指标。实行耕地动态

① 杜鹰：“现阶段中国农村劳动力流动的基本特征与宏观背景分析”，载蔡昉、白南生主编《中国转轨时期劳动力流动》。

平衡的管理，那么占用多少耕地必须有同样数量的耕地整理出来，即使在乡村有空余的土地用于建设用地，这些土地往往也会被上级政府用来实现耕地的动态平衡，土地利用年度计划管理以及耕地动态平衡对乡镇基层的影响明显要大于上级政府，特别是依靠低土地成本发展起来的乡镇企业受到了非常大的影响。

强化土地计划管理，实行耕地动态平衡，是中央政府加强建设用地管理的主要手段，将建设用地的审批集中在省级以上政府，削弱了地方政府对建设用地的审批权限。中国城镇的等级管理体制，使得处于最底层的基层政府获取土地供应指标的机会大大降低，也就意味着农村人口向非农产业转移一定要向高行政级别的城市集中。乡村集体建设用地供给乡镇企业发展用地的机会在减小，无疑会压缩到乡镇企业的发展空间，促进人口向城镇的大规模流动。在这一阶段初期由于受亚洲金融危机的影响，城市失业增多，城镇政府出台有关措施限制对流动人口就业，使得流动人口出现了一些波动。但是进入新世纪以来，流动人口总量迅速增加，其中 2000 年外出农民工总量达到 6124 万人，比 1997 年增加 2242 万人；跨省流动的农民工达 2824 万人，比 1997 年增加 1344 万人。到 2003 年农村外出务工农民超过一亿。在流向上，进入 2000 年以后，小城镇吸纳的农民工总量有所下降，2003 年小城镇吸纳农民工就业比重已经比 2001 年下降了 1.4 个百分点。

4. 第四阶段（2003 年至今）：土地政策作为宏观调控的手段，流动迅速增加，流向开始从小城镇转向城市群

2003 年 10 月《中共中央关于完善社会主义市场经济体制若干问题的决定》提出“实行最严格的耕地保护制度”以此控制耕地的非农占用。2003 年 7 月国务院办公厅发布《关于清理整顿各类开发区加强建设用地管理的通知》，要求各级政府对开发区进行全面清查，加强对开发区建设用地的集中统一管理，今后要更严格控制设立以成片土地开发为条件的开发区。同年 11 月《国务院关于加大工作力度进一步治理整顿土地市场秩序的紧急通知》发布，要求进一步落实开发区清理整顿工作，建立完善土地管理制度。2004 年 10 月国务院发布《关于深化改革严格土地管理的决定》，要求从严从紧控制农用地转为建设用地的总量和速度。2006 年

8月国务院颁布《关于加强土地调控有关问题的通知》，要求“地方各级人民政府主要负责人应对本行政区域内耕地保有量和基本农田保护面积、土地利用总体规划和年度计划执行情况负总责。将新增建设用地控制指标（包括占用农用地和未利用地）纳入土地利用年度计划”，实行问责制，建立工业用地出让最低价标准统一公布制度。文件的出台着重解决当前土地管理和调控中存在的突出问题，与以往政策相比，改革的力度比较大，内容更加具体、务实，相关措施更有针对性。

从2003年开始，中央的新一轮宏观调控政策，开始把建设用地的管理作为宏观调控政策的重要手段。实际上，是在严格实行耕地保护政策的同时，加大了中央政府运用计划经济手段的杠杆，通过土地用量的计划调节和分配，控制投资的增长和经济的波动。运用土地政策的杠杆更多的是针对中国的国情，遏制地方政府膨胀的投资势头。这一措施的开始首先是从清理各类开发区入手。需要指出的是，这次清理开发区，主要是砍掉了县以下的各类工业小区和园区，对于乡镇政府吸引投资发展中小企业产生了十分不利的影响。到2004年8月，最终清理出各类开发区6866个，规划面积3.86万平方公里。经过清理整顿，到阶段性检查验收结束时，全国的开发区数量已经减少到2053个，规划面积压缩到1.37万平方公里。开发区核减数量占原有开发区总数的70.1%；压缩的规划面积占原有规划面积的64.5%。已退出开发区土地2617平方公里，复耕1324平方公里，收回闲置土地116.5平方公里。

土地作为宏观调控的手段影响到乡镇基层的发展，乡镇企业的增长方式正在发生根本性的转变。从乡镇企业的就业弹性来看，这一阶段乡镇企业的就业弹性持续下降。2004年乡镇企业增加值比2001年增长42%，而从业人员仅增长5%，年均增长仅260万人，乡镇企业吸纳就业人员能力在不断下降。跨区域流动迅速增加，外出务工农民每年的增量保持在600万~800万人，外出务工农民已经从2003年的1.04亿人，到2008年已达1.4亿人。从外出农民工就业的地点看，2006年在地级以上大中城市务工的农民工占64.8%。其中，在直辖市务工的占9.4%，在省会城市务工的占18.6%，在地级市务工的占36.8%。在小城镇就业比重比2001年下降了3.1个百分点。

第六章　现行财政管理体制及对流动人口的影响

改革开放以来，我国的财政管理体制经历了一系列变革，先是实施“分灶吃饭”财政体制，再到“财政包干”财政体制。在这两种体制下中央财政收入占比逐渐下降，宏观调控能力日益减弱。为适应社会主义市场经济体制要求，正确处理政府与企业之间的关系、中央政府与地方政府之间，从 1994 年开始实施“分税制”改革。

一、财政体制的现状

1. 分税制的主要内容

根据 1994 年 1 月 1 日起实施的《关于实行分税制财政管理体制的决定》的内容，分税制财政体制主要由三个方面的内容构成，即中央与地方税收的划分、中央与地方事权和支出的划分、中央对地方税收返还数额的确定。分税制即是根据事权和财权相分离的原则，按税种划分中央和地方的收入，其中将维护国家权益、实施宏观调控所必需的税种划分为中央税，将同经济发展直接相关的主要税种划分为中央和地方共享税，将适合地方征管的税种划分为地方税，充实地方税税种，增加地方税收收入。根据财权与事权相统一的原则，在划分税收的同时，又划分了中央财政与地方财政的支出范围。并且根据不同地区和不同情形确定税收返还额度，确保分税制改革的顺利实施。

表 6.1　　　　中央和地方财权和事权的划分

<table>
<tr><th></th><th>中央</th><th>地方</th></tr>
<tr><td>财权</td><td>维护国家权益、事实宏观调控所必需的税种及同经济发展直接相关的部分主要税种</td><td>部分与经济发展相关的主要税种及适合地方征管的税种</td></tr>
<tr><td>事权</td><td>国家安全、外交和中央国家机关运转所需经费，挑战国民经济结构、协调地区发展、实施宏观调控所必需的支出以及由中央直接管理的事业发展支出</td><td>本地区政权机关运转所需支出以及本地区经济、事业发展所需支出</td></tr>
<tr><td rowspan="2">收入</td><td>关税，海关代征的消费税和增值税，消费税，中央企业所得税，非银行金融企业所得税，铁道部门、各银行总行、保险总公司等部门集中缴纳的收入（包括营业税、所得税、利润和城市维护建设税），中央企业上缴利润等收入</td><td>营业税，如建筑行业营业税 3%；城市维护建设税（7%；5%）；契税（3% ~5%）；土地增值税（30%；40%；50%；60%）；城镇土地使用税；耕地占用税；农业税（2006 年取消）</td></tr>
<tr><td colspan="2">共享收入：增值税：中央 75%，地方 25%；公司所得税：中央 60%，地方 40%；个人所得税：中央 60%，地方 40%；证券交易印花税：中央 97%，地方 3%；金融、保险企业营业税：中央 75%，地方 25%；资源税：中央享有海洋石油，地方是其他资源。</td></tr>
<tr><td>支出</td><td>国防经费、武警经费，外交和外援支出，中央级行政管理费，中央统管的基本建设投资，中央直属企业的技术改造和新产品试制费，地质勘探费，由中央本级负担的公检法支出和文化、教育、卫生、科学等各项事业费支出</td><td>地方行政管理费，公检法支出，部分武警经费，民兵事业费，地方统筹的基本建设投资，地方企业的技术改造和新产品试制费，支农支出，城市维护和建设经费，地方文化、教育、卫生等各项事业费，价格补贴支出以及其他支出</td></tr>
</table>

2. 地方财政管理体制

（1）省以下政府间收入划分

受经济发展水平和产业结构差异的影响，省以下政府间收入划分千差万别，呈现出纷繁复杂的体制模式。收入划分包括税种划分和共享税分享两个方面。

①税种划分。大致有以下几种情况。其一，收入稳定且规模较大的税种由省与市县共享，大部分省区采用了这种模式。其二，收入较少的税种由市县独享，这种体制市县基层财政收入税种虽然较多，但征税成本高、收入规模较少。其三，还有部分省市在按照上面两种方式划分收

入的同时，规定主要行业或支柱产业的税收收入由省级独享，这些行业或支柱产业包括交通、邮政通信以及港口、汽车等的增值税、营业税、企业所得税。

②共享税的分享办法。共享税的分享主要有三种形式。其一是按比例分享，目前有北京、天津、河北、山西等15个省市区采用这种形式。其二是按隶属关系划分增值税、营业税和企业所得税等主体税种，有浙江、安徽等4个省份采用这种形式。其三是按比例和隶属关系交叉划分，主要有内蒙古、江苏、福建、湖南、云南等12个省区采用这种形式。

（2）省以下政府间支出责任划分

1994年分税制改革后，各地根据自身的实际情况，对省以下各级政府的支出责任只是有一个概念性的框架，由于没有细化，所以许多事权是共同承担完成的，特别是一些大额的公共支出领域，诸如教育、农业、基础设施建设等是由省、市、县政府共同承担的。基本的划分框架是，省级政府负责本级的行政管理费、支援不发达地区支出费、市县财政主要承担本级行政管理费、农林水部门事业费、城市维护建设费、抚恤和社会救济费等。

近年来，随着政府职能的不断转变和机构改革的不断深入，地方政府间支出责任划分也进行一些探索和尝试，如：工商、地方税务、技术监督等部门实行省垂直管理。但由于地方政府间支出责任划分缺乏明确的、可操作的法律依据，省以下支出责任划分仍然需要进一步明晰，给基层政府可承受的公共支出责任，实现事权与财力相匹配。

（3）省以下转移支付

省级财政集中辖区财力实施省以下转移支付是省以下财政体制的重要制度安排。总的来看，省以下转移支付主要包括一般性转移支付、调整工资转移支付、农村税费改革转移支付、缓解县乡财政困难奖补资金、地方出台的激励性转移支付等。

根据省以下一般性转移支付的性质，各省区普遍将转移支付政策目标定位于缩小辖区内财力差异、推进地区间基本公共服务均等化。但受到客观条件制约，一些财力紧张的中西部省份一般性转移支付的主要政策目标是缓解县乡财政运行中存在的诸如拖欠工资、基层政权运转困难等突出矛盾。

省以下一般性转移支付分配是依托于既定公式，公式中的关键因素包括：标准收入、标准支出、标准财政供养人员、转移支付系数，以及特殊因素处理等五个方面。转移支付额度的确定是根据该地区标准支出减去该地区标准收入后乘以该地区的转移支付系数。近年来，在省以下一般性转移支付改革中，这些关键因素的调整反映了两个方面的改革取向。其一是省以下转移支付越来越注重建立对下级财政的激励机制，即通过建立转移支付和财政收入增长机制、建立转移支付和基础财政收支平衡关联机制、基层财政供养人员增长的控制机制等措施引导基层财政摆脱困境。其二是建立最低财力保障机制。为保障财政困难县的基本支出需要，安徽、陕西、广东等省份在兼顾省级财力可能及各县实际需要的基础上，建立了最低财力保障机制。如陕西在2005年根据省内2004年县级总体财力水平，以年财政供养人员人均1.2万元为标准建立最低财力保障机制，不足部分省级财政全额补齐。

（4）省以下财政管理体制创新

①省直管县。从改革的实践来看，“省直管县”财政管理体制改革都坚持了如下基本原则：其一是通过体制创新调动基层政府走出困境的积极性，实现省、市、县三级政府的联动；其二是通过放权让利，赋予县级政府更大的经济管理权限，为县域经济发展“松绑”，提高管理社会经济的效率；其三是维持现有地方政府间利益分配格局，保证改革平稳有序。

在改革的具体方式上，各省做法不尽相同，但以下三个方面的改革内容是基本一致的：其一，预算管理体制的调整基本不涉及财政收支范围的调整，将“省直管县”改革划定在财力调整的范围之外，所以准确地讲这个改革更像是一种管理方式的改革；其二，省直管县改革都伴随着放权的改革，这种放权体现在原有省级和地级市的审批权力下放给县市政府；其三，省以下政府层级没有发生变动，但管理格局更加清晰，地级市和县市共同直接同省级发生预决算关系。

②乡财县管。乡财县管改革是在农村税费改革后，整个基层政府县乡之间的财政管理方式的一种尝试，这一点同省直管县是一样的。所以乡财县管还特别强调了“乡财乡用”，即乡镇财政资金所有权、使用权、

财务审批权等若干关键权力仍然归属于乡镇财政的前提下，将乡镇财政收支运行纳入相对规范的县级预算管理。乡财县管的主要内容是：在上述前提下，以乡镇财政为主体，由县级财政部门管理并监督乡镇财政收支，实行“预算共编、账户统设、收入统管、支出统拨”为主要内容的财政管理方式。2004 年，安徽率先在全省范围内推行的“乡财县管乡用”的财政管理方式，近年来其他省区也相继实施了这项改革，改革的基本前提和改革逻辑基本一致。需要说明的是，乡财县管的最终目的是规范乡镇收支，但对于一些经济总量较大的发达乡镇不适用这种管理方式。原因之一是乡镇收支规模较大加大了县级财政的监管难度，会出现县级财政“管不好”的情况；原因之二是过度监管发达的城镇也会挫伤其发展的积极性，这有悖于乡财县管政策的初衷。基于此，对于经济发达地区应该区别对待，不搞县乡财政管理体制模式“一刀切”。

3. 分税制下中央和地方的关系

①中央财政收入迅速增长，财政能力不断提高。1994 ~ 2007 年间的财政收入增长率平均为 19.4%，而同期 GDP 增长率平均为 9.7%，财政收入占 GDP 的比重显著提高。与此相应，我国财政收入占 GDP 的比重逐年提高，2007 年已达到 20% 左右。中央财政收入占全部财政收入的比重，也在分税制后从不足 30% 的低水平跃至 50% 以上，显著增强了中央政府应履行的宏观调控、减少地区间差异等方面的能力。

②地方各级财政状况分化较为明显。在省以下的地方政府之间的分税制改革过程之中，省级政府和市级政府获得了绝对的支配权，特别是省级政府。比如，中央赋予地方的一些税收管理权限基本上都集中在省级政府手中，另外，省级政府也比照中央政府对地方税务机构进行垂直领导，以绝对保证本级财政收入。这种上行下效的做法，使得政府级次越低，财权越小，县乡财政困难问题显著。从全国各级地方政府的财力分布情况看，省、地（市）两级的财力约占地方全部财力的 60%，而财政提供经费的行政事业人员只占地方全部行政事业人员的 30%；县乡两级财力只约占 40%，而需财政提供经费的人员却占 70%①。

---

① 贾康，赵全厚：“政府财政体制变革”，《经济研究参考》，2009 年第 2 期。

③中央和地方财权事权划分不对等。在分税制改革中，对中央政府和地方政府的事权划分基本上未作重新调整，基本沿用了原有的模式。因此在中央政府和地方政府之间的事权和支出范围的划分就存在不平等现象。许多该中央政府负责的，中央政府缺位现象明显。比如2007年，在教育、社会保障和就业、医疗卫生等方面，许多本该由中央政府负责的事务，地方政府却承担了主要责任。而在财政收入不断向上级政府集中的同时，完成这些事务对基层政府来说财力非常紧张。

表6.2　　中央和地方财政主要支出项目（2007年）　　单位：亿元

财政支出项目	国家财政支出总额	中央	地方
教育	7122.32	395.26	6727.06
文化体育与传媒	898.64	127.21	771.43
社会保障和就业	5447.16	342.63	5104.53
医疗卫生	1989.96	34.21	1955.75
环境保护	995.82	34.59	961.23
城乡社区事务	3244.69	6.20	3238.49

二、分税制下基层政府对流动人口的公共服务——以大岗镇为例

在我国行政管理体制下，对流动人口的公共服务的提供主要由基层政府来完成，那么处于最基层的乡镇政府就成为对流动人口服务的主体。这样，乡镇基层政府的财政收入状况就会影响到政府公共服务供给能力。由于税收在不同层级政府的分配，政府创造财政收入的能力和供给公共服务的能力并不一致，政府对流动人口的公共服务能力将会对流动人口产生直接的影响。显然，流入地政府对流动人口的影响要更直接，以下我们以广州市番禺区大岗镇为例，就分税制下基层政府创造财政收入与供给公共服务的能力对比，来说明现行财政体制对流动人口的影响。

1. 大岗镇基本现状

广州市番禺区大岗镇是位于珠江三角洲腹地的小城镇。大岗镇总面积90.07平方公里，辖25个行政村、6个社区居委会；规划城区面积24

平方公里，已建城区面积14.3平方公里；全镇总人口13万人，其中户籍人口7.9万人，流动人口5.1万人。2007年，全镇实现总产值86.2亿元，同比增长13.4%，实现社会生产总值（GDP）30.5亿元，同比增长14.2%。2007年，全镇实现税收3.2亿元，同比增长22.6%；全镇财政经常性收入1.7684亿元，同比增长17.43%。2007年，全镇职工年平均工资为17221元，增长5.3%；农村劳平工资、人均年收入分别为12479元和8323元，分别增长了3.26%和1.89%。

2. 财政收入状况

（1）本级政府实现收入

本级政府实现收入主要包括税收收入、非税收入和企事业单位上缴收入。

①税收收入。根据大岗镇财政所提供数据来看，由大岗镇税务机关征收的税收，可以看出，从总的税收收入来看，大岗镇的税收收入从2002年的13430.47万元到2007年的19797.96万元，不但增长快，而且总量也很可观。根据番禺区提供的数据，2007年大岗镇实现税收收入为3.2亿元，中间存在较大差别的原因在于统计口径的不同，以下我们主要使用番禺区统计局数据进行分析。

表6.3　　2002～2007年大岗镇税收收入情况　　单位：万元

项目	2002年	2003年	2004年	2005年	2006年	2007年
税收收入	13430.47	11817.09	11980.26	12711.63	17325.12	19797.96
其中：国税收入	11006.47	8215.09	7909.26	8206.63	7676.12	9041.96
地税收入	2484	3602	4071	4505	9649	10756

资料来源：根据大岗镇财政所、国税分局、地税分局提供数据计算整理。

②非税收入。财政收入中除了税收收入以外，还有非税收收入。非税收入主要由行政事业费和非税收入、企事业单位上缴收入、乡统筹资金收入、其他收入构成。行政事业和非税收入近几年增长趋势减缓，主要收费事项呈下降趋势。主要原因是各级政府加强了对各项收费管理，严格执行国家相关收费调整政策，如农村义务教育收费的减免、外来人口收费标准调减等，如表6.4。

表 6.4　　2002～2007 年大岗镇行政事业性收费和非税收入　　单位：万元

收入项目	2002 年	2003 年	2004 年	2005 年	2006 年	2007 年
行政事业性收费及非税收入	1871.74	1877.79	2153.21	2281.44	2734.01	2897.79
其中：外管中心收费	352.68	271.37	337.44	322.68	324.45	285.13
计生办	227.97					
教育收费	1239.61	1582.29	1815.77	1958.76	2043.31	1636.78
垃圾费收入					178.96	257.66
广播站收费收入					187.29	187.56
其他收入	51.48	24.13				530.66

③企事业单位上缴收入。企事业单位上缴收入主要是镇属企业上缴的管理费收入。大岗镇集体企业已全部转制，目前上缴的企业收入都是以前年度签订的，以及对个别企业进行预算收入任务分摊。从表6.5 中可以看出，2002～2007 年企事业单位上缴收入呈逐步缩减的趋势，主要原因是企业经营、管理成本加大导致完成上缴任务有困难。

表 6.5　　2002～2007 年大岗镇乡统筹资金和其他收入情况　　单位：万元

收入项目	2002 年	2003 年	2004 年	2005 年	2006 年	2007 年
企事业单位上缴收入	1840.74	1538.73	1520.31	1319.16	956.09	1463.86
乡统筹资金收入	55.97	38	60.76	46.93	52.5	0
其他收入	22.17	103.74	9.82	20.2	156.65	257.86
其中：罚款	0	0	0	0	0	0
捐赠及其他	0	99.19	0	0	0	0.66
土地收益返还	0	0	0	10.78	0	0
石场、市场收益	0	0	0	0	150	250
其他	22.17	102.61	158.35	9.42	6.65	7.2
小计	1918.88	1778.53	1739.42	1386.29	1165.24	1721.72

（2）上级政府补助收入

专项资金收入主要为各职能部门下拨的各项专项资金，主要用于镇村路桥建设、教育、卫生、农业水利、中心镇建设项目、十八罗汉山森林公园等方面。

表 6.6　　2002～2007 年大岗镇上级政府补助收入情况　　单位：万元

收入项目	2002 年	2003 年	2004 年	2005 年	2006 年	2007 年
区体制补助收入	3028.7	3028.7	3028.7	3028.7	5710.4	5710.4
区专项拨补收入	1388.3	1517.6	3234.7	2417.7	1043.6	2251.7
专项资金收入	1978	5103	4702	5030	8933	5602
小计	6394.96	9649.26	10965.26	10476.36	15687.04	13564.14

（3）政府财政收入和可支配收入的对比

2007 年大岗镇全镇共创造各类财政收入 37036.51 万元，其中政府可支配财政收入 23285.68 万元，占全镇创造收入的 62.9%。在政府的可支配收入中，还有大岗镇包括享受广东省中心镇优惠政策的 2000 多万元专项资金返还，如果扣除掉特殊优惠政策部分，大岗镇财政可支配收入仅占其创造财政收入的 50% 左右。

表 6.7　　2007 年大岗镇财政收入和可支配收入对比表　　单位：万元

税收收入	32417
企事业单位上缴收入	1721.72
非税收入	2897.79
合计	37036.51
可支配收入	23285.68

3. 大岗镇的公共服务支出及公共服务状况

大岗镇针对流动人口开展了诸如流动人口子女教育、社会治安治理、公共卫生等方面的公共服务工作，这些工作改善了流动人口公共服务状况，以下我们就大岗镇部分公共服务支出及流动人口的现状进行分析。

（1）义务教育和流动人口子女教育

①义务教育的经费配置。番禺区规定，义务教育经费由镇财政支出，高中教育由区财政支出。大岗镇属于义务教育阶段，因此经费均由镇级财政负担，但是上级财政有财政专项补助。镇财政教育开支每年大约 8000 多万元，2007 年为 8860 万元，教育占财政总收入的比例大约是 52%～53% 左右。其中，安排在农民工子女教育方面的公用经费为 1157 万元（剔除教师人员经费、基建经费）。此处的“农民工子女”指的是农村和非本镇户籍的学生，既包括本地农民工子女、也包括外来农民工子女。2007 年减免农村义务教育收费 450 万元；2008 年减免范围进一步扩

大，增加减免书杂费，总额533万元，其中，2所农民工子弟学校的书杂费减免每年约54万元。

表6.8　　大岗镇义务教育财政经费投入情况

学校类别	资金来源	资金用途	金额	说明
公有民助的农民工子弟学校（金雁小学）	上级财政（市、区）	专项奖金补助	2006年约36万元 2007年约36万元	用于实验室、电子设备等，不包括基建投入
公有民助的农民工子弟学校（金雁小学）	镇财政	减免书杂费	每年约42万元	按每学期每人减免223元及945名学生数估算
公有民助的农民工子弟学校（金雁小学）	镇财政	办学经费	每年财政拨付169万元经费；工资每年约40万元	包括有编制教师的工资及部分代课老师工资
公有民助的农民工子弟学校（金雁小学）	镇财政	大额维修或设备购置费用	累计50多万元用于校舍不足	提交申请报告，经审核评估通过后即拨付
民办的农民工子弟学校（阳光小学）	镇财政	减免书杂费	每年大约13万元	按每学期每人减免100元及646名学生数估算

注：金雁小学成立于2002年、2005年建分校；阳光小学成立于2005年。

②流动人口子女教育现状。从国家对流动人口子女教育的规定，流入地公办学校要承担主要责任。从对大岗镇调查发现，受财政等因素限制，公办学校还不能承担起主要责任。大岗镇在校流动人口小学生2699人；流动人口中学生175人。办学校（阳光小学），用于接收农民工子女入学，共提供小学学位近1600个，占在本地就学流动儿童的55.7%。仅收取农民工子女每人每学期530元的费用，用以维持学校日常基本的开支和聘用教师工资。与本地义务教育阶段学生不收取任何费用相比，农民工子女仍面临不平等待遇。

（2）治安管理

①治安经费投入。2002～2007年镇政府在治安管理方面的投入分别为：612万元、666万元、894万元、952万元、1118万元、1176万元。这些投入主要属公安机关的人员和公用经费（含专项经费），全额由镇政府负担。区公安局只在个别装备、设备上作有限度的支持。企业或组织

投入主要用于支付雇请保安、门卫人员的工资费用。警察由国家财政负责，辅警由镇财政划拨。年人均经费 3.5 万元（含工资、社保、办公经费）。

表 6.9 大岗镇治安管理经费投入情况

治安管理经费事项	资金来源	资金金额	说明
辅警工资（社保）	镇财政		
视频监控设施	镇财政	累计投入 160 多万元	安装 80 个摄像头
城中村视频监控点 80 个	镇和村委	2008 年共投入 100 多万元	鸭利村、客家村、东流村、北流村、岭东村等五个城中村
办公经费	镇财政	152 万元	

②流动人口治安状况。为流动人口提供安全的居住生活环境，是流入地政府义不容辞的责任。大岗镇为了保障社会治安，也进行了相应的投入，但是外来人口增多给大岗镇带来了不稳定因素，治安管理压力很大。为了加强治安管理，大岗镇除正式编制的警察外，配置了辅警 180 名及其他治安管理人员，但是仍然不够。2002 ~2008 年的治安案件中有 80% 的犯罪事件涉案人员为农民工，其中 70% 是侵犯财产案件，30% 为侵犯人身安全案件。流动人口治安问题也体现了大岗镇政府公共服务能力不足。

表 6.10 1998 ~2008 年大岗镇治安人员配置情况 单位：人

类别	1998	1999	2000	2001	2002	2003	2004	2005	2006	2007	2008
民警	35	36	35	36	37	38	38	38	40	39	47
辅警	0	0	0	0	0	46	46	46	47	48	48
治安员	50	52	51	55	60	65	70	70	120	125	153
村级治安员	135	146	150	151	156	162	170	170	170	170	160
厂企门卫	246	256	260	270	265	280	290	300	310	315	450

资料来源：大岗镇派出所提供。

（3）公共卫生

①公共卫生经费投入。随着突发性公共卫生事件的增多，国家开始重视对公共卫生服务体系建立的投入力度。从机构上看，在区一级设有卫生局，具体负责公共卫生事件，但镇级没有卫生监督机构。大岗镇医院不单是医疗机构，还承担了部分政府行政管理职能以及大量社会责任，

比如说流动人口育龄妇女的妇科体检，需要卫生院的配合；再比如说，免疫接种经费疫苗经费虽然由上级财政负担，但是基层政府组织相应的机构来实施，卫生院的经费补助包含了这些社会公共卫生支出。

表 6.11　　2007 年大岗镇公共卫生服务经费投入情况

项目	金额	标准	说明
镇卫生院经费补助	2007 年 907 万元		镇财政负担
免疫接种费用（本地和外地儿童）	2007 年约 40 万元	每人每针 4.5 元，每个儿童接种 6 种疫苗共 4.5×6=27 元；提供接种 9000 多针次，每针 4.5 元，共 9000×4.5=405000 元	一类疫苗免费，由区财政支付
公共卫生专项经费	无数据	区财政以户籍人口 25 元/人的标准投入经费投入，2008 年全区投入 1300 万元	

②流动人口公共卫生服务状况。目前大岗镇有卫生疾控人员 6 人、卫生监督人员 15 人，如果按照户籍人口计算的话，每万人有卫生疾控人员 0.76 人，有卫生监督人员 1.9 人，合计有公共卫生人员 2.66 人，要高于全国标准。但是如果将流动人口计算在内的话，每万人有公共卫生人员 1.62 人，就要低于过去平均水平。另外，从番禺区的公共卫生专项经费的设置来看，设置标准是按照户籍人口来计算，并没有将流动人口计算在内，这样从人员和经费的设置上都以户籍人口为标准，显然不能够满足大量流动人口的基本需求。

表 6.12　　大岗镇卫生疾控和监督人员配置情况

	区核定编制人数	国家标准	广州市平均	大岗镇
卫生疾控人员	0.31 人/万人（全区人口）	1~1.2 人/万人	0.99 人/万人	0.46 人/万人
卫生监督人员	0.16 人/万人（全区人口）	1.1 人/万人	0.58 人/万人	1.16 人/万人

4. 两点问题

从对大岗镇为流动人口提供的公共服务来看，公共服务缺失和不足现象是比较明显的。从财政支出来看，大岗镇为公共服务的支出比重应该非常高，仅教育一项支出已经占到财政支出的 50% 以上。那么造成流动人口享受到的公共服务与户籍居民存在较大差异，或者是总体公共服务水准不高的原因，必须从收入能力和公共服务供给能力方面进行分析。

（1）财政支出和创造财政收入的能力不对等

从大岗镇与广东省及全国的对比情况可以看出，2007 年大岗镇人均 GDP 是全国平均水平的 1.24 倍，人均地方财政收入与全国平均水平基本相当，但是人均地方财政支出仅为全国平均水平的 62.6%。从大岗镇创造的税收来看，2007 年各项税收收入达 3.2 亿元，常住人口人均税收收入近 2500 元，已经接近广东省人均地方财政收入水平。以上的对比可以看出，大岗镇的经济发展水平要远高于全国的平均水平，但是从地方财政收入和地方财政支出的角度来看，大岗镇地方财政收入和支出能力要低于全国平均水平。这也就是说大岗镇创造财政收入的能力很强，但是留存本级的财政收入有限，毕竟本级可支配收入仅占财政收入的 63%。财政支出能力限制了大岗镇供给公共服务的能力，也影响到流动人口的公共服务水准。

表 6.13　　2007 年财政收支和经济总量对比　　单位：元

	人均地方财政收入	人均地方财政支出	人均 GDP
全国	1784.06	2901.67	18885.32
广东（按常住人口计算）	2948.25	3343.81	32897.03
广东（按户籍人口计算）	3382.1	3835.87	37737.98
大岗（按常住人口计算）	1791.15	1815.15	23461.54
大岗（按户籍人口计算）	2947.468	2986.962	38607.59

资料来源：《中国统计年鉴 2008》和大岗镇调研数据。

（2）按户籍人口计算财政支出限制了基层政府的实际公共服务供给能力

我国预算法实施条例规定，各部门的预算要根据人员和编制进行预算。从大岗的案例来看，在进行财政预算时，预算的依据是设定人均标准，然后根据户籍人口总量来确定财政预算总额。如表 6.13 所示，如果按照户籍人口来测算大岗镇的人均财政收入和财政支出，我们可以看到大岗镇人均 GDP 要超过广东省的平均水平，人均地方财政收入水平略低于广东省的人均财政收入水平，而人均财政支出水平也和全国的平均水平相当。但是我们应该注意到的是，大岗镇有外来人口 5.1 万人，占常住人口总量的 39.2%。虽然广东省流动人口在全国最高，但常住人口中省外流动人口的比重也仅为14.3%，对于一些基层政府来说，所要面临的流动人口要远远高于这个比重，许多小城镇流动人口总量已经远超过户籍人口总量。如果我们政府在财政预算中不去考虑对这部分人的公共服务支出，政府的公共服务供给能力将远不能够满足实际需求，这也是造成流动人口公共服务水平较低的一个重要原因，必须引起足够的重视。如果基层政府的公共服务供给不能得到财政上的制度性保障，一切措施都将是临时性措施，难以成为长期性的措施，那么仅靠临时性措施也很难解决中国流动人口带来的长期性问题。

三、财政体制对基层政府公共服务能力的影响

在我国当前状况下，大量流动人口积淀在基层，因此基层政府的公共服务能力直接影响着流动人口的公共服务水准。财政体制对基层政府公共服务能力的影响直接带来了对流动人口公共服务供给能力的影响。通过对宏观财政体制和案例的分析，现行财政体制从以下四个方面影响着我国基层政府的公共服务能力。

（1）财政体制规定的税收分成比例显著削弱基层政府公共服务能力

上层各级政府皆通过财政体制规定的税收分成比例，来保障本级收入。因此，基层创造税收收入的大部分都集中到了上层各级政府，严重削弱了基层政府公共服务能力。比如：天津市津南区葛沽镇2007年完成财政收入10.25亿元，但是留到镇级的可支配收入是1.2亿元（含各项工资费用），仅占11%。天津市西青区中北镇的财政分配比例是增值税75%上缴国家，余下的25%中，1/4上缴市财政，3/4由区、镇按“四、六”的比例分成，因此镇财政只留下11.25%。温州市经济强镇财政税收增收主体是增值税和所得税，但是绝大部分都归省市以上财政，分到镇里很少。2006年，乐清市乐成镇、乐清市柳市镇、苍南县龙港镇、苍南县灵溪镇、永嘉县瓯北镇的财政收入分别达到6.6亿元、10.9亿元、6.5亿元、4.5亿元和9.6亿元，合计为38.1亿元，而分成分别只有0.31亿元、0.45亿元、0.30亿元、0.29亿元和0.39亿元，合计仅为1.74亿元，仅占收入的4.56%。上级财政集中财力过大，基层财政增收分成少，

缺少激励机制，使得基层政府发展缺乏动力，更为重要的是限制了基层政府的公共服务能力。当大量事关流动人口日常生活的系列问题交由基层政府来处理，基层政府微薄的财政留成难以支撑庞大的公共服务支出，这样流动人口公共服务缺失和不足就有了制度性的根源。

（2）上级财政对基层政府转移支付少

以上分析可以看出基层政府自身可支配财力有限，致使基层政府难以全部承担治理辖区内广泛的社会公共事务，无法满足实际管理人口对医疗卫生、教育等公共服务的需求。当流动人口公共服务急迫的时候，上级财政的专项资金投入、体制补助等转移支付又不到位，成为基层政府公共服务能力不足的一个表现。比如：天津市津南区葛沽镇，上级财政对镇级支出很少，以“两免一补”为例，市财政支出 30%，区财政没有支出，镇财政需匹配 70%。

区县对中心镇下达的建设项目较多，虽然有专项资金补助，但其配套资金的压力给乡镇带来实际困难。市县里相应拨付的资金少，不足部分往往由镇政府承担。高额的资金缺口让镇政府压力很大，如果没有更好的收入渠道填补缺口，镇政府只能勉强维持“吃饭”，根本谈不上城镇建设和社会各项事业的发展，更不用说为外来人口提供平等的公共服务①（温州财政局，2008）。

此外，现有财政体制中没有规定流出地和流入地之间在外来人口公共服务支出方面的“收益共享，成本共担”机制。

（3）预算外收入对基层政府返还比例较低

发达地区小城镇的预算外收入主要靠土地出让金收入。随着可开发的地块越来越少，加之国家对土地控制越来越严，使得小城镇政府依靠土地出让金而获得的财政收入也不断减少。大岗镇 2003 年获得土地出让金收入 98.06 万元、2004 年土地出让金收入 148.53 万元，其他年度均没有收入。上级政府对土地出让金也有严格规定，返还比例也逐步下降。比如，温州市土地出让金返还比例由 1996 年的 93% 下降到 2006 年的 70%。据对苏州的调查证实：无论土地以多高的价格出售，征地补偿4 项

---

① 温州市财政局课题组：“温州市发达城镇财政运行状况分析”；中国财政学会城镇财政研究专业委员会编：《新农村建设与城镇财政转型》，经济科学出版社 2008 年版。

（包括土地、劳动力、青苗、附着物）合计，一般每亩在2.5万元左右，低的只1.2万元，最高约3.75万元；而征地报批手续费多达8项约4.5～5万元/亩；更多的土地增殖作为“经营城市”收益当然用于城市发展。土地增殖收益分配的大体格局是：农民为3%～8%；村集体为15%～25%；镇政府为5%～10%；县及县以上政府为20%～50%；各类城市房地产公司、开发区、外商投资公司为30%～50%（袁中金，2007）。

（4）社会管理事务多，可用财力不足

从基层政府财政要投入的管理事务，如：基础设施建设、城镇管理、森林防火、环境保护、计划生育等工作日渐增加，而财权并未随之发生变化，导致财权和事权的严重脱节。

第一是基础设施投入。由于20世纪80年代或者更早时期建成的基础设施，到目前都需要投入大量的资金翻修。随着经济建设和社会发展的需要，新的基础设施、公共产品同样需要资金来建设。面对每年交通道路、自来水、公共厕所、排水排污等方面大量的资金投入，乡镇政府财政捉襟见肘，难为无米之炊。

第二是城镇管理投入。温州市每个强镇每年的管理费用在不断增加。市政配套包括城镇绿化、污水处理、路灯维护等则需要投入更多的经费来建设和维护。仅保洁经费一项就高达上百万元，而镇里收取的卫生费却仅有几十万元，镇政府每年需要补助达几十万元。此外，由于温州市强镇外来人口较多，为了维护城镇治安，公共安全方面的投入也较大。例如灵溪镇每年需要投入300多万元社会治安综合治理经费。

同时，事权的增加使得管理事务不断增加，管理经费也不断增加。“上级出政策，下级配套资金”的支付模式，增加了小城镇政府负担。2007年大岗镇为各类政策性配套资金支出达到1000多万元，如：发展缓慢村补助123万元、农村税费改革补助92万元、计生补贴26万元、城乡合作医疗280万元、医院房改45万元、双百共建文明村150万元、社会主义新农村建设100万元、农村义务教育减免132万元、教师失业险150万元等等。这就是所谓的“中央‘请客’、地方‘埋单’”，这也影响到基层政府的实际公共服务能力，因为上级政府的决定并不一定完全适应各地实际情况。

第七章　流动人口居住方面的制度及其影响

安居才能乐业，解决好流动人口居住问题有利于改善流动人口在城市的生活质量，有利于解除以农民工为主体的流动人口的后顾之忧，也有利于社会和谐。解决好流动人口居住问题已经成为我国各个城市面临的挑战，也是我国城镇化健康发展的关键。

一、关于流动人口居住问题的宏观政策和存在问题

1. 当前涉及流动人口居住问题的宏观政策的主要内容

近年来，随着国家对流动人口问题重视程度的提高，一些涉及流动人口住房问题的政策逐渐出台。关于流动人口住房的相关政策主要包括以下几个方面。

（1）逐步将流动人口住房问题纳入城镇政府工作范畴

首先，住房公积金开始覆盖流动人口群体。2005 年 1 月，建设部、财政部、中国人民银行发布了《关于住房公积金管理若干具体问题的指导意见》，规定有条件的地方，城镇单位聘用进城务工人员，单位可缴存住房公积金。进城务工人员、城镇个体工商户和自由职业人员购买自住住房时，可按规定申请住房公积金贷款。同时规定，“有条件的地方，农民工可参加住房公积金制度，可提取住房公积金存款购建自用住房，也可为购买自用住房申请住房公积金贷款”。2007 年又提出，依法扩大公积金制度覆盖范围，逐步扩大到包括在城市中有固定工作的农民工在内的城镇各类就业群体。在一些地区包括农民工在内的流动人口已经可以享受住房公积金政策。

其次，保障性住房开始覆盖流动人口。2007 年建设部等 5 部委下发

了《关于改善农民工居住条件的指导意见》，文件要求“各地要将长期在城市就业与生活的农民工居住问题，纳入城市住房建设规划”。为此，不少省市提出规划保障房建设时，将农民工也纳入到其中，如辽宁省要求将农民工住房纳入城市住房建设规划，到2009年底，初步解决进城务工3年以上农民工的居住问题。

（2）开始关注流动人口居住安全和环境改善

近年来，党中央、国务院高度重视改善农民进城就业环境。2006年3月国务院发布了《关于解决农民工问题的若干意见》，要加强监管以保证农民工居住场所符合基本的卫生和安全条件。同时要求城市公共文化设施要向农民工开放，有条件的企业要设立农民工活动场所，开展多种形式的业余文化活动。各地党委、政府和工会组织认真贯彻中央有关精神，切实履行职责，探索、开展和维护农民工权益的工作取得了一定成效。对流动人口居住环境改善的要求也引起了各地的重视，如从2003年起，广州市用了3年时间，以整改消防和结构安全隐患为重点，对不符合出租条件的出租屋进行整改。在消防安全上，也提出了“线入槽、插有座、灯贴墙、屋有器、网有口、道要通、煮睡分”的21字整治标准。另外对建筑等特定职业的居住条件的改善要求受到了较多关注，比如黑龙江省2005年通过《建筑工程安全生产管理办法》规定，施工现场宿舍室内净高不得低于2.5米，每间居住人员不得超过20人，每人床铺面积不得少于2平方米，并且要求单人单床、通风良好。

2. 关于流动人口居住政策和管理中存在的问题

（1）流动人口很难享受保障性住房

从现有的保障性住房供应看，涉及对象主要是城镇户籍居民，中低收入的农民工家庭依然游离在政策之外。虽然要求将流动人口纳入到保障性住房的涵盖范围，但是在操作中流动人口一般被排除在保障性住房涵盖范围之外。比如，建设部等9部门联合发布的《廉租住房保障办法》中明确规定：廉租住房的保障对象为“城市低收入住房困难家庭”，并没有将流动人口纳入其中，更是将农村流动人口排除在外。在一些地方规定中更是以户籍作为享受保障性住房的一个根本条件，这样就把流动人口彻底排除在保障范围之外。例如，《北京市限价商品房管理办法》中明确规定，申请人须具有北京市户口。保障性住房基本还是政府解决城镇低收入家庭住房问题的一个主要途径，是户籍居民的一项基本福利，但大多数城镇流动人口还不能享受这项福利。

（2）住房政策与实际需求之间存在较大偏差

以住房公积金制度来说，建立涵盖流动人口的住房公积金固然对解决流动人口居住，促进城镇化健康发展非常有意义，但是对于以农民工为主体的流动人口来说，还不具备通过公积金方式解决居住问题的条件。另外，一些地方的规定更是让中低收入的流动人口阶层无所适从。比如《上海市居住房屋租赁管理实施办法》规定：租赁居住房屋承租的人均建筑面积不得低于10平方米，或人均使用面积不低于7平方米；其中向单位出租用作集体宿舍的，承租人的人均建筑面积不得低于6平方米，或人均使用面积不低于4平方米。

（3）流动人口居住问题的法规不健全，管理机构不明确

从国家现行政策、法律规制环境的缺失角度看，目前我国没有专门的、明确的流动人口住宅方面的法律、法规。虽然2006年3月发布的《国务院关于解决农民工问题的若干意见》中提到“多渠道改善农民工居住条件”等政策，然而，政策的规范性较弱，同时又缺乏法律的强制性保护，导致农民工的居住问题无法可依。迄今为止，中央政府只是在各相关文件政策中强调解决流动人口居住问题，尚未出台关于流动人口居住的专门政策或规定。在已经出台的有关流动人口居住问题的规定多散见于各类文件中，并没有专门的文件规定，在流动人口居住条件改善、住房建设等重要的公共服务方面，也没有专门的部门牵头进行统筹管理。

二、各地解决流动人口居住问题的主要做法、问题和启示

从我国流动人口的流向来看，流动人口集中在珠三角和长三角，这两个区域集中了我国跨省流动人口的近70%，在长三角和珠三角城市群内也为解决流动人口居住问题做了一些探索，并取得了一些经验，以下我们分别以广州和昆山的做法为例来介绍。

1. 广州出租屋模式

为了改善流动人口居住条件，做好流动人口的公共服务工作，广州

市以出租屋为突破口采取了一系列措施，并取得了较好的效果，以下以大岗镇为例介绍广州出租屋管理模式。

大岗镇流动人口居住形式包括出租屋、企业宿舍、工棚工地以及其他方式，2008 年 10 月流动人口居住形式所占比例分别为 76.53%、22.38%、0.78%、0.31%。出租屋为流动人口居住的主要方式，从流动人口各种居住方式的比重来看，居住在出租屋比重最高，而且有不断上升趋势。

表 7.1　2001～2008 年大岗镇流动人口居住形式和人口数量表　单位：人

居住形式	2001 年	2002 年	2003 年	2004 年	2005 年	2006 年	2007 年	2008 年
出租屋	30362	32716	27925	25360	19787	30789	29187	39338
企业宿舍	9686	9755	12606	14680	18583	10830	14307	11503
工棚工地	448	475	292	948	350	140	325	400
其他	203	216	918	247	156	257	367	160
合计	40699	43162	41741	41235	38876	42016	44186	51401

资料来源：由大岗镇出租屋流动人员管理服务中心提供（2008 年数据为 10 月份数据）。

（1）“以屋管人”出租屋管理的基本情况

①流动人口管理机构设置。番禺区的流动人口管理和服务设有专门机构，可以简单概括为“三级管理、四方联动”。“三级管理”即区、街（镇）、社区（村）都建立管理和服务机构。2001 年番禺区成立出租屋流动人员管理工作领导小组，建立联席会议制度，区流管工作领导小组成员单位有 56 个。同时设立出租屋流动人员管理工作领导小组办公室（副处级事业单位，以下简称流管办），挂靠在区政法委。“四方联动”是指在区、街（镇）、社区（村）服务办事机构，另外再加上企业的管理小组，这是根据番禺区 2005 年的规定“在雇用流动人员 30 人以上的企业要成立流动人员管理小组”。这样就形成了区流管办、街（镇）流管中心、社区（村）和企业服务管理小组四方共同管理的格局。

②流动人口管理机构主要职能。受国土房管、公安、计划生育、税务等职能部门的委托，流管部门具有以下职能。

第一，信息采集。信息采集主要包括两部分信息：一是对出租屋租赁登记进行备案，包括出租屋的房主、地址、面积、门牌等基本信息；二是流动人员的基本信息，包括流动暂住人员的个人年龄、户口所在地等基本信息及儿童和育龄妇女综合信息，同时包括流动人员的劳动就业信息、居住信息，将人口、就业信息和居住房屋结合在一起。镇（街）流管中心和流管工作站负责采集相关信息，房屋出租人在出租房屋时要告知承租人进行信息登记，在退租时到流管部门注销。并以“广州市流动人员信息系统”为依托，及时将相关信息传送给各职能部门，做到信息共享，齐抓共管。

第二，房屋安全管理。房屋安全管理是流管部门的一项重要职能。房屋安全主要指房屋的消防安全和结构安全，要求用于出租的房屋必须符合消防安全标准，同时在结构上不能是危险房屋。消防安全是房屋安全管理的重点，各级流管部门和出租屋管理员要定期按照番禺区对住宅出租屋“线入槽、插有座、灯贴墙、屋有器、网有口、道要通、煮睡分”的要求，以及国家消防标准对辖区内的出租屋进行巡查，掌握房屋的消防安全状况。另外还要对房屋的结构安全进行排查，消除房屋安全结构隐患，对于存在安全结构隐患的出租屋，要求其立即停止租赁，并联系房屋安全鉴定机构进行鉴定。

第三，计生管理。计划生育管理实行“属地制”管理模式，目前番禺流动人口中育龄妇女就有 53 万人，已经远远超过本地育龄妇女总量，因此做好计划生育工作也成为流动人口管理工作的重要内容。流管部门在办理暂住证时，坚持“一证先行，无证否办”制度，坚持首先查验计生证，把已婚育龄妇女信息采集作为出租屋管理员的重要内容。同时基层出租屋流管服务工作站整合社区（村）计生人员，番禺区共整合计生专业队人员 387 人。

第四，维护社会治安和流动人口管理。维护社会治安是通过出租屋对流动人口进行管理的出发点。经公安部门授权，办理 IC 卡暂住证，采集流动人员的基本信息，为治安防范提供信息支持。为了整合资源，维护社会治安，2007 年出租屋流管服务工作站的成立后共整合社区（村）治安队员 1802 人，加强了出租屋管理与社会治安管理的结合。同时要求定期对辖区出租屋进行安全巡查，以便及时发现社会治安隐患，及时通报公安部门。自大岗镇流管服务中心成立以来，已经为公安部门提供信息 3000 多条。另外大岗镇流管部门为加强社会治安，还摸查辖区内流动人员信息，对无业人员建立档案，并免费为他们提供职业介绍服务，对经3次介绍仍不愿就业的流动人员，列为重点管理对象。

（2）以出租屋管理为中心的农民工公共服务

随着国家对农民工的重视和地方各级政府对农民工认识的转变，最初希望通过出租屋对农民工进行管理的思路也在逐渐向为农民工提供服务转变，政府依托出租屋管理对农民工的服务在逐渐加强。

①提供安全的住房。政府通过对出租屋的管理，加大了对房屋的消防和结构安全巡查及整治力度，消除了过去对居住场所的忽视而带来的一些潜在隐患，避免了由于住房不安全给农民工带来的不必要伤害。近年来番禺全区出租屋内没有发生一起因住房消防和结构造成的伤亡事件，确保了农民工的居住安全。番禺区60%以上、大岗镇90%以上的农民工居住在农民利用集体建设用地建造的出租屋内，在大岗镇一套30平方米具有独立卫生间和厨房的出租屋月租金为300元，能够容纳一个农民工家庭居住，也是其所能够承担得起的。

②为农民工提供安全的社会环境。政府通过加大对出租屋的管理，切实改善了社会治安环境，为农民工工作和就业提供了一个安宁的环境，确保农民工人身和财产安全。2008年1~5月份，番禺区共组织联合检查行动18次，检查出租屋5240套，抓获犯罪嫌疑人374人，破获刑事案件10宗、治安案件70宗，为农民工创造了一个良好的居住环境。全区出租屋内案件在以往三年同比下降的基础上持续大幅下降，出租屋的治安形势明显好转。同期，番禺区出租屋内刑事发案率、治安发案率同比分别下降26.79%和29.02%。

③计生和儿童免疫服务。在流管部门提供人口有关信息的基础上，农民工可以享受到和本地居民相同的计生服务。在农民工计生服务经费方面，番禺区以“流动人员免费享受的基本技术服务经费实际用多少，区财政解决多少”为原则，免费为农民工举办女性生殖健康知识讲座，落实流动人口办理《婚育证明》、查环查孕、在区计划生育技术服务机构施行避孕节育措施的手术费及术前常规检查费实行免收费的优惠措施。在儿童免疫接种方面，对农民工子女同样实行了免费第一类疫苗接种制度。

2. 苏南集中居住模式

长三角经济的快速发展，使得流动人口流入增多。根据当地经济社会发展的特点，当地通过集中居住的方式来解决流动人口居住问题，这种做法也具有一定的典型意义，以下我们以昆山为例进行介绍。

（1）居住点建设主体

流动人口集中居住点的建设主体有三种主要形式：一是使用外来人口较多的企业建造集体宿舍，实行公寓式集中管理；二是政府投入建造了一批规模化、标准化的外来人口集居点，这类居住点类似城市中的居民小区，在这些小区宿舍里面一般会有电视机、卫生间，也有一些条件比较好的公寓类型的宿舍供收入较高的外来人口租住；三是农村集体利用集体土地建设的外来人口集居点。在流动人口集居点，大多配有食堂、商店、球场、图书馆等基本设施，一般具有比较完善的管理制度，有的还针对流动人口设立了维权机构和服务场所。

（2）具体做法

为了做好外来人口居住工作，2002 年昆山市政府颁布了《昆山市外来人口‘集居工程’实施意见》，并且在 2003 年纳入政府实事工程之一，2004 年为进一步加强全市外来从业人员的居住管理，规范推进打工楼建设，昆山市委颁布了《关于进一步规范打工楼项目用地管理意见》。市外管办在加强外来人员集中居住点的建设过程中，积极探索市场经济新形势下集居地建设和运作模式，形成了“三三制”。三种形式：企业内部校园式、社会面上旅馆式、建筑工地营房式；三个档次：高档次公寓型、中档次宿舍型、低档次住户型。市外管办对已投入使用的各类外来人员集居地制定了 6 章 35 条的内部管理规定，不断规范外来人员集中居住点建设和建成后的日常管理。到 2006 年昆山全市共有外来人员集宿点 65 个，建筑面积 84.47 万平方米；集中居住 43.73 万人，集宿率达 70.60%。

（3）集居式的作用

①为外来人口提供廉价住房，方便外来人口居住。集中居住方式并不会提高外来人口的居住成本，比如根据对昆山的调查，一间 35 平方米的宿舍住 8 个人，每个人房屋的月租是 80 元，这个价格是外来人口可以

承担得起的。另外，集中居住点为外来人口居住提供了极大方便，减少了农民工自己去找住宿的麻烦；更为重要的是保障了外来人口的居住安全问题，在子女教育等方面公共服务也有所保障。

②方便用工单位的管理。外来人口的集中居住对于用工企业来说，最为重要的是保障了企业用工，许多企业为了保障用工的稳定性，每年春节派车送员工回家过年，方便了农民工，企业也不担心农民工流失了。许多企业老板形容为“建了民工楼，招工不用愁”。另外，集居式模式有利于企业日常管理，比如对于一些实行“倒班”制的劳动密集企业，方便员工的上下班倒班。

③便于政府服务和管理。外来人口的增多同时也带来了违章搭建、无序租房、乱扔垃圾、随处大小便等不良现象。另外，社会治安案件的增多也成为困扰流入地城镇政府的一个主要问题。通过外来人口集中居住的方式，便于城镇政府进行集中管理，可以在一定程度上缓解外来人口增多给城市管理带来的系列问题，推动文明城镇建设。

3. 案例分析和启示

（1）存在主要问题

随着对流动人口重视程度的提高，各地也出台了相关措施来关注流动人口的居住问题，有关事实也说明各地流动人口在获得安全的住房、社会治安、居住环境和计生等方面的服务都有所改善。但对广州、昆山等地基本情况的调查发现，在流动人口的住房问题上还存在政府认识不够、居住生活环境差等问题，也还存在一些政策障碍阻碍着流动人口住房问题的改善。

①政府的重视和认识程度还不够。从广州和昆山的案例来看，政府对改善流动人口居住问题做了一些工作，但这些工作更多是从本地人利益角度出发，或者是从方便政府管理角度进行考虑，比如加强治安防范、提供计生服务等，这都是上级政府对基层城镇政府考核的重要方面。很多也是临时性、应急性措施，特别是切实解决流动人口居住问题的长期性、制度化措施并不多。对流动人口更多的是使其作为管理对象，而不是服务对象，流动人口的住房问题也没有纳入到政府的议事日程中来。一些城镇政府认为流动人口在农村有宅基地，在家乡有住房，大部分流

动人口可能都要回到他们的家乡，所以流入地政府没有必要解决流动人口的住房问题。再就是一些城镇政府过多地强调地方财力紧张等方面内容，事实上对流动人口居住问题的改善并不一定需要政府过多的财政投入，更为关键的是要转变对流动人口住房服务的认识，提高对流动人口居住问题的重视程度，制定相应扶持政策，发挥财政资金的引导作用。

②当前流动人口居住模式不利于其融入当地社会。中国城镇化是流动的城镇化，也有专家称之为“准城镇化”，流动的一个重要原因在于流动人口难以融入流入地社会。从对上面两个案例的分析我们可以得出，当前流动人口的居住模式阻碍流动人口融入当地社会，这体现在两个方面。一是居住是以个人为单位而不是以家庭为单位。这主要是居住在工厂集体宿舍方式流动人口，这种方式使得流动人口不能和自己的配偶及子女一起居住，以致农民工的家庭生活处于绝对被剥夺状态。这种方式对未婚人口来说是可以接受的，但是对已婚的流动人口来说，寻求以家庭为单位的生活方式是其最终的需求，如果在流入地不能够提供这样的机会，那么他们最终的选择可能就是回到家乡。二是居住空间的分割，在流入地本地人和外地人之间形成了鲜明的“二元社会”。流动人口不但在居住空间上和本地人是分割的，在消费和活动场所上与本地人也是分割的。比如，我们在苏南某市调研中遇到，本地人购买日用品、蔬菜、粮食等物品以及就医的场所和流动人口在空间上都是分开的。这种空间上的分割使得流动人口和本地人口在日常生活交往中也处于分割状态，这显然不利于人口的社会融合。

③流动人口居住环境差，基础设施不完善。虽然对流动人口居住环境关注较多，但是从这两个案例的分析我们不难发现，当前在流动人口居住环境方面还存在以下两方面问题。一是流动人口居住环境差。除广东一些城市外，在城乡结合部外来人口居住房屋很多是危房，不符合安全标准；厨房和卧室不能分开，存在安全隐患；房间内没有厕所，生活极不方便；重庆市的调查显示，61%的住房不附带卫生间，57%的住房不附带厨房。垃圾不能随时清运，街道脏乱不堪。流动人口的人均居住面积和城镇居民相差较大，比如我们对广州番禺区大岗镇的调查推算，流动人口人均居住面积不足7m^2，而目前我国城镇居民的人均住房面积已

经达到28m^2。国家统计局的抽样调查显示，20%的农民工最希望政府在住房方面给予帮助，住房问题已成为农民工当下最为关注的问题之一。二是流动人口集聚区基础设施供给严重不足。由于流动人口大多居住在城乡结合部或者是“城中村”，但是在当前我国城市建设的模式下，城市基础设施一般不向集体土地延伸，在城乡结合部一些外来人口集聚区，供水系统一般与大市政不对接，明沟排水，道路狭窄不平，夜晚缺乏公共照明设施。在公共服务方面，公办学校为农民工子女提供学位有限，打工子弟学校办学条件欠缺，医疗卫生机构和文娱活动中心等社会服务网点布局严重不足。

④流动人口居住条件改善存在着政策障碍。当前对流动人口居住改善的政策障碍主要有两个方面。一是土地制度的障碍。无论是昆山案例中的集居式还是广州的出租屋，很多是在集体土地上兴建起来的，根据我国土地法律规定，集体土地不能用于房屋开发和经营。另外，是由企业在工业用地上建设员工宿舍，同样受到工业用地不能用于房地产经营和开发的法律限制。也就是说以上案例中研究的流动人口居住模式违背当前我国的土地法律。二是城镇规划体制的限制。以广州市出租屋发展为例，广州农民出租房的发展是在改革开放初期，当时政府的主要精力还在抓工业发展，对城市建设关注并不多，随着外来人口的增多，农民利用自己的宅基地建造了一些住房用于出租。随着经济实力的不断增强，政府开始注重城镇面貌，想通过拆迁改造的方式来改善城镇面貌，因此为了降低城镇扩张和改造成本，对农民建房和房屋改造的控制力度在不断的加大。我们对广州番禺区大岗镇的调查发现，农民要对自己的宅基地进行翻新受到了严格的限制，除非经过有关部门鉴定为危房的房屋可以进行翻新，否则城区内的农民住房一律不得翻新改造。这样就限制了流动人口居住条件的改善，不能满足流动人口居住需求。现在大岗镇空置的出租房大约40%，这些空置部分房屋一般是一些老式住房，基础条件较差，而近年新建基础条件较好的出租屋却存在供不应求现象。

（2）两点启示

虽然在流动人口居住改善方面还存在着一些问题亟须解决，但是从以上案例分析中，我们可以找出一些值得我们下一步解决流动人口居住问题借鉴的经验。

①流动人口居住问题的改善要充分利用社会力量，多渠道解决。无论是广州的出租屋模式还是苏南的集居模式，其兴起和发展都是充分利用了社会力量。在广州，出租屋的兴建主要是农民利用现有的宅基地，在其上投资加盖了各类出租屋；政府在其中只是发挥管理和引导作用，并不是投资的主体。苏南流动人口集居小区的建造和经营引入了市场化的运作机制，先由政府统一规划，布局考虑到城市总体规划、用工的企业地点和流动人口的劳动、生活方便等因素。投资时多为社会资本、民间资本，如有的是由农民入股组成的富民合作社投资的，有的是村集体投资的，也有企业投资。比如，无锡市东港镇有 2.5 万农民工，其中 7500 人居住在村委会建的居住社区，占 30%；8500 人住在企业建的安居楼，占 33%①。充分利用社会力量多渠道解决，是解决当前流动人口居住问题的一个关键所在。未来随着我国城镇化进程的推进，流动人口特别是农村流向城镇的人口会不断增多，当前的经验是未来解决流动人口居住问题的依据，也就是要发挥多元化市场资金的力量，政府不能大包大揽，要注意调动社会各方面的力量，多方面解决。

②流动人口居住方式的解决与发展模式密切相关。珠三角和长三角是当前我国流动人口最为集中的两个区域，但是他们在解决流动人口居住方面也存在着一些差异，从两个案例可以看出，在珠三角的广州以出租屋模式为主，而在长三角的苏南，流动人口集居点占到了很高的比重。在出台 2006 年《国务院关于解决农民工问题的若干意见》的背景资料中，已将苏南的集居点作为一种基本模式进行介绍。那么为什么同是流动人口大量集聚的区域，在解决居住问题上会存在着显著的区别呢？

一是发展的基础不同。苏南的发展依赖于乡镇企业，到 20 世纪 90 年代以后逐渐被私营、民营和三资企业所替代；而“珠江模式”的发展是靠“三来一补”带动发展起来的，“三来一补”模式发展最初的特征就是企业规模小，而且比较分散。因此在解决流动人口居住问题上也有所差异。“三来一补”企业的迅速发展也吸引了大量劳动力向珠三角的流动，

① 郭玮：“各地解决农民工居住问题的做法和建议”，载于国务院研究室课题组：《中国农民工调研报告》，中国言实出版社 2006 年版，第 282 ~ 286 页。

分散的企业也带来了流动人口的分散，开始只能通过分散在村落里的出租屋来解决流动人口的居住问题，后来虽然工业区也有所发展，但是分散解决的趋势已经很难改变。而在苏南，最初乡镇企业的发展主要是解决当地农民就业问题，是典型的“离土不离乡”，在后来随着各类工业区发展带来引进三资企业和民营企业进驻的增多，这才带来流动人口的大幅度增多，企业集中、用工稳定也要求流动人口的集中居住。

二是政府主导力量不同。“苏南模式”在20世纪90年代中期以前，企业特征主要表现为：劳动密集，规模小，就地发展，隶属社区政府；而在90年代中期以后，企业特征主要表现为：资金、技术密集化，规模扩大、集团化，向工业区集中，与社区政府脱钩。“珠江模式”在20世纪90年代中期以前，企业特征主要表现为：劳动密集，规模小，布局分散，相互联系少，与地方关系疏松；而在90年代中期以后，企业特征主要表现为：技术含量增加，规模扩大。通过两种模式的企业发展情况来看，苏南模式的经济发展是以政府为主导、经历了从分散向集中的发展过程，相应形成了“苏南模式”的流动人口以集中管理为主要居住特点，而“珠江模式”的经济发展以分散为主的特点仍然比较突出，这与“珠江模式”流动人口以分散管理为主要特点相对应。

三是经济社会条件不同。这主要表现为两个方面。一是流动人口总量不同。据2009年3月份最新数据显示，江苏省流动人口总数为900万人，其中跨省流动405万人，而广东流动人口总数为2600万人，其中跨省流动1900万人。目前来看，广东省吸纳跨省流动人口的总量仍然超过长三角的总量，解决数量如此之巨的流动人口的难度要更大一些。二是流动人口的工资水平有所差异。据有关调查显示，珠三角流动人口的平均工资水平要低于长三角，因此流动人口对居住条件的要求也有所不同。

三、流动人口居住现状和未来的政策取向

目前流动人口的住房问题已引起普遍的关注，但从流动人口的居住现状来看，流动人口居住以租赁住房为主。据建设部门估计，租房比例约占60%，用人单位提供住宿条件的占30%，自购房的不足5%，以投

亲靠友及其他方式解决住房的占5%。重庆2007年的一项调查显示，进城务工的经商农民，租房居住占67.3%。2008年我们对广州市番禺区大岗镇的调查显示，租赁出租屋的方式占到流动人口比重的76.53%。从流动人口居住区域来看，流动人口居住集中在城乡结合部及“城中村”。根据对北京和上海的调查，居住在城乡结合部的农民工分别占48%和51%。大量流动人口在城乡结合部的居住，也形成了一些外来务工人员集中居住的社区，像北京的“新疆村”、“浙江村”等。

1. 解决流动人口居住问题的途径选择

改善居住条件最重要的是改善住房条件，住房有三种解决途径：一是购买商品房；二是政府保障性住房；三是租赁各类住房。流动人口住房问题也要通过以上三种模式来解决。有关部门的调查数据显示，目前主要依靠出租屋来解决进城农民工的居住问题。以下我们主要分析上述三种途径在解决农民工居住问题的可能性，找出未来解决流动人口居住问题的主要方式。

（1）农民工收入水平不足以支撑购买商品房

2007年农民工的月平均工资为1060元，商品房的平均销售价格为3645元/平方米，也就是说农民工3个月的工资还买不到1平方米商品房，如果扣除农民工消费，实际收入水平会更低。按照2007年的价格和工资水平，对一个拥有两个劳动力的农民工三口之家来说，如果按照农村的消费水平来扣除消费支出后，年纯收入是15768元，那么要购买一套60平方米住房需要14年。但是，城市的消费支出要远高于农村的消费支出，2007年城镇人均消费支出是农村居民人均消费支出的3.1倍。农民工在城市的消费支出也要远高于在农村的消费支出。根据国家统计局2006年的调查，农民工每年的消费支出是农村居民的1.96倍。按照这一比例来计算的话，以上农民工家庭年纯收入将仅为6445元，购买一套60平方米的住房就需要34年。对大多数农民工来说，现有的就业和收入状况不足以支撑他们购买商品房。

从长远来看，农民工的工资水平会不断提高，但在当前阶段，提高农民工工资水平并不现实。首先，农民工整体素质水平还不高。据统计局的调查，农民工以初中文化程度为主，占52.04%，高中及以上文化程度占32.56%。城镇人口的受教育程度要显著高于农民工受教育程度，2007年城镇人口中，高中及以上文化程度占43.84%。发达国家用了上百年的时间来完成其城镇化过程，提高人口的文化素质是其重要的内容，我国很难一蹴而就。其次，要通过行政手段提高农民工的工资水平不符合中国发展比较优势。已有研究证明，中国制造业竞争优势的一个重要因素在于劳动力成本的低廉，低廉的劳动力成本支撑了我国经济的快速增长，特别是中国制造业的国际竞争优势。农民工工资水平是市场决定的，农民工工资提升空间不大。政府所要做的是避免农民工权益受到损害，保障农民工的合法权益，通过国民收入的二次分配来保障低收入阶层。

（2）保障性住房解决农民工住房问题的空间不大

当前我国城镇保障性住房建设压力较大。据初步统计，目前全国城镇人均住房建筑面积低于10平方米的低收入家庭即需要租住廉租房的家庭有约1000万户，占城镇家庭总户数的5.5%。按照国家相关文件规定，这部分居民的住房要完全纳入政府保障范围。但截至2007年10月底，累计只解决了68.1万户，完成的比例不足7%①，下一步建设压力仍然巨大。从经济适用房来看，近年来经济适用房的建设比例在不断下降，2007年经济适用房销售面积仅占商品房销售面积的5%，比2000年下降了大约17个百分点。从需求总量来看，需求要远远大于供给。以经济适用房建设量最大的北京为例，2006年定向供应的经济适用房为1万多套，但符合条件的家庭有5万多户，其余还有8万多户符合经济适用房申请条件的家庭正在轮候②。有关研究提出，我国城镇住房的保障面应该扩大到30%左右。当前保障性住房的覆盖水平与目标之间存在较大差距，这表明我国提供保障性住房的实力和条件有限。以廉租房为例，2008年国务院常务会议提出2009~2011年增加200多万套廉租房，这大约可以解决20%目标群体的住房问题。如果户均达到45平方米，每年需要建设的面积大约为3300万平方米，按2007年当年价格计算，建设成本约为547亿元，仅此一项就要超过2007年财政支出的1%，这还没包括土地征用成本。

2007年我国进城农民工达1.4亿人，他们在统计上已经列为城镇人

① 唐敏："中等收入者住房的'帮助'图景"，《瞭望》，2008年第4期。

② "北京现有经适房房源一万多套，8万多户轮候申请"，《新京报》，2006年6月2日。

口，但他们基本上不在政府的保障性住房覆盖范围之内，政府的保障性住房主要针对的是本地户籍居民，流动人口一般被排除在外。事实上，虽然农民工在城镇的居住条件较差，但2007年农民工月平均收入要比城镇最低收入户（占10%）高115.13元，作为一个群体并不在廉租房覆盖的城镇5%最低收入家庭范畴之内。现在政府有关文件中已经提出要将农民工纳入政府的保障性住房范畴之内。如果将农民工完全纳入保障性住房的覆盖范畴，对政府的财政将是一项严峻的考验。就当前来说，仅城镇居民的保障性住房问题就已经成为城镇政府工作的一个沉重包袱。

如果要将农民工住房问题完全纳入城镇保障性住房覆盖范围，还必须要考虑建设用地问题。在目前政策框架下，保障性住房只能是通过国有用地解决。这有两种途径可以选择：一是盘活现有国有用地；二是征用农村集体土地。从实际操作来看，盘活现有建设用地的方式或者是征用现有集体建设用地方式成本太高，基本不可行。比如对广州的测算，仅市区范围内的40个城中村，改造成本就要超过三峡移民工程。占用耕地几乎是保障性住房用地的唯一途径。初步测算，仅解决城镇1000万户低收入家庭的廉租房建设占地大约需要60万亩左右，如果将相关配套设施加上，占地规模会更大。再将经济适用房包括在内，那么占地会大幅度增加。目前我国进城农民有1.6亿人，预计到2020年会超过3亿人，通过商品房和保障性住房方式解决其中30%，就要近1亿人，对土地的需求量之大，需要我们反思其可行性。

完全通过政府或者是市场化的商品房方式来解决进城农民的住房问题难度很大，因为无论是从对流动人口的经济承受能力，还是对政府的财政压力，以及我国可持续发展的角度来看，以上两种方式都很难成为解决我国进城农民工住房问题的主要途径。事实上，从发达国家解决城镇低收入人口住房问题的基本经验来看，既不是完全市场化的方式，也不是完全依靠政府，而是需要发挥多渠道的力量。

（3）出租屋是解决进城农民工居住问题的一种有效方式

要解决流动人口的住房问题，必须要立足于中国基本国情。从目前看，出租屋是解决进城农民工居住的主要方式，这种方式有以下三点好处。

一是出租屋的存在为进城农民工提供了低廉的住房。出租屋房租一般比较低廉，在一些中小城市月租仅几十元，即使是在一些大城市租金也不过百元。以广州市番禺区为例，围院小区式出租屋租金一般是300～350元/月（30～50平方米），本地居民改造的散居公寓式套间租金一般是150～250元/月（20～30平方米），企业员工宿舍租金一般是50～100元/月（20平方米住4人），租金在农民工平均月工资的3%～25%之间，还是可以承受的。低廉的住房成本也降低了劳动力使用成本，成为中国制造业发展的优势。

二是出租屋的存在提高了现有集体建设用地的利用效率。出租屋主要是农民在现有宅基地基础上建造，也有部分是集体经济组织或者个人利用闲置集体建设用地改造。这种方式主要特点是充分盘活存量建设用地，不新占用耕地。当然这种方式也存在一些问题，比如在视觉上与城市主城区的不协调等。存在这些问题主要是当地农民对未来缺乏稳定的预期，他们预期随着城市空间的延伸，这些土地也会被城市政府征用；因此为了能在征用时获得更多的补偿款，农民就使用廉价材料建造了一些临时性建筑，降低了建设质量和视觉效果，但这些临时建筑为农民工提供了廉价的住房。如果农民对未来有稳定的预期，他们也会注重建筑质量和视觉效果。

三是本地农民可以通过出租屋获得财产性收入。让农民获得财产性收入是近年来中央文件促进农民收入增长的一项主要手段，但相关具体措施还不多。城市发展提高了土地的级差地租，但农民只能获得其中很少一部分。通过农民建造出租屋方式，可以使本地农民主动获得城市发展带来收益，使农民获得一笔稳定的租金收入，成为农民的财产性收入。我们在广州的调研也发现，有房出租的农户一般每月可以稳定获得几百到几千元的租金收入。农民出租屋方式是让农民获得财产性收入的一项有效探索。

出租屋方式对农民工来说，可以提供廉价住房；对本地农民来说，可以获得财产性收入；对政府来说，可以减轻财政压力；对中国长远的发展来说，只要控制得当，并不会新增占用耕地，确保18亿亩耕地红线。因此，只要政府控制得当，农民出租屋是一种一举多得的方式。

2. 改善流动人口居住条件的政策建议

出租屋是当前解决流动人口居住的主要途径，未来也将为解决农民工居住承担重要责任。要改善进城农民工的居住必须从改善出租屋入手，加大对农民工集聚区基本设施和公共服务设施的投入。具体政策建议如下。

①政府要转变对进城农民工居住问题的认识。首先，要肯定农民出租屋对解决流动人口居住问题的重要作用。要把出租屋作为解决农民工住房的主体来看待，为出租屋发展提供必要的政策空间。从世界城市发展历史来看，城市的发展要经历了一个低成本发展过程，来实现城市人口的集聚。出租屋的存在为我国城市低成本发展提供了空间载体，政府要充分肯定出租屋的作用，改变“拆迁改造”、“限制出租屋发展”等传统政策模式，把出租屋纳入到城市住房供给规划中。其次，政府要切实重视农民工住房问题。要把解决农民工住房问题放在城镇发展的高度来认识，增加公共财政对农民工居住条件改善的投入。重视农民工的居住工作，关键是要引导市场力量，发挥民间力量在改善流动人口居住方面的作用，通过多元化渠道来解决。

②允许本地农民按统一规划和标准在自家宅基地上自建出租屋，并做好相关服务。城市政府为了低成本的空间拓展，往往片面地限制城区和近郊区农民利用自有宅基地的建设行为，这只会降低建筑的档次，带来农民工居住条件的恶劣。首先，政府要允许当地农民在不改变户口关系，不改变土地产权关系，不新增占用耕地的前提下，按政府统一规划要求在自己的宅基地上建设出租屋。并允许其将出租屋用于出租或者相关服务业的经营。对于在城市有稳定住所、稳定收入来源的业主可以允许其出售。其次，要为农民工贷款购房或改善居住条件提供信贷服务，切实解决好农民住房改善中的金融服务问题。

③做好流动人口集居区公共服务工作，引导进城农民工居住条件改善。首先，要做好基础设施建设。在流动人口集居的城乡结合部和“城中村”，政府可以尝试在不改变产权关系前提下，加大对上下水、供电、供气、供暖、道路、污水处理、垃圾处理、通信、网络等基础设施建设的投入力度，通过基础设施建设来引导和带动流动人口居住改善工程的

实施，改善流动人口居住的基本条件，提高生活质量。做好流动人口集聚区与主城区道路联络线建设。其次，要改善公共服务网点布局。政府要在流动人口集居区做好相关社会公共服务网点的布局，加大对文化、教育、医疗卫生等公共服务网点体系建设的投入，完善社会服务网点，确保流动人口病有所医，解决好流动人口子女上学问题，为流动人口提供必要的娱乐文化休闲场所等。

第八章　流动人口子女教育及其对流动人口影响

一、关于流动人口子女教育问题的宏观政策和存在问题

随着中国市场经济体制建立的深入，人口流动规模继续扩大，并且出现了新的特点：流动人口数量持续增加，流动形态家庭化，在流入地的停留时间比以往大大增加，跨省人口流动规模扩大。随着城市化速度的加快、流动人口数量的增多和范围的扩大，人口流动已成为一个全国的普遍性问题，流动人口子女主要包括两部分群体，即留守儿童和农民工随迁子女。无疑，输入地能否为外来务工者的子女提供义务教育的机会，是影响劳动力流动稳定性的一个重要因素。

1. 当前涉及流动人口子女教育问题的宏观政策的主要内容

关于流动人口子女教育政策大致分为三个阶段。

第一个阶段：政策产生阶段。其时间跨度大致为1996～2000年，关键节点为《流动儿童少年就学暂行办法》。1996年原国家教委制定印发了《城镇流动人口中适龄儿童少年就学办法（试行）》供各地在工作中参考，该办法就有关流动人口子女的就学、办学、收费、管理等问题做了原则性的规定，并选取北京丰台区、天津河北区、深圳市、义乌市等六个城区进行解决流动人口子女教育问题的试点工作。在该办法试行两年的基础上，1998年，原国家教委、公安部又联合发布了《流动儿童少年就学暂行办法》，明确提出“流入地人民政府应为流动儿童少年创造条件，提供接受义务教育的机会。流入地教育行政部门应具体承担流动儿童少年接受义务教育的管理职责”。并规定了流动儿童少年的就学形式，以在流入地全日制公办中小学借读为主，也可入民办学校、专门招收流动儿童

少年的全日制民办中小学附属教学班（组）或者简易学校就读。

第二个阶段：政策发展阶段。体制改革的不断深化推动流动人口子女教育政策的发展，其时间跨度大致为 2001 ~ 2003 年，关键节点为《关于基础教育改革与发展的决定》。2001 年，国务院颁布《关于基础教育改革与发展的决定》，其中有关推进农村义务教育持续健康发展条款中提出“要重视解决流动儿童少年接受义务教育问题，以流入地政府管理为主，以全日制公办中小学为主，采取多种形式，依法保障流动儿童少年接受义务教育的权利”，明确了“两为主”的解决方针。2003 年 1 月 15 日，国务院办公厅《关于做好农民进城务工就业管理和服务工作的通知》第六条规定：流入地政府应采取多种形式，接收农民工子女在当地的全日制公办中小学入学，在入学条件等方面与当地学生一视同仁。加强对社会力量兴办的农民工子女简易学校的扶持，将其纳入当地教育发展规划和体系，统一管理。2003 年 9 月 13 日，教育部、公安部、发展改革委员会、财政部、劳动保障部联合颁布《关于进一步做好进城务工就业农民子女义务教育工作的意见》，意见把占流动儿童少年的绝大多数、处于弱势地位的“进城务工就业农民子女”，从“流动儿童少年”群体中单独提出，突出强调，这是首次直接把政策焦点对准农民工子女。提出要加强对以接收进城务工就业农民子女为主的社会力量所办学校的扶持和管理，流入地政府财政部门要对接收进城务工就业农民子女较多的学校给予补助。城市教育费附加中要安排一部分经费，用于进城务工就业农民子女义务教育工作。2003 年 9 月 19 日，全国农村教育工作会议在北京召开。温家宝总理出席会议并发表讲话。他强调，保证进城务工农民的子女有书读、有学上。温家宝总理还曾在 2003 年 9 月 9 日去了以招收流动人口子女为主的北京石景山区玉泉路小学看望师生，在黑板上写下“同在蓝天下，共同成长进步”的题词，表达了中央、国务院对流动人口子女的关怀。2003 年 9 月 30 日经国务院同意，国务院办公厅转发教育部、中央编办、公安部、发展改革委员会、财政部、劳动保障部《关于进一步做好进城务工就业农民子女义务教育工作的意见》：“进城务工就业农民流入地政府（以下简称流入地政府）负责进城务工就业农民子女接受义务教育工作，以全日制公办中小学为主。地方各级政府特别是教育行政部门和全日制公办中小学要建立完善的保障进城务工就业农民子女接受义务教育的工作制度和机制，使进城务工就业农民子女受教育环境得到明显改善，九年义务教育普及程度达到当地水平。”

第三个阶段：政策趋于完善阶段。和谐社会发展主题下的流动人口子女教育政策趋于完善，其时间跨度大致为2004年至今，关键节点是新修订的《义务教育法》。2004年中央一号文件第十款指出：城市政府要切实把对进城农民工的职业培训、子女教育、劳动保障及其他服务和管理经费，纳入正常的财政预算，已经落实的要完善政策，没有落实的要加快落实。及时兑现进城就业农民工资、改善劳动条件、解决子女入学等问题。2006年3月27日公布的《国务院关于解决农民工问题的若干意见》中的第二十一条：“保障农民工子女平等接受义务教育。输入地政府要承担起农民工同住子女义务教育的责任，将农民工子女义务教育纳入当地教育发展规划，列入教育经费预算，以全日制公办中小学为主接收农民工子女入学，并按照实际在校人数拨付学校公用经费”。2006年西部农村首先实施义务教育经费保障机制改革，西部贫困学生先享受“两免一补”政策；2007年春天，“两免一补”惠及全国农村；2008年16个省区市和5个计划单列市进行免除城市义务教育学杂费试点。2008年7月30日，温家宝主持召开的国务院常务会议上，决定从2008年秋季学期开始，在全国范围内全部免除城市义务教育阶段学生学杂费，并提出“切实解决好进城务工人员随迁子女就学问题。进城务工人员随迁子女接受义务教育以流入地为主、公办学校为主解决；对符合当地政府规定接收条件的随迁子女，要统筹安排在就近的公办学校就读，免除学杂费，不收借读费。”

2. 关于流动人口子女教育政策和管理中存在的问题

（1）户籍制度的限制和教育体制改革的滞后

我国义务教育实行“在国务院领导下，地方负责，分级管理，以县为主”的体制，具有明显的“以户籍为准”的属地性质，即义务教育主要由户口所在地地方政府承担，而流动人口子女具有明显的“人户分离”特征，所以无法享受由流入地政府财政所负担的教育经费，因此要交纳一定的借读费或赞助费才有资格入学。尽管各省市采取了相应措施，但流动人口子女入学仍然障碍重重。

一方面，公立学校积极性不高。《关于进一步作好进城务工就业农民子女教育工作的意见》第四条规定：充分发挥全日制公立中小学的接收主渠道作用。全日制公办中小学要充分发挥潜力，尽可能多地接收进城务工就业农民子女就学。但是由于长期以来的地区偏见（即认为流动人口子女学习普遍较差）和学校教育资源的紧张等主客观因素影响，公办学校对于招收流动人口子女的积极性并不高。

另一方面，流动人口子弟学校夹缝中求生存。流动人口子弟学校大都办学条件简陋，师资力量薄弱，按城市的标准来衡量，确实多数都不合格。但是这些学校却很受流动人口的欢迎，主要是因为他们收费低廉适合低收入家庭，而且还照顾到农村流动人口的实际困难，比如可以自由入学退学而不需要任何手续；都是外来孩子，在一起不会受歧视等。在实际管理中，教育管理部门认为未经教育行政部门审核、批准、注册或备案，私设学校，擅自招生，扰乱了正常的教育秩序，倾向于关闭这类学校。因此，流动人口子弟学校处境维艰。

（2）流动人口子女教育教育公平仍旧是当前主要问题

首先是教育起点不公平，大量流动人口子女无法享受流入地教育资源。从流动儿童就读学校的类型看，流动人口子女往往很难进入正规学校，只能在外来人口自办的打工者子弟学校接受教育。另外一个方面，国家出台的一系列的政策和措施以及地方政府的一些政策措施逐渐保证了流动人口子女接受教育的起点平等，流动人口子女教育政策对教育过程公平和社会教育关注不够。公立学校对借读生的考试成绩不计入教师的教学考评中，借读生学好学坏都与教师的教学业绩和利益不相关，因此有些教师缺乏教学激励，对其学习管理不足。由于借读生户籍不在本地，参加诸如学科竞赛之类活动都顶着当地学生的姓名，得了奖也归当地学生。现行制度下，学生受教育后的考核评定仍是以户籍所在地为基准。

（3）流动人口子女教育政策忽视初中后教育管理

伴随流动人口家庭式迁移的增长，“二代移民”逐渐形成，这一特殊群体对城市生活持有很高的认同度，多数具有长期留居城市的意愿。据2007年1月13日上海市教育委员会办公室关于《2006年上海市外来流动人口子女接受义务教育情况》的报告显示：近年来，流动人口子女在上海接受义务教育的数量波动较小，2006 年为 385703 人，比 2005 年的 381757 人增长了 1.03 个百分点。其中农民工子女数为 316187 人，比 2005 年的 312956 人也增长了 1 个百分点左右。在上海接受义务教育的外来流动人口子女 80% 左右集中在小学阶段，20% 左右分布在初中阶段。当前，相对来说，流动人口子女的义务教育问题得到了较好解决，但流动人口子女的初中后教育问题还没有明确的国家法律文件规定，只是在局部地区逐渐开展了试点工作。教育制度的颁布和实施与户籍制度有着密切的联系，教育福利直接与户籍本身挂钩。初中后教育属于非义务教育，如果不能解决教育经费的问题，就难以解决流动人口子女初中后教育的问题。伴随着流动人口数量的日益庞大以及常住化趋势的发展，流动人口子女初中后教育的问题逐渐引起了社会各界的广泛关注。

（4）留守儿童政策空白，缺乏基本保护

留守儿童，与流动人口子女在城市受教育一样备受关注。全国妇联 2008 年发布的《全国农村留守儿童状况研究报告》显示，根据 2005 年全国 1% 人口抽样调查的抽样数据，可以确认 0 ~ 17 周岁留守儿童在全体儿童中所占比例为 21.72%。据此推断，全国农村留守儿童约 5800 万人，其中 14 周岁以下的农村留守儿童约 4000 万人。另外，当前农村留守幼儿面临科学喂养问题，而且接受正规学前教育的机会少，义务教育阶段农村留守儿童存在安全和青春期教育缺乏问题。

针对留守儿童问题，从国家层面，中央政府通过设立专项经费，组织实施了“农村寄宿制学校建设工程”、“中西部地区农村初中校舍改造工程”，新建和扩改建一批寄宿制学校。2006 年，成立了由国务院农民工工作联席会议办公室、全国妇联等 12 个部门共同组成的农村留守儿童专题组，并于 2007 年 5 月联合 13 个部委启动“共享蓝天”全国关爱农村留守儿童大行动，指导各地加强农村留守儿童教育工作，改善农村留守儿童生存发展环境，保障他们平等接受义务教育的权利。

二、各地解决流动人口子女教育问题的主要探索

教育法规和政策的不断完善，为解决农民工随迁子女接受义务教育

提供了重要保障。另外，各地区积极探索流动人口子女教育问题，农民工随迁子女教学问题的基本思路是以流入地政府管理为主，以公办中小学接收为主。

1. 各地纷纷积极探索流动人口的子女教育问题，坚持以流入地政府管理为主的方针

根据“以流入地政府管理为主，以全日制公办中小学为主”的方针，各地积极采取措施，使进城农民工子女就学保障状况得到很大改善。流入地，尤其是财政支出较为富裕地区，往往走在政策的前沿。珠海市拟从2009年起免除义务教育阶段公办中小学流动人员子女的借读费，昆山市也着力解决流动人口子女教育问题，具体见专栏1。

专栏8.1 珠海市和昆山市公办学校吸纳流动人口子女入学的做法

珠海：2009年秋起外来工子女上公办中小学免借读费

2009年秋季起，按照国家发改委、财政部的统一部署，珠海市全面免除义务教育阶段公办中小学流动人员子女的借读费，受惠人数达47379人，免借读费2946万元。目前珠海市教育局正向市政府报批，拟于2009年秋季全面免除义务教育阶段借读生书杂费（不分省内、省外，书杂费全免）。预计受惠学生达48000人，免费金额4080万元（含借读费和书杂费）。这是珠海市关注弱势群体，有效解决流动人口子女上学的又一重大惠民政策。

通过整合城区教育资源、降低农民工子女入学门槛等举措，尽可能保障流动人口子女就近入学，使农民工子女享有与本市儿童平等的受教育权利。在珠海市有固定住址、固定工作，居住半年以上，处于接受义务教育阶段的农民工子女，全部纳入珠海市义务教育范畴，尽量安排在公办学校就读。目前在珠海市接受义务教育的进城务工就业人员子女占全市义务教育阶段在校生总数的34%。其中，进城务工就业人员子女在公办学校就读人数为47602人，占全市普通中小学外来务工人员子女78156人的就读总数的60.9%。

昆山：统一部署，做好吸纳工作

为切实解决流动儿童少年的入学问题，昆山建立了昆山市流动人口子女教育管理领导小组，并制定了《关于解决流动人口子女入学问题的意见》，对公办中小学校吸纳流动人口子女入学、学籍管理以及收费等方面做出了具体规定。教育局专门下发昆教〔2004〕112号《关于印发〈“新昆山人”子女在昆就读实施意见（试行）〉的通知》，要求各公办中小学从高标准巩固九年义务教育成果的高度出发，统一思想，提高认识，克服困难，充分挖掘教育资源，对符合“新昆山人”条件的子女尽可能无条件吸纳，同昆山人子女一视同仁。2005年7月，由昆山市教育领导小组下发昆教〔2005〕04号文件，积极创造条件，采取多种形式，依法保障“新昆山人”子女接受义务教育的权利。

2. 加强流入地与流出地政府和教育部门的沟通协调

近年来，通过各项措施明确了流入地和流出地在流动人口子女教育中的责任和义务，围绕流动人口子女的入学、升学、转学、考试和学籍管理等各项工作，部分地区出台相关较为具体的政策与法规，使得各项工作逐步规范化和制度化。宁波市推出的进城务工就业农民子女接受义务教育三大条件、浙江省推出的义务教育证书制度、东莞市的流动人口施行“积分制”读公校均是典型的例子。

专栏8.2 浙江宁波和广东东莞加强流入地和流出地政府和教育部门协调的探索

宁波市：流动人口接受义务教育三大条件

进城务工就业农民子女具备以下条件的，可到暂住地所属县（市）、区教育行政部门或镇（乡、街道）统筹安排的学校提出接受义务教育的就学申请。

（一）持有流出地政府开具的证明，证实其父母或其他法定监护人确属宁波市外进城务工就业农民；

（二）父母或其他法定监护人在宁波市工作，依法取得《暂住证》并暂住1年以上；

（三）父母无违反计划生育政策，并且持有当年度《流动人口婚育证明》。进城务工就业农民子女户籍所在地有法定监护人的，应当回户籍所在地接受义务教育。暂住地镇（乡）人民政府、街道办事处要按要求及时将本辖区内的进城务工就业农民子女情况报当地教育部门。各县（市）、区教育部门应统筹安排，将符合条件的进城务工就业农民子女接受义务教育纳入当地的招生计划，积极为进城务工就业农民子女接受义务教育创造条件。

浙江省：义务教育证书制度

浙江省推行的“义务教育证书制度”，对“农民工随迁子女”就学管理工作具有一定的指导意义。“义务教育证书”中的《义务教育登记卡》由户籍所在地学习负责填写，凡是到异地借读者须在户籍所在地填写登记卡，校长签名并加盖学校印章，随身带往借读学习，借读期满须随身带回《登记卡》和毕业考试成绩报告单。这一做法，有助于对流动人口子女就读、转学情况实施监控。

东莞：流动人口施行“积分制”读公校

按照广东省《关于取消义务教育阶段借读费有关问题的通知》规定，广东省内外来人口子女就读公办学校可享义务教育免费。为改变各校在接受流动人口子女入学存在的政策差异、标准不一、随意性大的问题，广东东莞市近日出台《东莞市新莞人子女接受义务教育暂行办法》及《东莞市新莞人子女申请入读义务教育阶段公办学校起始年级积分方案》，从2009年秋季招生中开始试行，试行期为3年。

东莞是一个巨大的人口输入地。目前，外来的新莞人在东莞已形成一个庞大的社会群体，新莞人子女在东莞市接受义务教育的人数达43万之多。为体现教育的公平性，东莞市出台《东莞市新莞人子女接受义务教育暂行办法》及《东莞市新莞人子女申请入读义务教育阶段公办学校起始年级积分方案》，从即日起，新莞人子女只要符合一定条件就可以进入公办学校就读。这是广东省第一个地级市针对外来流动人口子女入读公校出台规范性文件。

按文件规定，流动人口子女入读公校具体条件：一是必须年满6至15周岁，有学习能力，父母在东莞市有暂住证明、有合法固定住所，有合法固定职业和稳定收入来源；二是申请人父母在东莞市参加三年或以上社会保险，符合国家计划生育政策。但在小学阶段品行综合评定中被评为不合格或在小学阶段有严重违规违纪行为的新莞人子女，不具备申请入读公办学校的资格。符合入读公办学校条件的新莞人子女，将通过“积分制”方式获得入读资格的，由其父或母一方服务所在镇街的宣教办统筹安排其入读该镇街义务教育阶段公办学校的起始年级（小学一年级或初中一年级）。

3. 公办中小学成为解决流动人口子女教育的中坚力量，农民工子弟学校在严格户籍制度地区发挥着重要作用

一方面，部分地区要求公办学校承担起促进流动人口子女教育的重任；另一方面，由于部分地区的城区公办教育资源不足，各地还存在少数以接收进城务工人员子女为主的义务教育阶段民办学校。这些农民工子弟学校在一定程度上满足了进城务工人员子女教育的不同需求，缓解了城区教育资源紧缺的状况，方便了进城务工人员子女就学。在此背景下，地方政府倾向于扶持和补贴农民工子弟学校来妥善解决流动人口子女教育问题，如福建省把农民工子弟学校纳入民办教育管理范畴。

专栏8.3 贵州省贵阳市、河南省和福建省促进流动人口子女教育的探索

贵阳市：促进子女教育政策制定积极的地方政策

2006～2007年度，在贵阳市接受义务教育的学生约为70万人，其中非户籍学生数约为45.18万人，占全部学生数的64.5%。在非户籍学生中，就读于全日制公办学校的约有13.36万人，占非户籍学生数的29.6％。

2003年9月，为保障流动人口子女接受教育的权利，贵阳市制定了《加强流动人口子女义务教育工作方案框架》，此后流动人口子女将逐渐可与贵阳市的儿童少年享受同等的受教育权利。农民工子女进入贵阳市各初中学校就读将免收借读费。未经市教育局批准，任何学校不得举办实验班、特长班，更不得违规收费。2007年4月出台的《贵阳市关于在筑工作或居住的流动人口子女接受义务教育管理办法（试行）》规定，凡年满6~15周岁，有学习能力，随父母或其他法定监护人在贵阳连续居住3个月以上的，由家长持IC卡居住证、适龄儿童原户籍地乡（镇）以上教育部门开具的就学联系函，或学校开具的转学证明申请接受义务教育，不收借读费。之后发布了《贵阳市流动人口子女接受义务教育管理办法（试行）》、《贵阳市人民政府关于切实保障人民群众子女平等接受义务教育的意见》进一步保障农民工子女平等接受义务教育的规定。

河南省：城镇公办学校无条件接受流动人口子女教育

河南省教育厅强调，要继续坚持“以流入地政府为主、以全日制公办学校为主”的原则，将农民工子女义务教育纳入当地教育规划之中，在充分挖掘现有公办学校潜力的同时，新建或扩建一批中小学校，保证以公办学校为主接收农民工子女就学，确保农民工子女义务教育的普及程度达到当地水平。教育部门将会同财政等部门，将农民工子女义务教育经费纳入教育经费预算，并按当地财政预算内义务教育经费标准，向接收农民工子女的公办学校拨付办学经费。

截至2007年底，全省义务教育阶段进城务工就业农民子女入学学生总数为17.41万人，其中在城镇公办小学、初中就读的学生16.32万人，占总数的93.74%以上。

福建省：把农民工子弟学校纳入民办教育管理范畴

福建将制订和完善农民工子弟学校设置标准和审批办法，把农民工子弟学校纳入民办教育管理范畴，实行统一规范管理，引导农民工子弟学校步入正常发展轨道。

福建各地将坚持扶持和管理并举，促使农民工子弟学校不断提高办学水平和教育质量。根据规定，各地将积极帮助农民工子弟学校解决实际困难，在办学场地、办学经费、师资培训和教育教学等方面对农民工子弟学校予以支持和指导。同时，各地还将严格农民工子弟学校收费管理，加强农民工子弟学校的卫生与安全管理，加强农民工子弟学校学生的学籍管理，规范其招生、转学等手续办理，确保学生不辍学。

目前，福建各地在规划编制过程中，已经充分考虑到了进城务工人员子女义务教育的需求，预留教育用地，扩大城区教育资源，逐步提高公办学校接收进城务工人员子女就学能力。根据相关规划，力争到 2012 年，由公办学校和受政府委托的民办学校接收绝大部分进城务工人员子女入学，保障进城务工人员子女平等接受义务教育的权利。

尽管各个地方仍在探索解决流动人口教育问题，但是在现有体制下，各个地方还无法完全接纳所辖地区内所有流动人口，流动人口子女义务教育方面还存在着许多问题，集中表现在以下方面。

第一，全面实施免除义务教育学杂费面临一系列挑战。尽管从 2008 年秋季学期起，城乡义务教育全面免除学杂费政策，但在具体实践时将面临义务教育财政分担问题。一方面，中央和省级财政对接受流动儿童子女教育的财政转移支付如何开展；另一方面，如何鼓励市、区（县）政府切实把流动儿童教育纳入到当地社会事业发展规划。除此之外，具体执行中改进空间仍旧较大，如流动人口流动性比较大，很多时候无法满足部分地区要求（如取得暂住证 1 年以上，或参加 3 年以上的社会保险等），使得农民工随迁子女教育问题的解决大打折扣。

第二，失学现象在一定范围内仍然存在，流动人口子女数量不断增加，教育内涵进一步拓展。外来流动人口的急剧增长，使流入地的教育资源不能满足全部适龄就学儿童的需要，尤其是财政能力较弱地区。尽管流入地政府对流动人口子女的教育问题给予了特别的关注与重视，大部分流动人口子女的就学问题得到了初步的解决，但对部分经济收入低、家庭贫困的流动人口而言，在流入地接受教育的进入门槛依然过高，其子女的失学现象依然存在。最后，在外地务工子女的数量不断增加的同时，流动人口子女教育需求从就学机会向提高教育质量转变，从义务教育向高中教育延伸。

大多数人无法进入公办学校就读。一般来说，能够就读于公办学校和较好的民办学校的流动人口子女，大多数人的家庭已在城市定居，其父母的职业、收入和居住环境都相对稳定，其中少数高收入阶层还可以将子女送入贵族学校或高收费的学校就读。但大部分流动人口的子女只能进入一些简陋的、办学资金短缺、师资力量极其有限的民办打工子弟学校就读。与公办学校相比，民办学校（或流动人口子女学校）师资力量薄弱，教学设施落后，教学管理经验缺乏，任教老师频繁更替、学生流失现象严重，再加上流动人口子女自身素质偏低、学业基础差等原因，致使当前民办基础学校的教育质量不尽如人意。因此，即使流动人口子女“能上学”，但也很难“上好学校”，这已成为流动人口子女教育面临的一个普遍而突出的问题。

户籍生与非户籍生教育的差异性显著。总的来说，流动人口子女与本地户籍人口子女在入学、就学、升学等方面仍存在较大差异。一是在交纳学费上的差异。虽然国家和省、市对各级各类学校招收流动人口子女入学的收费提出了减免的规定与要求，可是学校收费客观上的双轨制，使流动人口子女入学的学费依然高于当地户籍人口子女。二是就学过程中的差异。很多招收了数量不等的流动人口子女的学校，在其学校和教师的考核体系中不包括流动人口子女的教育考核，从而出现流动人口子女与当地户籍人口子女在就学过程中的差异。尽管当前出台了相关法规，要求公办学校把流动人口子女与当地户籍人口子女一视同仁，但是学校在执行中仍旧出现较多偏差。三是升学过程中的差异。按照国家有关规定，学生必须在户籍所在地参加高考，严格禁止跨省高考。这意味着流动人口子女与本地户籍人口子女在升学过程中被无形地划出分界线，实际上影响到了流动人口子女在接受高等教育上的公平性。

三、流动人口子女教育的政策取向

整体来看，对于流动人口而言，不论是把子女带到城市接受教育，还是把子女放在家乡接受教育，流动人口子女教育面临的问题都亟待解决。解决流动人口子女教育问题无疑需要放在流动人口管理框架下展开，短期内政策可以聚焦于流动人口子女的平等受教育权利上。首先，要确保流动人口子女平等的义务教育权利，其中首要责任在人口流入地政府。因此，在管理理念上需要解放思想，树立平等观念，将流动人口纳入政府教育规划和预算。另外，中央政府应当承担起义务教育的职责，统筹全国义务教育资源的分配并加大投入，使流动人口子女不因其流动而丧失受教育的机会。其次，适当降低流入地教育门槛，整合各类教育资源，让流动人口子女接受教育。最后，流出地也应当分担部分责任，既为流动人口子女教育提供便利，又对其给予财政支持，做到钱随人走。未来一段时间内过渡性制度安排可以针对以下四个方面展开工作。

一是建立新型的人口管理模式和社会资源配置方式，实现以常住人口作为公共资源配置依据。我国长期以来形成的城乡二元化的户籍制度，很难消除对农民工子女与户籍儿童的区别对待。要从根本上解决农民工子女的问题，就应当逐步将流动人口纳入当地经济、社会发展规划和管理之中，建立以常住人口（不仅仅是户籍人口）为服务对象的管理模式和适应市场经济体制的新型社会资源配置方式。中央探索设立进城务工就业农民子女教育专项资金，以流入地农民工子女的规模为依据，划拨相应的教育经费、公用经费，分担流入地政府财政压力。各级政府要将公办中小学接收的农民工子女计入学校在校学生数，核定学校的教职工编制。

二是逐步完善流动人口子女义务教育经费保障机制。改革义务教育管理和拨款制度，强化中央和省级政府的责任，建立流动人口子女义务教育转移支付制度。按现行义务教育拨款制度，目前流动人口子女的义务教育经费由户籍所在地财政负责，现行政策又强调流动人口子女义务教育以流入地为主。可以探索实施义务教育券制度，做到“钱随人走”。“教育券”的经费来源可采用中央财政拨一点、流出地政府出一点、流入地政府补一点的“三位一体”的方法来解决。农民工子女最大的特点是流向不定，无论是国家拨付还是地方政府拨付的经费，都难以固定在特定的学校和地区。中央和地方政府对农民工子女教育的投入采用教育券的方式实施，可以校正户籍制度对学生自由流动的不利影响。当学校凭学生缴纳的教育券在当地政府兑换时，教育经费的分配与流动学生规模相匹配。

三是要发挥多元化渠道解决流动人口子女义务教育问题。流入地政府应当积极承担流动儿童接受义务教育的责任，将农民工子女义务教育纳入公共教育体系。首先，公办学校要在条件允许的情况下，尽可能多地吸纳流动人口子女入学接受教育；政府在规划公办学校建设时要充分考虑流动人口子女情况。其次，对民办学校政府要提供必要的发展空间和扶持措施。许多地方政府在贯彻政策时往往采取“一刀切”的措施，不考虑打工子弟学校存在的必要性和必然性，片面采取关停打工子弟学校的办法，这给流动人口子女教育带来了困难。对打工子弟学校，关键是要完善相关规章制度，切实加强对民办打工子弟学校在办学条件、招生收费、学籍管理、经费使用、风险预防、教师队伍、质量评估等方面的指导和管理，规范打工子弟学校发展。应加强对民办打工子弟学校的扶持和指导，对民办打工子弟学校的生均义务教育成本进行科学核算，制定相应的教育经费补贴制度，按照民办打工子弟学校接收农民工子女的人数予以一定的经费补贴或者实行学位购买制度，满足农民工子女接受义务教育的需求。

四是建立 16 周岁以下流动儿童登记管理制度。对流动儿童不进行人口登记，就难以为他们提供有效的公共服务。因此，各地应将 16 岁以下流动人口纳入人口登记管理范畴，进而把流动儿童的教育、卫生、权利保护等工作纳入政府工作职责。当前仅部分地区已将 16 岁以下流动儿童纳入登记管理系统，定期为教育行政部门提供流动人口子女的基本情况，为流动儿童管理与服务提供了基础信息平台。这将便于各级政府掌握有关流动人口的数据，使他们把握资源的有效配置，将流动人口子女的教育纳入到流入地政府的教育发展规划中去。

第九章 流动人口社会保障及其对流动人口影响

随着流动人口规模的逐渐扩大，许多新的问题开始出现，并受到广泛关注。其中，流动人口的社会保障问题就是一个非常突出的问题，逐渐成为各级政府的重点工作之一。解决好流动人口的社会保障问题对于有序推进城市化进程、维护社会安定、构建和谐社会具有极其重要的意义。

一、流动人口社会保障现状

我国目前实行的是城乡二元分割的社会保障制度体系，这一制度体系在面对流动人口特别是农民工这一新群体出现的情况下，并没有完全有效地自动覆盖这一群体。如何有效地将流动人口纳入社会保障范围，解决他们面临的社会保障问题，中央和地方进行了大量的尝试和实践。

（1）政府逐渐重视流动人口的社会保障问题，出台了一系列政策措施推进该项工作

自从流动人口出现以来的相当一段时间，我国并没有针对性的涉及流动人口的社会保障制度安排，只是全国性的政策规定中从理论上和法理上来讲自然地包含了流动人口而已。例如，《企业职工生育保险试行办法》（1994）、《国务院关于建立统一的企业职工基本养老保险制度的决定》（1997）、《国务院关于建立城镇职工基本医疗保险制度的决定》（1998）、《失业保险条例》（1999）等，但是这些政策规定大多是从传统计划经济体制下国有企业职工保险脱胎而来，不可避免地带有国企的影子，对流动人口这一新出现的特殊群体来说，其容纳性较差，在具体实

践中缺乏可操作性，除了少数地区外，事实上并没有真正覆盖到流动人口。

随着流动人口数量的不断增多，政府逐渐开始重视流动人口的社会保障问题，出台了一系列有针对性的政策措施推进该项工作。

①医疗保险政策开始涉及流动人口。劳动和社会保障部 2003 年和 2004 年分别印发《关于城镇灵活就业人员参加基本医疗保险的指导意见》、《关于非全日制用工若干问题的意见》和《关于推进混合所有制企业和非公有制经济组织从业人员参加医疗保险的意见》等文件，国务院 2006 年颁布《国务院关于解决农民工问题的若干意见》，劳动和社会保障部 2006 年颁发《关于贯彻落实国务院关于解决农民工问题的若干意见的实施意见》和《关于开展农民工参加医疗保险专项扩面行动的通知》，这些规定进一步明确了流动人口参加医疗保险的有关政策。

②养老保险政策开始涉及流动人口。劳动和社会保障部 2001 年颁布了《关于完善城镇职工基本养老保险政策有关问题的通知》，国务院 2005 年颁布了《关于完善企业职工基本养老保险制度的决定》，这些规定逐渐开始涉及流动人口。

③工伤保险政策开始涉及流动人口。国务院 2003 年颁布了《工伤保险条例》，劳动和社会保障部 2003 年和 2004 年分别颁布了《关于非全日制用工若干问题的意见》、《关于农民工参加工伤保险有关问题的通知》，国务院 2006 年颁布《国务院关于解决农民工问题的若干意见》，劳动和社会保障部 2006 年颁布《关于实施农民工“平安计划”加快推进农民工参加工伤保险工作的通知》，这些政策规定进一步明确了流动人口参加工伤保险的有关政策。例如，《关于农民工参加工伤保险有关问题的通知》明确规定，凡是与用人单位建立劳动关系的农民工，用人单位必须及时为他们办理参加工伤保险的手续。重点推进建筑、矿山等工伤风险较大、职业危害较重行业的农民工参加工伤保险。

（2）现行流动人口社会保障政策的重点主要集中在农民工这一特殊群体

流动人口是我国经济发展过程出现的一类新的群体，包括农民工和城镇户籍流动人口两类人群。目前我国出台的一系列涉及流动人口的社会保障制度的重点都主要集中在农民工这一特殊群体。例如，2004 年劳动和社会保障部颁布《关于推进混合所有制企业和非公有制经济组织从业人员参加医疗保险的意见》，明确提出，推进混合所有制企业和非公有制经济组织从业人员参加医疗保险，要以与城镇用人单位建立了劳动关系的农村进城务工人员为重点，积极探索他们参加医疗保险的有效途径和办法。逐步将与用人单位形成劳动关系的农村进城务工人员纳入医疗保险范围。根据农村进城务工人员的特点和医疗需求，合理确定缴费率和保障方式，解决他们在务工期间的大病医疗保障问题。对在城镇从事个体经营等灵活就业的农村进城务工人员，可以按照灵活就业人员参保的有关规定参加医疗保险。2006 年国务院颁布的《国务院关于解决农民工问题的若干意见》明确提出，高度重视农民工社会保障工作，依法将农民工纳入工伤保险范围，抓紧解决农民工大病医疗保障问题，探索适合农民工特点的养老保险办法。2004 年劳动和社会保障部颁布了《关于农民工参加工伤保险有关问题的通知》，对农民工参加工伤保险的相关政策也进一步加以明确。

（3）流动人口社会保障制度和整体社会保障制度一样主要实行属地管理、地方统筹

流动人口的社会保障制度作为整体社会保障制度大系统的一部分，实行的也是属地管理、地方统筹。例如，我国城镇职工基本医疗保险制度明确提出，城镇所有用人单位及其职工都要参加基本医疗保险，实行属地管理。城镇个体经济组织业主及其从业人员是否参加基本医疗保险，由各省、自治区、直辖市人民政府决定。基本医疗保险原则上以地级以上行政区（包括地、市、州、盟）为统筹单位，也可以县（市）为统筹单位，各地在实行过程中，有许多地方实行的就是县级统筹。其他的社会保障制度实行的也都是属地管理、地方统筹。许多地方根据属地管理原则，出台了符合当地特点的流动人口社会保障政策，统筹层次也主要集中在地市。

（4）流动人口社会保障制度基本体现了“低负担”和“以用人单位缴费为主”的基本原则

在各地实行的涉及流动人口的社会保障制度中，从缴费基数和缴费

比例来看，基本体现了低负担的基本原则，而且也主要以用人单位缴费为主。许多地方要求的医疗保险缴费基数都是地方职工平均工资的60%，而且缴费比例也不高，明显低于城镇职工医疗保障的缴费比例。例如，北京市规定外地农民工参加医疗保险的保险费由用人单位缴纳基本医疗保险费，外地农民工个人不缴费。用人单位以上一年本市职工月平均工资60%为基数、按2%的比例按月缴纳基本医疗保险费。而北京市城镇职工基本医疗保险方法规定，保险费用由用人单位和职工共同缴纳，职工按本人上一年月平均工资的2%交纳，用人单位是按全部职工缴费工资基数之和的9%缴纳基本医疗保险费。浙江省农民工养老保险和城镇职工基本养老保险实行就是不同的缴费标准和缴费率，农民工实行的是双低标准。

二、各地解决流动人口医疗保障问题的主要做法

在一系列政策推动下，各地不断探索解决流动人口社会保障的实现模式，医疗保障是其中一项重要内容，目前各地实行的流动人口医疗保障主要可划分为以下四种模式。

1. 在原有的城市医疗保障体制下，通过扩大覆盖面直接将流动人口纳入其中

实行该模式的地区和城市主要包括北京、山东、江苏、厦门、广东等。在执行过程中，有些地方结合流动人口特点，对原制度内的有关项目进行了调整，主要是降低了缴费基数和缴费比例等。

①北京市[①]相关政策规定，对外地农民工实行医疗保障，外地农民工参加基本医疗保险，由用人单位缴纳基本医疗保险费，外地农民工个人不缴费。用人单位以上一年本市职工月平均工资60%为基数、按2%的比例按月缴纳基本医疗保险费，其中1.8%划入基本医疗保险统筹基金，0.2%划入大额医疗互助资金。按本办法缴费，外地农民工不建个人账

---

① 上述规定体现在2004年颁布的《北京市外地农民工参加医疗保险暂行办法》、《关于加快本市农民工参加工伤保险和医疗保险有关问题的通知》等文件中。

户，不计缴费年限，缴费当期享受相关待遇。

②吴江市[①]相关政策规定，对外来农民工实施医疗保障，保障范围是外省市非城镇户籍、符合国家规定的劳动年龄并与本市用人单位建立劳动关系的人员。实行基本医疗保险和大病补充医疗保险，用人单位缴纳基本医疗保险费，个人缴纳大病补充医疗保险费。基本医疗保险费由用人单位以当年度本市劳动保障部门公布缴费基数的6%按月缴纳；大病补充医疗保险由个人以每人每月5元的标准缴纳。上述保险费应在城镇职工医疗保险统筹基金项下统一管理，统筹支付。

③青岛市[②]相关政策对农民工参加医疗保险做出专门规定。其实之前，青岛市制定的关于城镇职工医疗保险办法就已经将农民工全部纳入参保范围，但由于农民工流动性强、收入偏低等原因，城镇职工基本医疗保险制度并不能完全适应农民工的需求。为此，青岛市在城镇职工基本医疗保险框架内，针对农民工特点进行了政策调整，形成了《青岛市农民工参加基本医疗保险若干问题的暂行规定》。青岛市实行的农民工医疗保险比较灵活，针对不同类型农民工采取不同的医疗保险办法，主要分为三类：来自本市农村的农民工，参加城镇职工基本医疗保险，参保后与城镇职工享受相同的基本医疗保险待遇；非本市户籍农民工符合一定条件也可以参加青岛市城镇企业职工基本医疗保险；对于在青岛务工时间短、流动频繁，未参加青岛市城镇企业职工基本养老保险的非本市户籍农民工，由用人单位以上年度全市城镇单位在岗职工平均工资为基数，按照2%的比例为其缴纳医疗保险费（其中含每月5元大额医疗补助金），个人不缴费。用人单位缴纳的医疗保险费用于医疗统筹，农民工不建立个人账户，不计算缴费年限，享受医疗保险社会统筹待遇。青岛市实行的农民工医疗保险还对不同制度之间的衔接做出专门规定，以第三类形式参加保险的农民工，可以转为第二类形式，如果农民工对基本医疗保险与大病保险之间的差额部分进行补缴，以前大病统筹缴费年限可累加计算，但不补记补缴期间的个人账户。

从几个城市具体的实施方式来看，在覆盖对象、缴费基数、参保费

---

① 具体政策体现在2008年颁布的《吴江市外来农民工医疗保险暂行办法》中。

② 具体政策体现在2006年颁布的《青岛市农民工参加基本医疗保险若干问题的暂行规定》中。

率、单位缴费比例、个人缴费比例等方面都存在明显差异。

表 9.1　　不同地区和城市流动人口医疗保险实施模式

项目	北京	青岛	吴江
覆盖对象	外地农民工	农民工	外地农民工
缴费基数	上一年本市职工月平均工资的 60%	上年度全市城镇单位在岗职工平均工资	本市公布
参保费率	2%	2%	6% +5 元
单位缴费	100%	100%	100%
个人缴费	0%	0%	0% +5 元

注：青岛和吴江实行的是基本医疗保险 + 大病补充医疗保险的形式。

2. 实行包括医疗保险在内的综合保险模式

实行该模式的城市包括上海市和成都市。

上海市于 2002 年首先颁布了《上海市外来从业人员综合保险暂行办法》，对外来从业人员实行三项保障，属于综合保险，将三种保险项目捆绑进行统一实施。具体保障项目包括工伤（或者意外伤害）、住院医疗和老年补贴等三项。保障对象是指符合本市就业条件，在本市务工、经商但不具有本市常住户籍的外省、自治区、直辖市的人员。上海市三项保障覆盖的人群属于典型的流动人口①。三项保障的具体缴费基数、缴费比例、缴费期限、待遇享受等都相对独立于城镇社会保障制度。其中，用人单位缴纳综合保险费的基数，为其使用外来从业人员的总人数乘以上年度全市职工月平均工资的 60%。无单位的外来从业人员缴纳综合保险费的基数，为上年度全市职工月平均工资的 60%。用人单位和无单位的外来从业人员按照缴费基数 12.5% 的比例，缴纳综合保险费。其中，外地施工企业的缴费比例为 7.5%（后调整为 5.5%）。

成都市 2003 年颁布了《成都市非城镇户籍从业人员综合社会保险暂行办法》，具体保障项目包括工伤补偿或意外伤害补偿、住院医疗费报销和老年补贴三项。和上海一样，成都市实行的是综合保险，将三种保险

---

① 但是不包括下列外来从业人员：从事家政服务的人员；从事农业劳动的人员；按照《引进人才实行〈上海市居住证〉制度暂行规定》引进的人员。

项目捆绑进行统一实施。保障对象是指不具有城镇户籍，在本市行政区域内被用人单位招用或个人在城镇从事产品生产、商品流通或服务性活动的劳动者，但从事家政服务和农业劳动的劳动者除外，这两类也属于典型的流动人口，但没有全覆盖。具体的缴费基数可在上年全市职工平均工资的60% ~200%之间的8个档次选择。缴费比例为缴费基数的20%。其中，有用人单位的由单位承担14.5%，个人承担5.5%；无单位的全部由本人承担。由此可知，具体的缴费基数、缴费比例等都相对独立于城镇社会保障制度。针对实行过程中出现的问题，2006年成都市又出台了《成都市非城镇户籍从业人员综合社会保险补充规定》，对某些项目进行了调整，例如，缴费基数确定为60%、80%、100%三档。

表9.2　不同地区和城市医疗保障实施模式差异分析

项目	上海	成都
保障项目	工伤（或者意外伤害）、住院医疗和老年补贴	工伤补偿或意外伤害补偿、住院医疗费报销和老年补贴
覆盖范围	外来从业人员（包括无单位人员）	非城镇户籍从业人员（包括无单位人员）
缴费基数	上年度全市职工月平均工资60%	上一年全市职工平均工资的60% ~200%，分为8档（后调整为三档）
参保费率	12.50%（外地施工企业7.5%，后调整为5.5%）	20%
单位缴费	100%（无单位的0%）	72.50%（无单位的0%）
个人缴费	0%（无单位的100%）	27.50%（无单位的100%）

3. 针对流动人口收入水平低和流动性大等特点，实行相对独立和有针对性的医疗保障模式

实行该模式的地区和城市主要包括南京市、珠海市、温州市和大连市等。

温州市2008年颁布了《温州市区农民工医疗保险暂行办法》，规定

对农民工[1]实行医疗保险，农民工医疗保险费由用人单位缴纳，个人不缴费。缴费基数是上年度全省职工月平均工资，用人单位按应当参加农民工医疗保险的全部人员缴费基数总额的2%，按月申报缴纳。缴纳的医疗保险费用于建立农民工医疗保险住院统筹基金，不建立个人账户。温州实行的医疗保险政策规定，用人单位可以为本单位的农民工选择参加城镇职工基本医疗保险或者农民工医疗保险。同时也对农民工医疗保险转为城镇职工医疗保险做出具体规定，缴费年限按每3年折算为1年的标准计算。

南京市2006年颁发《南京市农民工大病医疗保险暂行办法》，对农民工参加医疗保险做出规定，保障项目包括农民工大病医疗保险和农民工大病医疗互助基金。农民工大病医疗保险费由用人单位按月缴纳，标准为本统筹地区上年度在岗职工平均工资的2%，用于建立农民工大病医疗保险基金。参加农民工大病医疗保险的人员应同时参加农民工大病医疗互助保险，按每人每月4元标准随同大病医疗保险费一同缴纳，用于建立农民工大病医疗互助基金，大病医疗互助费原则上由农民工个人承担。南京市针对不同类型农民工采取不同的医疗保障模式：用人单位对与其建立稳定劳动关系的农民工，应按照《南京市城镇职工基本医疗保险暂行规定》参加基本医疗保险和大病医疗救助；用人单位、个体工商户短期聘用、雇用农民工的，应缴费参加农民工大病医疗保险。

珠海市[2]相关政策对外来劳务人员医疗保障做出规定，主要对大病进行保障，具体指住院和符合门诊病种目录中规定的中、高额疾病。大病医疗保险费由用人单位按外来劳务人员缴费工资的2%缴纳，外来劳务工不用缴纳，其中，缴费工资是按外来劳务人员所在地区上年度职工月平均工资的60%～300%核定。外来劳务人员参加大病医疗保险缴费满25年以上、退休后在珠海社保机构按月领取养老金的，可同时享受基本医疗保险待遇，并不再缴纳医疗保险费。用人单位缴纳的大病医疗保险费

---

① 这里的农民工是指在国家规定的劳动年龄内，具有农业户口，有劳动能力，并与温州市区（鹿城区、瓯海区、龙湾区）各类企业、民办非企业单位、个体经济组织（以下简称用人单位）形成劳动关系的劳动者。用人单位招用温州市区外非农业户口的劳动者，经本人申请或者征得本人同意，可以依照本办法参加农民工医疗保险。

② 2001年颁布《珠海市外来劳务人员大病医疗保险暂行办法》。

纳入大病医疗保险基金专户，不设立个人医疗账户，大病医疗保险费实行市级统筹。

天津市2006年颁布《天津市农民工医疗保险办法》，对农民工参加医疗保险做出具体规定，针对不同类型农民工实行不同的医疗保险方式，也为二者的转接开辟了通道。用人单位与农民工凡是建立稳定劳动关系的，应当随本单位城镇职工基本医疗保险的参保方式，参加城镇职工基本医疗保险或大病统筹基本医疗保险；用人单位与农民工凡是建立一年以下期限劳动关系的，应当参加农民工医疗保险；用人单位与农民工凡由一年以下期限劳动关系转为稳定劳动关系的，应当随本单位城镇职工基本医疗保险的参保方式，参加城镇职工基本医疗保险或大病统筹基本医疗保险。缴费主体、缴费基数和缴费标准规定如下：农民工医疗保险费由用人单位按月缴纳，农民工本人不缴费，不建个人账户；缴费基数为本市上年度职工月平均工资的60%，缴费比例为3.5%，享受住院、门诊特殊病和大额医疗费救助医疗保险待遇。

从几个城市具体的实施方式来看，覆盖范围、缴费基数、参保费率、单位缴费比例、个人缴费比例等都存在明显差异。

表9.3　　不同城市医疗保障实施模式差异分析

项目	覆盖范围	缴费基数	参保费率	单位缴费	个人缴费
温州	农民工	上年度全省职工月平均工资	2%	100%	0%
南京	农民工	本统筹地区上年度在岗职工平均工资	2%	100%	0%
珠海	外来劳务人员	所在地区上年度职工月人平均工资	2%	100%	0%
天津	农民工	本市上年度职工月平均工资的60%	3.5%	100%	0%

4. 以合作医疗为保障形式的“深圳模式”

早在1992年，深圳市就将外来劳务工纳入全市统一的职工医疗保险制度，但由于没有考虑劳务工与城镇职工的收入差距，缴费基数过高，劳务工没有参保积极性。为此，专门针对劳务工出台政策。深圳市2005年颁布《深圳市劳务工合作医疗试点办法》，以互助合作形式解决劳务工医疗保障问题。试点保障对象限定在试点辖区内从事制造业的企业及与其建立劳动关系的劳务工。劳务工合作医疗遵循低水平、广覆盖、高效率、逐步推进以及合作医疗基金现收现付、当年收支平衡的原则。建立劳务工合作医疗基金，不建立个人账户。劳务工合作医疗每人每月缴费标准为12元，其中用人单位缴交8元，劳务工个人缴交4元。缴交的合作医疗费，6元用于支付门诊医疗费用，5元用于支付住院医疗费用，1元用于调剂。2006年在试点的基础上，正式颁布《深圳市劳务工医疗保险暂行办法》，将合作医疗改名为医疗保险，覆盖范围从制造业扩大到所有企业，待遇提高，单价在90元以上的诊疗项目，由原来基金不予支付改为支付90元，同时提高大病门诊医疗待遇和增加大病门诊医疗疾病种类，大幅提高劳务工住院医疗待遇。深圳模式的最大特点是合作保障模式，对门诊和住院都进行保障，有利于满足农民工日常的医疗消费需求。

三、流动人口社会保障存在的问题

随着各级政府对流动人口社会保障问题的重视，一系列政策措施相继出台，各种模式不断探索。但是，大量的抽样调查显示，目前我国流动人口社会保障的覆盖面非常有限，参保率偏低，政策实施效果并不十分明显。华迎放（2004）在对江苏、吉林、辽宁三省进行调研的基础上指出，目前三省农民工社会保险覆盖面很低，江苏省农民工参保率约为15%，辽宁、吉林只有10%左右，均远远低于当地城镇企业职工的参保水平①。农业部、劳动和社会保障部2005年的调查表明，已经参加工伤保险的农民工仅占总数的12.9%，参加基本医疗保险的仅占10.0%，参加基本养老保险的仅占13.8%，绝大多数农民工没有养老保险、医疗保险②。《国务院关于农村社会保障体系建设情况的报告》③ 显示，目前我国农民工总数约为2.3亿人，其中在城市就业的约1.4亿人，与用人单位有劳动关系的7000多万人。截至2008年底，全国有2400多万农民工参加城镇企业职工基本养老保险，4200多万农民工参加城镇基本医疗保险，

① 华迎放："农民工社会保障：思考与政策选择——来自江苏、吉林、辽宁的调查"，《中国劳动》，2004年第10期。

② 中国农民工问题研究总报告起草组："中国农民工问题研究总报告"，《改革》，2006年第5期。

③ 2009年4月22日在第十一届全国人民代表大会常务委员会第八次会议上，民政部部长李学举做报告。

4900多万农民工参加工伤保险，1500多万农民工参加失业保险。可知，我国农民工的参保率依然不高，以城镇就业的1.4亿农民工为基础，计算养老保险、医疗保险、工伤保险、失业保险的参保率分别为17.14%、30%、35%、10.71%。

造成流动人口特别是农民工社会保障实际覆盖率和保障程度偏低的原因是多方面的。目前，我国实行的流动人口社会保障制度存在的主要问题包括以下几个方面。

1. 缺乏针对不同类型流动人口实行有差别的保障制度

现阶段，我国流动人口的分化现象已经非常明显，有些流动人口在城市已经工作和居住多年，与用人单位形成了稳定的劳动关系，有固定收入，甚至打算在城市长期定居；而有些流动人口在城市工作时间不长，未来也没有打算在城市长期居住，还没有形成稳定的劳动关系，例如，非全日制、临时性、弹性就业的流动人口；还有一部分流动人口主要从事个体经营，属于自我雇佣，没有单位。例如，李培林（2002）① 调查显示，农民工就业结构中，个体工商户就占到12.2%。流动人口的分化已成事实，不同类型的流动人口对社会保障制度的需求也明显不同。

在近些年国家高度重视流动人口社会保障的形势下，地方政府也在不断探索适合当地实际和流动人口特点的社会保障模式，但也都存在明显的不足，无论是哪一种模式都只能覆盖一部分流动人口。目前许多地方大多希望通过一种统一的模式解决所有的流动人口社会保障问题，缺乏针对不同类型流动人口的特点实行有差别的保障制度。有些地方在实践过程中，已经考虑到流动人口的内部差异性，实行了有差别的社会保障制度，例如，天津和南京实行的农民工医疗保险制度。但是目前许多地方实行的涉及农民工的社会保障制度，在实践层面还没有实现分类对待。

2. 现行社会保障制度在制度之间和地区之间缺乏有效衔接

作为流动人口主体的农民工，将来的去向主要还是两个选择：一是

① 李培林："流动民工的社会网络和社会地位"，2002年中国社会科学院重点招标课题"大城市吸纳外来劳动力的能力和对策研究"分析报告。

回到农村；二是留在城市永久居住。对于许多农民工来说，虽然目前大部分时间在城市务工，但是由于一系列权益保障制度不健全，导致这些农民工还无法真正有效融入城市。他们大多也并没有在城市永久居住和生活的打算，而主要是在城市获得一定收入，最终还是要回到农村生活。

对于已经参加农民工社会保障制度的农民工来说，未来将涉及现行的农民工社会保障制度如何与农村社会保障制度或城市社会保障制度有效衔接的问题。但是目前大部分地方实行的农民工社会保障制度与农村社会保障制度和城镇社会保障制度之间都没有建立起有效的衔接关系。例如，上海市的综合保险项目就无法实现与城镇社会保险的衔接，对于一个在上海享受综合保险的外来从业者来说，假如他以后加入上海户籍，之前的综合保险年限不能算入他的基本社会保险缴费年限，只能作为新人重新参加上海的基本保险。也有一些地方做出了有益的探索，实现了制度的对接，例如温州。

社会保障制度在地区之间的衔接也存在明显不足，主要包括同类制度地区之间操作模式不同导致无法接续、同类制度地区之间操作模式不同导致只能部分接续、接收地出现同类制度的空白导致无法接续。目前我国主要的社会保险制度都实行属地管理，由于统筹层次不统一，这些制度被分割在2000多个统筹单位（多为县市级统筹）内运行，而各统筹单位之间政策又不统一，这给制度在地区之间的转移和接续带来了障碍，特别是对养老保险这类长期性未来受益项目（退休才可享受）的影响更为明显。而流动人口的流动性特点又非常突出，不仅在同一个城市频繁地变动工作岗位，而且还经常跨城市流动。在他们更换工作单位、变换工作地点时，已参加地区的保险制度就无法与现在所在地的保险制度进行很好的接续。例如，上海实行的综合保险由于没有设立个人账户，流动就业人员如果离开上海，在上海缴纳的综合保险、工伤保险和医疗保险部分等于完全损失，到其他城市后又需要从头开始办理社会保险，地区之间的接续出现断档。

社会保障制度在制度之间和地区之间的衔接障碍导致退保现象比较明显，这也是一种无奈选择。据广东省社保局统计，2004 年前三季度，全省退保人数达 13.27 万人，占同期企业养老保险参保人数 1209.25 万人的1.1%，东莞市2004年农民工退保就达40多万人次，平均参保时间仅7个月①。

3. 流动人口社会保障项目相对单一，未成体系

流动人口社会保障，作为一种制度安排实际上是社会保障大系统对流动人口的覆盖。既然如此，这一个大系统理应包括社会保险、社会救济和社会福利等内容和项目，仅社会保险又涉及医疗保险、养老保险、失业保险、工伤保险和生育保险等项目。但是目前我国实行的流动人口社会保障项目相对单一，仅仅涉及医疗、工伤、养老等社会保险项目，其他项目很少开展。人力资源和社会保障部农民工社会保障专题组(2009)② 就指出，目前，农民工基本未参加生育保险。流动人口的社会福利情况也不容乐观，最突出地表现在住房和子女的教育福利方面。不仅如此，流动人口的社会救助保障程度也非常有限，现行城镇社会救助只覆盖城镇户籍人口，诸如最低生活保障的社会救助等社会保障权益，流动人口根本享受不到。目前，涉及流动人口的社会保障制度并未形成一个完整的体系。

4. 许多地方实施的农民工医疗保障制度基本体现了“保大病”的原则，但容易导致参保积极性不足的问题

目前我国各地实行的涉及农民工的医疗保险制度大都坚持“保大病”的基本原则，这也是国家的政策意图。例如，北京市针对农民工的医疗保障制度，充分体现了保大病的原则，其保障范围是住院治疗的医疗费用；急诊抢救留观并收入住院治疗的，其住院前留观7日内的医疗费用；恶性肿瘤放射治疗和化学治疗、肾透析、肾移植后服抗排异药的门诊医疗费用。温州市实行的农民工医疗保险也体现了保大病的基本原则，主要保障农民工的住院和特殊病门诊医疗费，其中特殊病种包括：各类恶性肿瘤的治疗；器官移植后的抗排异治疗；肾功能衰竭的腹膜透析、血液透析；系统性红斑狼疮的治疗；再生障碍性贫血的治疗；血友病的

---

① 广东省人民政府参事室社会发展组：“关于广东省农民工社会保障问题的调研报告”，2006。

② 人力资源和社会保障部农民工社会保障专题组：“关于农民工社会保障问题研究报告”，《工人日报》，2009。

治疗。

但是“保大病”的做法对于年龄偏轻的农民工来说，容易导致参保积极性不足，起不到初始的政策意图。农民工一个典型特点是年龄偏轻，得大病的概率较低，对大病保障需求的迫切程度要小于日常的医疗消费需求。和同样是保大病的新型农村合作医疗面临的低参保积极性不同，农民工医疗保险可以通过强制性要求用人单位参保而提高农民工参保率，但是，这样的做法可持续性值得思考，用人单位的抵制行为也将非常普遍，逃避现象也将难以避免。

5. 许多地方实行的农民工养老保险制度都规定“最低缴费年限”和“只转移个人账户”，但容易导致“便携性损失”

目前我国大部分地区实行的农民工养老保险制度都规定最低缴费年限，一般为15年，即要求农民工必须在所在地缴费满15年，才能正常享受养老金。例如，杭州规定按“双低办法”参保缴费人员到达法定退休年龄时，缴费年限满15年的，从其办理退休手续的次月起，可以按月领取基本养老金。深圳规定，非本市户籍员工实际缴费年限累计满15年可以按月领取养老金。而且还规定在转移养老保险时，只转移个人账户。上述这些规定不符合农民工的特点，易导致“便携性损失”。养老保险的“便携性”，是指纳入养老保险计划的职工，在变换工作单位或转入不同的养老保险项目时，能够保留他在原统筹区的养老保险记录以维护其养老保障权益的属性（刘传江、程建林，2008）①。所谓养老保险的“便携性损失”，是指参保人在不同的养老保险项目之间及统筹区域由于流动性进出所失去的养老保险权益（Vincenzo，2001）②。

在用人单位和个人共同缴纳养老保险费的制度安排下，对于流动性较大，从事脏、累、险工作为主的农民工来说，能连续15年在城市从事相关工作，并稳定累计缴费达到15年是非常困难的，因此许多农民工积极性不高。对于流动性较大的农民工来说，在变换工作地，转移养老保

---

① 刘传江、程建林：“养老保险‘便携性损失’与农民工养老保障制度研究”，《中国人口科学》，2008年第4期。

② Andrietti，Vincenzo (2001)，Portability of Supplementary Pension Right s in the European Union. Internation2 al S ocaial S ecuri t y Review. 1 (54).

险时，各地普遍采取的方法是只允许转移个人账户，统筹基金部分无法转移，直接导致便携性损失，使得农民工退保现象比较普遍。

四、政策建议

（1）逐渐提高社会保障的统筹层次，进一步增强政策的统一性

目前我国各类社会保障项目的统筹层次普遍较低，有的地方实行地市级统筹，还有许多地方实行的是县级统筹。据统计，截至2005年底，全国实行养老保险省级统筹的只有9个省、市，有74个地市实行市级统筹，1228个县（市）实行县级统筹（李斌，2005）①。如此之多的地方实行的是县级统筹，统筹层次明显偏低，导致统筹地区之间的政策协调性较差，社会保障的转移和接续面临许多障碍。

未来应不断提高社会保障的统筹层次，有些保障项目可以实行省级统筹，例如医疗保险；有些保障项目甚至可以实行全国统筹，例如养老保险、工伤保险等。逐渐减少地区之间的制度差异，提高政策的统一性，至少保证省内政策的统一性，也避免流动人口在转移和接续社会保障时出现福利损失。

（2）针对不同类型流动人口，实行有差别的社会保障制度，体现灵活性

关于流动人口的社会保障制度要充分体现流动人口特点，适应不同类型流动人口的需求。不同类型的流动人口，流动程度大小不同，收入水平高低不等，对社会保障的需求存在明显差异，政府实施的社会保障制度要充分体现不同类型流动人口的特点，体现灵活性。

关于流动人口的医疗保险，应该分类对待：对灵活性大、弹性就业的农民工，要按照"低费率、保大病、保当期"的基本原则，制定实施具体医疗保险办法，或者直接按照上述原则将其纳入城镇职工基本医疗保险，也可以参加户籍地的新型农村合作医疗；有稳定劳动关系的流动人口，要按照城镇职工基本医疗保险的基本原则直接将其纳入城镇职工

---

① 李斌：《关注民生——中国社会保障制度模式及运行》，中国劳动社会保障出版社2005年版。

基本医疗保险。南京市的做法有很大的借鉴意义，针对不同类型的农民工分别规定参与不同类型的社会保障项目。

关于流动人口的养老保险，也应该分类对待：灵活性大、弹性就业的农民工的养老保险，要按照“低费率、广覆盖、可转移、能衔接”的基本原则，制定实施具体的养老保险办法，着力提高参保率，或者按照上述原则直接将其纳入城镇职工基本养老保险，也可以参加户籍地农村社会养老保险；关于有稳定劳动关系的流动人口，要按照城镇职工基本养老保险的基本原则直接将其纳入城镇职工基本养老保险。

(3) 不同的社会保障制度之间和地区之间要保持有效衔接

流动人口不断分化，类型有别，为了提高流动人口的覆盖面，应该针对不同类型的流动人口实行有差别的社会保障制度，同一个城市可以实行不同的社会保障制度以覆盖不同类型的流动人口，但是要保证制度之间的政策协调性，建立起有效的衔接通道。不同的社会保障制度之间不宜差别过大，同时对制度之间的有效对接要做出具体规定，包括缴费年限如何对接，统筹账户如何转移等。

地区之间的制度衔接同样重要，为此，每类社会保障制度在地区间要尽量保持一致，避免地区之间的操作模式过多，差异过大，给制度衔接带来困难。针对每类社会保障制度，要确定 1 ~ 2 种不同实现模式，在全国范围推广，具体模式由中央确定，地方选择，避免地方各自为政，影响整体发展。目前国家层面的社会保障政策大都是原则性规定，具体操作还是集中在地方，各地为了落实中央政策和有效解决目前大规模的流动人口的社会保障问题，进行了大量的实践，具体模式存在差异，而在每一种模式下，又存在明显不同的操作方式，产生的政策效果自然也不同。例如，上海和成都实行的是三项保险捆绑结合的综合保险，北京和青岛等地实行的是扩面的城镇医疗保险，即使如此，上海和成都的操作方式也存在很大差异，北京和青岛的操作方式也存在很大差异，如此复杂多样的操作方式不利于制度的整体发展，也不利于制度的有效衔接，应该采取全国相对统一的 1 ~ 2 种模式作为样板模式，各地根据具体实际，选择推行，每种具体实现模式，具体的标准应该实行全国统一，包括覆盖对象、缴费基数、缴费比例、补偿标准、转移办法、结转手续等。

（4）坚持分步推进的原则，有序推动各类社会保障项目对流动人口的覆盖

流动人口是我国城镇化和工业化过程中出现的新群体，原有的社会保障制度显然没有考虑到这部分人群，随着流动人口规模的不断扩大，政府开始逐渐加以重视，各地不断实践探索，逐渐覆盖到流动人口。但是社会保障是一个庞大的系统，流动人口社会保障制度应该根据流动人口特点，结合流动人口需求，坚持分步推进的原则。首先，应尽快将流动人口纳入工伤保险范围，加快建立流动人口大病或住院保险；其次，逐步解决流动人口的养老保障问题和失业保障问题。

流动人口社会保障最先需要解决的是工伤保险和医疗保险。世界许多国家普遍采取的方式也说明了这一点，而且我国目前流动人口最迫切的需求也主要是工伤保障和医疗保障。从世界上早期建立社会保险体系国家的情况看，工伤保险和医疗保险都是实施较早的险种，德国、奥地利、挪威、荷兰、瑞典和瑞士等国家的工伤保险和医疗保险都是较早实行的险种。其中，除了德国的疾病保险比工伤保险早 1 年实施，丹麦建立养老保险比工伤保险早外，其余所有国家的社会保险都是从工伤保险开始的。从我国实际情况来看，工伤和疾病也是流动人口面临的两大主要风险，特别是对农民工来说，更是如此。目前农民工从事的都是脏、累、险的工作，这极容易导致疾病和工伤的发生。而且从供给角度看，工伤保险平均费率不高，一般也不需要个人缴费，主要采取的是“保当期”的做法，不存在关系接续问题。同时，大病风险也是农民工面临的主要威胁之一。

表 9.4　世界上早期建立社会保险体系国家主要险种的实施年份

国别	工伤保险	养老保险	疾病保险	失业保险
德国	1884	1889	1883	1927
奥地利	1887	1906	1888	1920
丹麦	1898	1891	1892	1907
挪威	1895	1936	1909	1906
芬兰	1895	1937	1963	1917
英国	1897	1908	1911	1911
意大利	1898	1919	1943	1919

续表

国别	工伤保险	养老保险	疾病保险	失业保险
法国	1898	1910	1923	1905
荷兰	1901	1913	1913	1916
瑞典	1901	1913	1891	1934
澳大利亚	1902	1908	1944	1944
比利时	1903	1924	1944	1920
加拿大	1908	1927	1966	1940
瑞士	1911	1946	1914	1924
日本	1911	1941	1992	1947
美国	1908	1935	1965	—

注：数据来自崔红志："对把进城农民工纳入城市社会养老保险体制的认识"，《中国农村经济》，2003 年第 3 期。

资料来源：根据《全球社会保障》（中国物资出版社 1994 年版）的有关资料综合而得。

（5）农民工医疗保险要坚持保大病的同时，适当保门诊

大部分地区现行的农民工医疗保障制度都坚持保大病的原则，对于年龄较轻的农民工来说，吸引力并不十分明显，用人单位的积极性也不高。为了提高农民工参保积极性，应该在坚持保大病的同时，适当保门诊，以应对日常的医疗消费，让农民工看到眼前的实惠，实实在在感受到医疗保险带来的好处。

（6）农民工养老保险要采取灵活的缴费年限规定，并实现基金的全国统筹

针对农民工养老保险规定最低缴费年限和只转移个人账户带来的便携性损失，导致农民工退保现象严重，养老保险政策应该作出调整，采取灵活的缴费年限规定，可以根据农民工自身特点，采取分开档次给予不同待遇的方法。例如，累计缴费 5 年如何获得待遇，累计缴费 10 年如何获得待遇，累计缴费 15 年如何获得待遇等。北京市的做法值得借鉴，农民工在满足一定条件领取基本养老金时，其中，个人账户存储额及利息一次性全额支付给本人，另一部分按其累计缴费年限，分别给予不同待遇，累计缴费满 12 个月，发给 1 个月相应缴费年度的本市职工最低工资的平均数，以后累计缴费年限每满一年，以此为基数，增发 0.1 个月相应缴费年度的本市职工最低工资的平均数，并计算到月。

由于地区之间养老保险政策差异过大，导致农民工转移养老保险面

临许多困难，只能转移个人账户。而养老保险又明显不同于医疗和工伤保险，在未来长期以后才能受益，不适合保当期，而农民工的流动性又非常大，养老保险的转移是极其普遍的现象。为此，政策应该作出调整，将养老保险实行全国统筹，为农民工的地区转移创造条件，否则，农民工养老保险政策的实际意义将大打折扣。

第十章　流动人口就业权益保障政策及其影响

随着改革开放的不断深入和工业化、城镇化建设的持续加快，大量农村富余劳动力向非农产业和城镇转移，形成一支庞大的农民工队伍。据国家统计局调查结果显示，截至2008年底，中国农民工总量2.2542亿人。其中，外出打工的农民工1.4亿人，占整个农民工总量的62.3%；在乡镇以内务工数量是8500万人，占整个农民工总量的37.7%。大量的流动人口对城市的发展建设起了举足轻重的作用，进一步加快了我国城市化建设的进程。但是长期以来，像候鸟一样的迁徙节奏，给他们的生计带来了太多的不确定因素，首当其冲的是就业问题。流动人口特别是农民工的经济地位、社会地位很低，甚至还处在被歧视的状态之中，就业权益时常受到侵害。针对这些问题，我国政府在不同时期出台了一系列有关的政策法规，切实解决农村流动人口的就业问题，保障他们的劳动就业权益。

一、流动人口就业权益保障政策的主要内容

近年来，随着国家对流动人口就业问题的关注程度不断提高，流动人口就业政策逐渐改善。主要包括以下几个方面。

1. 逐步取消对流动人口的就业限制和不合理收费

20世纪80年代末至90年代中期，“民工潮”势头日趋汹涌，农村剩余劳动力大量涌入城市，而城市的发展、人口容纳能力、公共设施等远远不能满足需要，加之各大城市的下岗失业问题已是困扰当地政府的一大难题，因此，为了解决本地失业人员的就业、加强流动人员管理、维护社会秩序，对流动人口，尤其是进城务工农民的管理规定和限制性政

策也就应运而生。1994 年 11 月 17 日，原劳动和社会保障部发布《农村劳动力跨省流动就业管理暂行规定》，对企业聘用农民工的情况进行了限制：当本地劳动力无法满足需求，并经劳动就业服务机构核准，确属因本地劳动力普遍短缺，需跨省招收人员的，用人单位可跨省招用农村劳动力。

各大城市对外来务工人员多采用证件管理，要求办理多种证件，目的在于更有效地管理和服务于外来人员，维护城市秩序。这本无可厚非，但实际情况是，要求外来人员办理的证件、交纳的费用过多，不仅没有为流动人口解决实际的问题，反而加重了他们的负担。根据 1995 年 7 月 15 日施行的《北京市外地来京务工经商人员管理条例》等有关规定，一名外地农民工在北京合法打工，至少需要办理 6 种证件，每年至少需要为此支出 450 元①。深圳在 2001 年仅办理暂住证的收费就达 10 亿元，珠江三角洲一带的打工者每年办理各种证件要付出 200 多亿元，占他们总收入的 9.3%。而相关部门在收取了相应费用后，实际用于外来人员就业服务的资金却少之又少，流动人口也极少得到有关就业方面的帮助或咨询。

然而，随着经济发展、城乡统筹战略的实施以及农民工对城市的贡献逐步凸显，对农民进城就业的歧视性规定不但违背了时代发展的要求，也与国家的有关政策和法律不相适应。为此，中共中央、国务院及相关职能部门相继发布了新的政策，整肃农村流动人口劳动力市场。

国务院先后下发《关于做好农民进城务工就业管理和服务工作的通知》（国办发〔2003〕1 号）和《关于进一步做好改善农民进城就业环境工作的通知》（国办发〔2004〕92 号），明确要求各地区、各有关部门清理和取消针对农民进城务工就业的歧视性规定及不合理限制，包括：清理对企业使用农民工的行政审批，不得干涉企业自主合法使用农民工；取消对农民进城务工就业的职业工种限制；严格审核、清理农民进城务工就业的手续，取消专为农民工设置的登记项目，实行暂住证一证管理；在办理农民进城务工就业和企业用工手续时，除按照国务院有关规定收取的证书工本费外，不得收取其他费用。

---

① “进京务工门槛有多高”，《中国青年报》，2005 年 3 月 25 日。

2004年2月20日，中央1号文件《中共中央、国务院关于促进农民增加收入若干政策的意见》（中发〔2004〕1号）中强调："保障进城就业农民的合法权益。进一步清理和取消针对农民进城就业的歧视性规定和不合理收费，简化农民跨地区就业和进城务工的各种手续，防止变换手法向进城就业农民及用工单位乱收费。"

2004年7月16日，国家发展和改革委员会等9部委共同发布了《关于进一步清理和取消针对农民跨地区就业和进城务工歧视性规定和不合理收费的通知》（发改价格〔2004〕1405号），要求"全面清理针对农民跨地区就业和进城务工的各种歧视性规定"，"除法律、行政法规规定外，各地设立的针对农民跨地区就业和进城务工的各种行政许可和非行政许可审批事项，一律取消"，"要按照尽量减轻农民负担的原则，重新核定收费标准"，严禁搭车收费；中介服务坚持自愿原则，严禁强制服务，强行收费"，"各级劳动和社会保障部门及其所属公共职业介绍机构应免费为求职登记的农民提供职业介绍服务，所需费用由同级财政解决"。

2005年2月7日，劳动和社会保障部发布了《关于废止〈农村劳动力跨省流动就业管理暂行规定〉及有关配套文件的通知》（劳社部函〔2005〕18号），宣布废止本部门原来颁布的一些不合时宜的规章，包括：原劳动部颁布的《农村劳动力跨省流动就业管理暂行规定》（劳部发〔1994〕458号）、原劳动部《关于严禁滥发流动就业证卡的紧急通知》（劳部发〔1995〕59号）、原劳动部办公厅《关于"外出人员就业登记卡"发放和管理有关问题的通知》（劳办发〔1996〕99号）；停止执行劳动和社会保障部办公厅《关于印发做好农村富余劳动力流动就业工作意见的通知》（劳社厅发〔2000〕3号）中关于"外出人员就业登记卡"和"外来人员就业证"管理的规定。同时，一些地方性流动人口管理规定也相继废止。如：2005年3月25日，实行了10年的《北京市外地来京务工经商人员管理条例》宣布废止。

2008年1月1日起正式实施的《中华人民共和国就业促进法》第三十一条规定："农村劳动者进城就业享有与城镇劳动者平等的劳动权利，不得对农村劳动者进城就业设置歧视性限制"，再次强调赋予农民工平等的劳动权利。

总体而言，我国中央和地方各级政府对农民工的就业问题越来越重视。近几年，中共中央、国务院及其相关职能部门和地方政府相继出台了一系列政策法规，加大力度，保障农民工的就业权益。当前，面对国际金融危机的影响逐步加深，企业就业压力明显增加的局面，做好农民工工作再度引起了中央高度重视。国务院办公厅于 2008 年 12 月 20 日发布了《关于切实做好当前农民工工作的通知》（国办发〔2008〕130 号），指出首要工作就是“采取多种措施促进农民工就业”，要求采取更加积极的就业政策，广开农民工就业门路；在积极创造就业机会的同时，增强企业吸纳农民工就业的能力；防止出现大规模集中裁员现象；要求灾后重建、农田水利、交通能源等重大基础设施建设项目，要尽量多招用因企业关停或减产裁员而失去工作的农民工。

2. 逐步扩大流动人口就业范围，放宽职业、工种限制

由于城市就业人口不断增加以及高校扩招后大学生就业的压力加大，农民工的进入必然加剧城市劳动力的竞争，可能引起更多的失业。一些大城市和特大城市为了解决本地居民的就业问题，从城市稳定的角度，通常对农村流动劳动力实施总量控制和差别就业等限制性措施。有些地方政府还从地方保护的角度出发，明文禁止一些岗位不能雇佣农民工，对农民工就业在职业、工种等方面设置了种种障碍。如：北京、上海等大城市从 1998 年起，开始在金融、保险与邮政等行业限制使用外地人员；2000 年初，北京市决定，将增加限制使用外地来京务工人员的行业和工种，限制行业由原来的 5 个增加到 8 个，限制职业由 34 个增加到 103 个。因此，农民工只能进入收入低、工作环境差、待遇差、福利低劣的劳动力市场，这些行业主要集中在制造、建筑、采矿、环境保护、清洁、厨师、服务员、车工、钳工、钟点工或保姆等。一些城市规定，党政机关的工勤人员、高精尖行业及管理人员等科技含量高的行业工种禁用农民工。职业和工种的限制，使得农民工陷于双重身份的矛盾中，既非传统意义上的城镇居民，也非传统意义上的农村居民，而是介于两者之间的边缘化的特殊社会群体，成为城市中的边缘人。

随着全国对农民进城就业和跨区就业的歧视性限制的清理，各大城市对农民工职业和工种的限制也在逐步取消。2003 年 1 月出台的《国务院办公厅关于做好农民进城务工就业管理服务工作的通知》（国办发〔2003〕1号）中明确指出：各行业和工种，尤其是特殊行业和工种要求的技术资格、健康等条件，对农民工和城镇居民应一视同仁。2004年，北京市也取消了对外来务工人员的计划审批和工种限制，但在政府招录公务员、部分企业招聘员工时，户籍限制依然存在。虽然现在这些大城市对农民工的就业范围有大幅度的扩大，但现实生活中，一般农民工只能从事那些脏、累、苦、差等属于次级劳动力市场的职业。

3. 就业援助政策原则性地将农民工纳入保障对象

《中华人民共和国就业促进法》第五十二条规定："各级人民政府建立健全就业援助制度，采取税费减免、贷款贴息、社会保险补贴、岗位补贴等办法，通过公益性岗位安置等途径，对就业困难人员实行优先扶持和重点帮助"。其中，对就业困难人员的定义是："因身体状况、技能水平、家庭因素、失去土地等原因难以实现就业，以及连续失业一定时间仍未能实现就业的人员"。同为2008年1月1日起正式施行的《就业服务与就业管理规定》（劳动和社会保障部令第28号）第四十条规定："公共就业服务机构应当制定专门的就业援助计划，对就业援助对象实施优先扶持和重点帮助。"其中，就业援助对象包括就业困难人员和零就业家庭。"就业困难对象是指因身体状况、技能水平、家庭因素、失去土地等原因难以实现就业，以及连续失业一定时间仍未能实现就业的人员。零就业家庭是指法定劳动年龄内的家庭人员均处于失业状况的城市居民家庭。"具体认定办法，由省级劳动保障行政部门依据当地人民政府规定的就业援助对象范围制定。这些法律法规中虽然没有做出更加明确的界定，但结合"公平就业"的原则，在宏观上已将农民工纳入就业援助范围。

4. 农民工已纳入失业登记范围

我国从20世纪80年代开始建立登记失业制度，登记失业率作为国家宏观调控的重要指标，主要有两方面的作用：一是可以作为失业人员领取失业保险待遇的前提条件，登记失业前如果参加过失业保险可以享受一定期限的失业保险待遇；二是作为登记失业人员寻求政府帮助的依据。但是，现行的城镇登记失业率指标也存在一定的缺陷和不足。城镇登记失业率是以登记为前提的失业指标，由于部分失业人员没有进行登记，因此无法全面地反映总体失业状况，其敏感度和准确性不是很强。其中，农民工群体占很大一部分。对于如此庞大的农民工群体，了解和掌握他们的就业和失业状况，是切实解决农民工就业问题的基础。

《就业服务与就业管理规定》第六十三条规定："在法定劳动年龄内，有劳动能力，有就业要求，处于无业状态的城镇常住人员，可以到公共就业服务机构进行失业登记，免费领取《就业失业登记证》，享受有关扶持政策。其中，没有就业经历的城镇户籍人员，在户籍所在地登记；农村进城务工人员和其他非本地户籍人员在常住地稳定就业满 6 个月的，失业后可以在常住地登记。"也就是说，有转移就业经历的农村劳动力可以异地登记失业。2008 年 11 月，人力资源和社会保障部进一步要求输入地将"已在用工地稳定就业半年以上失去工作的农民工纳入失业登记"，"对符合条件的农民工要通过失业保险基金及时核发一次性生活补助，并提供免费的职业介绍和政府补贴的职业培训等就业服务"。虽然纳入失业登记并不等于将农村外出务工人员计算在城镇失业人口之列，但是它表明国家开始要求用工地对外来长期居住人口负责，使他们有机会和城镇居民一样享受政府的公共就业服务。

5.《劳动合同法》加强了对流动人口劳动和就业权益的保护力度

随着工业化、城镇化和经济结构调整进程加快，企业制度改革不断深化，企业形式和劳动关系日趋多样化，劳动用工制度发生深刻变化，劳动用工领域出现了一些新情况、新问题。劳动合同签订率低，劳动合同短期化，用人单位利用自己在劳动关系中的强势地位侵犯劳动者合法权益等方面情况影响了劳动关系的和谐稳定。这些情况在流动人口中更加明显、问题更加突出。2008 年 1 月 1 日起实施的《中华人民共和国劳动合同法》即是针对这些情况，对原《劳动法》的有关规定作了相应调整。如：明确"用人单位自用工之日起即与劳动者建立劳动关系"，也就是说，引起劳动关系产生的基本法律事实是用工，而不是订立劳动合同。即使用人单位没有与劳动者订立劳动合同，只要存在用工行为，该用人单位与劳动者之间的劳动关系即建立，与用人单位存在事实劳动关系的劳动者即享有劳动法律规定的权利。同时，还规定"建立劳动关系，应当订立书面劳动合同”，明确了用人单位与劳动者应当订立无固定期限劳动合同的三种法定情形，规定了用人单位违反规定不签订无固定期限劳动合同的法律责任，约束了试用期的期限和工资待遇，列示了解除劳动合同应向劳动者支付经济补偿的情形等等。《劳动合同法》的颁布实施为构建与发展和谐稳定的劳动关系提供了法律保障，为保护劳动者的劳动就业权益提供了更为明确的法律依据。

《劳动合同法》的实施对于规范的大型企业和高新技术企业而言，影响不大，但对于那些依靠低廉的劳动力成本发展起来的利润较低的劳动密集型企业而言，冲击确实是存在的。如：新《劳动合同法》规定，必须为劳动者缴纳社会保险、必须按国家有关规定支付加班费，这些都导致企业成本上升；“月加班禁超36小时”等规定也不符合某些企业的生产实际；加之世界性金融危机的影响，出口订单减少，人工成本的上升，使一些中小企业被迫淘汰。而大量的中小企业恰恰是吸纳农民工就业的主要力量。流动人口外出打工大多是为了赚钱，不允许加班，反而使他们的收入减少；企业主解雇工人或破产倒闭，造成农民工失业，农民工权益保障就更无从谈起。我国在处于社会转型时期，一刀切地实行严格的保障政策，可能并不利于农民工就业问题的解决。针对不同类型、不同规模的企业作适当调整，降低制度实施成本，辅以相关配套措施，使制度更符合中国现阶段的国情，才能获得更好的实施效果。

二、流动人口就业政策和管理中存在的主要问题

1. 农民工失业登记制度不完善

尽管《就业服务与就业管理规定》第六十一条规定：“劳动保障行政部门应当建立健全就业登记制度和失业登记制度，完善就业管理和失业管理”；第六十三条规定：“农村进城务工人员和其他非本地户籍人员在常住地稳定就业满6个月的，失业后可以在常住地登记。”但并没有具体规定如何登记、是否可以与城镇居民一样领取《失业人员求职证》及是否有权享受相关的就业援助。事实上，不少地方规定只有城镇居民才有资格领取《失业人员求职证》。虽然一些地方已经把农民工的失业保险纳

入了城镇失业保险体系，但作为这一体系基础的统计制度不进行更加严格的规定，农民工的参险就失去了意义。

另外，国家统计局统计制度中对“城镇登记失业人员”统计指标的定义是：“有非农业户口，在一定的劳动年龄内，有劳动能力，无业而要求就业，并在当地就业服务机构进行求职登记的人员”。城镇登记失业率指标则是指城镇登记失业人数同城镇从业人数与城镇登记失业人数之和的比。我国现行发布的失业率口径为“城镇登记失业率”，实行的是“失业且登记失业的人口”的统计制度。这使流动人口特别是跨地区流动人口的失业统计就出现了“两头不顾”的局面：对流出地来说，由于流动人口离开了本地区，所以无法包括在失业统计之内；而对于流入地来说，流动人口又不具有当地户口，所以也不能算本地的失业者。而不能被登记为失业者就无法享受相关的扶持政策。比如《北京市城镇失业人员自谋职业社会保险费补助办法》（京劳社发〔2002〕50号）第二条规定本市城镇失业人员中，在领取失业保险金期间自谋职业的人员（以下简称自谋职业人员），符合下列条件的，可以申请社会保险费补助。如基本养老保险费，按26%的费率，政府补助19%，个人缴纳7%。失业保险费以上年末本市最低工资标准为缴费基数，按照2%的费率，政府补助1.5%，个人缴纳0.5%等。

2. 农民工不能享受再就业和城镇创业相关的政策优惠

2002年9月30日发布的《中共中央国务院关于进一步做好下岗失业人员再就业工作的通知》中对再就业扶持政策的对象范围作了如下界定：①国有企业的下岗职工；②国有企业的失业人员；③国有企业关闭破产需要安置的人员；④享受最低生活保障并且失业一年以上的城镇其他失业人员，这四类有劳动能力和就业愿望的下岗失业人员。根据劳动和社会保障部等11个部门《关于贯彻落实〈中共中央国务院关于进一步做好下岗失业人员再就业工作的通知〉若干问题的意见》（劳社部发〔2002〕20号）的有关规定，能够申领《再就业优惠证》的人员包括：①仍在再就业服务中心，或协议期满出中心、但未解除劳动关系，且仍未再就业的国有企业下岗职工；②处于领取失业保险金期间，尚未再就业的原国有企业的失业人员；③已按全国企业兼并破产计划关闭破产的企业中，领取一次性安置费且仍未再就业的人员；④正在享受城市居民最低生活保障待遇、且登记失业一年以上的城镇其他就业转失业人员。其中，均未明确包含流动人口。

《再就业优惠证》是下岗失业人员和招用下岗失业人员的用人单位享受再就业扶持政策的凭证。凡持有该证者在下岗失业期间，或从事私营（个体）经营、或被用人单位招用的，本人或用人单位均可享受劳动保障、税收、工商等多项优惠。具体办法按财政部、国家税务总局《关于下岗失业人员再就业有关税收政策问题的通知》（财税〔2005〕186号）、国家税务总局、劳动和社会保障部《关于促进下岗失业人员再就业有关税收政策具体实施意见的通知》（国税发〔2006〕8号）执行。不仅对吸收再就业人员的企业营业税、城市维护建设税、教育费附加和企业所得税实行税收优惠；同时下岗失业人员从事个体经营的，三年内在年度减免税限额内，依次减免营业税、城市维护建设税、教育费附加和个人所得税。

2006年1月12日中国人民银行、财政部、劳动和社会保障部联合发布的《关于改进和完善小额担保贷款政策的通知》（银发〔2006〕5号）以及2006年1月13日财政部、国家发展改革委发布的《关于对从事个体经营的下岗失业人员和高校毕业生实行收费优惠政策》（财综〔2006〕7号）等鼓励就业和创业的政策，逐步建立和完善了下岗失业人员小额担保贷款工作的长效机制，农民工均不在其列。比如：按照文件规定持有劳动保障部门核发的《再就业优惠证》的国有企业下岗失业人员、国有企业关闭破产需要安置的人员、国有企业所办集体企业下岗职工，享受城市居民最低生活保障且失业1年以上的城镇其他登记失业人员、持有军人退出现役的有效证件的城镇复员转业退役军人以及持当地劳动保障部门核发的失业登记证明的其他城镇登记失业人员，如从事个体经营自筹资金不足，均可根据《下岗失业人员小额担保贷款管理办法》（银发〔2002〕394号），向银行申请小额担保贷款；同时对持《再就业优惠证》及军人退出现役有效证件的人员申请小额担保贷款并从事微利项目的，由中央财政据实全额贴息；对持当地劳动保障部门核发的失业登记证明的其他城镇登记失业人员申请小额担保贷款并从事微利项目的，由财政给予50%的贴息。

3. 农民工权益保障法律法规不健全

目前，农民工就业权益法律保护的主要依据是《宪法》、《劳动合同法》、《就业促进法》以及部门规章和地方性法规。《宪法》和《劳动合同法》、《就业促进法》中有“劳动者享有平等就业和选择职业的权利以及禁止劳动就业歧视”的规定，但这些都是原则性的，缺乏具体的法律保障和救济措施。例如对于“就业主体”缺乏明确而科学的法律界定，对于“就业待遇歧视”、“就业机会歧视等行为”法律责任尚未明示。而且，我国尚未制定全国性的农民工权益保护法规。相关法律法规的缺乏，正是农民工权益屡受侵害的主要原因之一。2006 年国务院研究室在《中国农民工问题研究总报告》中，就曾将“相关法律不健全、法制不完善”列为农民工问题产生的四个深层次原因之一。相关法律法规的缺位，导致对农民工的公共管理和服务工作滞后，使农民工进城务工与计划经济下形成的城乡二元体制发生冲突，产生了一系列复杂的社会问题。2006 年 3 月，国务院出台了《国务院关于解决农民工问题的若干意见》，明确提出要“起草、制定和完善维护农民工权益的法律法规”。这一切都表明，改革和经济社会发展的实践，迫切需要出台相关法律法规明确农民工的权利和义务，保护农民工的合法权益。“没有系统完善的法制保障体系，农民工权益保障就将停留在通过政策头疼医头、脚疼医脚的阶段型维护阶段”①。为了解决这些问题，2007 年 7 月 1 日，我国第一部维护农民工权益的地方法规——《山西省农民工权益保护条例》正式实施。这部法规的出台，将农民工权益保障工作用法规形式规定下来，为在山西就业的农民工提供了较为完备的法律保障，也为在全国范围内通过立法手段规范政府和用人单位的行为、保护农民工的合法权益提供了借鉴。

4. 农民工进城就业面临较强的制度障碍

一是户籍制度。城乡分割的户籍制度，将农民工排斥在城市公共与

---

① 山西省人大常委会副主任、省总工会主席姚新章语。转引自：“铸造农民工维权利剑——写在我国第一部维护农民工权益的地方性法规《山西省农民工权益保护条例》实施之际”，网易网，2007 年 6 月 28 日。

社会生活之外，使其无法享受到与本地城镇居民同等的权利。由于户籍制度的限制，进城务工的农民虽已实现了职业上的转换，但却难以实现身份上的真正转换。城市的各种就业、保障和公共服务等福利政策在实践中都不同程度、不同形式地与户籍制度有关，对外地人实行差别对待，离开了户籍，这些权益都无法得到保障。可以说，户籍制度是造成农民工就业权益得不到保障的制度根源。

二是财政制度。分税制的财政体制导致基层政府财政拮据，其微薄的财力难以支撑庞大的公共服务支出，从而严重削弱了基层政府的公共服务提供能力。如此财权与事权的不对等，使得基层政府在决策时往往只考虑户籍人口，客观上形成了地域分割的财政体制，本地财政只关注本地居民，流动人口则不在其列，从而导致流动人口公共服务的缺失与不足。

三是社会保障制度。建立在城乡二元结构基础之上的社会保障制度把农民工隔离在社会安全网之外。我国的社会保障主要针对城镇居民尤其是城镇职工，农民一直无法与城镇居民一样享受养老、医疗、失业、工伤、住房、就业等优惠政策。在激烈的市场竞争中，农民工随时可能落入“无工作、无收入、无保障”的“三无”境地，而社会保障平台的缺失，使农民工的各项权益进一步受到侵害。

三、流动人口就业权益保障政策的影响及其未来政策取向

1. 现行流动人口就业政策的影响

在流动人口这支就业大军中，人员素质参差不齐。农民工进城务工，大都分布在建筑、餐饮、制衣、制鞋、电子等劳动密集型企业，从企业性质来看，基本上是民营、私营、“三资”企业以及集体企业，也有个别国有企业。虽然我国已根据实际情况对流动人口的就业政策作了很大的调整，也逐步建立健全各项法规政策，但是，很多规定都是框架性、原则性的，界定不清晰、表述不明确，缺乏实际可操作性，这给流动人口就业带来许多不利影响。

①流动人口法律主体地位较弱。农民工在城市里从事着产业工人的

工作，形成了法律上的劳动合同关系，是一方重要的法律关系主体，但由于没有明确的法律权益保障和侵权惩罚，他们在劳动法律关系中始终处于弱势地位，其合法权益往往得不到有效保障。工资拖欠就是在农民工众多被侵害的利益之中，最为严重和关注度最高的问题之一。2003 年，温家宝总理为重庆农妇熊德明讨要拖欠工资，从此掀起了轰轰烈烈的国家替农民工追讨工资的“运动”。“讨欠薪，不靠法律，靠总理”的现象，一方面体现了新一届政府对广大人民群众利益的高度重视，另一方面也表明农民工在法律上的无助和在法律主体地位上的弱势性。

②灰色劳动力市场侵害流动人口利益。一些城市限制农村流动劳动力进入正规市场的政策，不仅严重违背了平等就业的原则，而且导致城市灰色劳动力市场盛行，运作不规范，缺乏正规的中介和维权组织，一些非法职业介绍所利用农民工求职心切和社会经验不足的特点，设下陷阱，趁机牟利。如：以收取报名费、保证金名义骗取钱财；提供虚假工作信息索要登记金；职介所勾结用工单位、骗取中介费等情况时有发生，严重侵害了农民工的就业权益。

③就业歧视现象严重。农民工在谋求职业时，因为身份、性别等一些非经济因素受到企业不公平的待遇，造成农民工的权益受损。在非公有企业，虽然市场机制作用实现就业的程度较高，但是，劳资双方力量不均衡，农民工时常供大于求，缺乏自己的代表组织，谈判力量弱小，面临较大的解雇风险。还有一个突出的问题是，企业与劳动者不签订劳动合同的现象十分普遍，尤其在建筑、餐饮、按摩等行业更为严重，这给农民工依法维权留下隐患。在国有企业，通常出于政治上的需要，只能遵守当地政府的政策而排斥农民工，可以说国有企业的就业垄断限制着农民工的进入。同时，由于企业解雇的成本很低，企业终止合同可以不给劳动者进行补偿，这无疑加大了企业解雇劳动者的随意性，这种不公平的解雇政策，容易使农民工遭到不公平解雇。

④农民工维权渠道不畅。当农民工劳动就业权益受损时，合法有效的也是最后的救济渠道是提请劳动争议处理，但此种途径存在诸多障碍。一是农民工缺少侵权救济的能力。提请劳动争议处理需要具备一些起码的条件，包括关于劳动争议处理的专门知识、一定的经济支付能力、得

到外力援助等，但所有这些都是农民工所缺乏的。二是农民工维权成本较高，超出其承受范围。调查显示[①]，农民工讨薪需付出四大成本即经济成本、时间成本、政府成本、法律援助成本。讨薪成本至少是收益的三倍，索回农民工1000亿元欠薪，整个社会需要付出至少3000亿元的成本。三是法律界定和处罚责任不明确，在援引法律时缺乏具体依据。四是缺少针对农民工的法律救济和法律援助。一方面使农民工陷于孤弱无助的弱势；另一方面又刺激用工方铤而走险，不惜通过侵犯民工法定劳动权益的方式换取超额利润。

2. 流动人口就业权益保障未来政策取向

目前，我国流动人口的就业环境已得到一定程度的改善，但存在的问题仍然不容忽视，就业稳定性差、劳动报酬低等现象仍然较为严重。我国流动人口，尤其是农民工的就业权益保障之路任重道远。

（1）转变观念、提高保护农民工就业权的认识[②]

政府在加强农民工就业权益保护方面起着主导作用，要转变整个社会在保护农民工就业权问题上的观念和认识，政府要首先转变观念。

其一，政府是农民工劳动就业权益保护的主要责任者，其价值观念直接影响着就业机制和行为。为此必须走出两大误区：一是农民工本质上是农民，是一个临时性社会阶层。农民工在现阶段的确兼有“双重身份”，在城镇务工时，是产业阶层的一部分，回到农村种田则是农民阶层。新中国成立以来，长期形成的政府实行以城市为中心，以保障城镇居民就业为目标的就业模式一时难以调适。在当今城市化进程中，政府应依据“形势变迁”的原则，为农民工由“农村居民”向“城市居民”转变创造便捷的条件，并提供法律保护。二是进城农民工不利于城镇社会秩序的稳定。认为一方面进城农民工挤占了城市居民的就业岗位，抢了城镇居民的“饭碗”；另一方面，农民工进城没有稳定的工作和固定的

---

① 说明：2003年北京青少年法律援助与研究中心在全国8个省对民工维权状况所作的调查。资料来源：崔丽：“农民工维权调查：追讨千亿欠薪需付3000亿成本，”《中国青年报》，2005年6月9日。

② 刘潇潇：“‘新农村’背景下农民工就业权之法理分析”，《中国劳动关系学院学报》，第20卷第3期，2006年6月。

收入来源，将对社会稳定带来负面影响。众所周知，凡事都有两面性，都得一分为二，如果政府的就业政策缺乏社会阶层视角的话，势必强化农民工的就业弱势地位。而将农民工作为一种宝贵的创造性资源，致力于对其内在能力开发的社会就业政策，则有助于消除传统社会形成的农民工就业歧视，促进农民工平等就业权利的实现。

其二，目前我们的宣传往往把政府保护农民工就业权的举措，视为一时一事上对农民工具体的道义支持，而没有当作政府应该承担的法律上的责任。更多时候，媒体是从加强干群关系，维持社会稳定，建设和谐社会，体现社会主义制度优越性的角度来分析和认识保护农民工的劳动就业权及其他权益的意义，甚至把维护农民工权益作为送温暖工程的组成部分。这样的宣传除了强化农民工弱者意识和农民工对政府的依赖外，无助于强化政府在保护农民工劳动就业权益方面的责任和引导社会意识的正确发展方向。另外，在农民工就业权益保护方面，除了政府的外力因素之外，农民工也得从自身找原因。因此，转变观念同时也是广大农民工进行自我教育的过程。近些年来，党和各级政府解决包括就业权在内的农民工权益问题的实践表明，如果农民工自身的观念没有转变，没有成为社会变革的主人，政府的种种努力就将是“隔靴搔痒”，收效甚微。

（2）建立和完善农民工权益保障的法律制度

首先，修改和完善现行劳动就业法律法规。修改和完善《劳动法》、《就业促进法》及相关法律法规，增加农民工就业歧视内容，明确法律责任。①在现有的四种就业歧视（民族、种族、性别、宗教信仰）的基础上，新增“农民工就业歧视”内容，旨在对因非农民工自身因素引起的就业歧视的处理上有法可依。②规定各种对农民工的就业歧视行为的可具操作性的法律责任承担方式。可根据情节不同，明示行为人的民事责任、行政责任及刑事责任的范围等。③进一步明确农民工就业权益保护的监管主体、监督职责及监管失职的法律后果。

其次，建立和健全农民工权益保障法律体系。依据我国现有的法律体系，农民工的合法权益能够得到一定的保护，但是适用法律法规比较分散，不系统；同时，农民工权益保护中的许多新问题还没有法律法规涉及，成为法律空白点。适时制定有关平等就业的专门法律，对农民工的就业权利等给予全面、具体、详细的规定，是促进农民工就业、保障农民工权益的基本法律途径。如：制定《农民工权益保障法》和《反就业歧视法》等，从根本上为农民工依法维权提供法律支持。

最后，建立和完善农民工权益保障的法律援助制度。一是对侵犯农民工利益的案件应建立绿色通道，实行有关案件的快立、快审、快结、快执。可以考虑设立劳动法庭，专门处理劳动纠纷，特别是涉及农民工权利的纠纷。二是对于涉及农民工追薪、工伤事故赔偿以及其他涉及农民工切身利益的诉讼，司法机关应减、缓、免交诉讼费，有效避免其因惧怕高额的诉讼费用而放弃法律维权的做法。三是加强农民工法律援助中心的建设，各级司法行政部门应严格依照《法律援助条例》的规定，将农民工的维权案件作为一项法律援助的重要内容，为农民工维权诉讼提供法律援助，给予司法救济，使农民工维权有据、维权有门、维权有效。另外，为了使法律法规能更好地发挥作用，在完善法律法规的同时，政府要加强宣传，对农民工进行普法教育，采用适当方式和手段，确保宣传到达目标群体。提高农民工的法制意识，让法律真正能发挥对农民工权益的维护作用。

（3）加强对农民工劳动权益的监察执法力度

劳动监察部门以往的重心多集中于对在业城镇产业工人的监督检查，对农民工就业权益受损现象并没有进行直接有效的干预。政府应完善农民工劳动监察制度，明确劳动监察执法规则，扩大劳动监察队伍，及时、公正、妥善处理劳资纠纷。尤其是对拖欠农民工工资、压低工资标准、随意延长劳动时间、安全生产措施不到位等问题，政府应加大监管力度，应将这些问题的大面积存在视为政府的失职。

（4）建立城乡统筹就业的管理体制

城乡统筹就业制度是实现城乡劳动者享受平等就业权力、平等公共就业服务的基础，也是逐步打破二元化的城乡就业体制和政策隔阂，推进公共就业服务覆盖城乡，促进全社会充分就业的有效手段。为此，必须改革城市的就业管理体制，将农民进城就业和相关事情的管理，纳入城镇就业管理体系，建立城乡统一的人力资源市场和就业管理，逐步取消一切不合理的卡、证，实行身份证一证管理的制度。

（5）提高农民工的组织化程度

完善工会组织，鼓励农民工加入工会或允许农民工组成类似的非正式组织，把分散弱小的农民工集合到社会组织中，从而通过集体的谈判力量来降低维权成本、平衡劳资关系和确保劳动者权益，并通过组织化的渠道使相关部门的决策能反映农民工的意愿。此外，政府还应鼓励和支持其他社会力量，主要包括各种民间组织、志愿者组织、非营利组织等，积极参与农民工权益保障事业。

农民工的就业权益保障问题是一个复杂的综合性社会问题，要切实地保障农民工劳动就业权益，需要各方面的协同发展和各职能部门的相互配合，如户籍制度、社会保障制度、居住制度、培训制度、生育和子女教育制度等等，单纯地依靠行政手段或者法律体制的完善都难以持久、彻底地解决问题。

参考文献

[1] 白南生，陈传波. 还有人能外出吗——外出务工率地区差异研究. 中国劳动经济学，2008（2）

[2] 崔传义. 中国农村劳动力流动的现状与地位. 1997 年. 转载于：农村劳动力流动课题组. 中国农村劳动力流动的回顾与展望. http：//finance. people. com. cn/GB/43429/43544/59613/4204322. html，2006 年 3 月 15 日

[3] 蔡昉，王德文. 中国经济增长的可持续性与劳动贡献. 经济研究，1999（10）

[4] 党国印. 论农村集体产权. 中国农村观察，1998（4）

[5] 方烨. 杨伟民：中国下一步发展的十大问题. 经济参考报，2009 年 5 月 13 日

[6] 韩俊. 中国农村土地制度建设三题. 管理世界，1999（3）

[7] 何宇鹏. 农民工进城有利于解决城市人口老龄化和初等教育资源过剩问题. 国家发改委小城镇改革发展中心内部资料《城乡动态》，2009 年 4 月第 136 期

[8] 何宇鹏，张同升. 推进城镇化的主要力量是农民工. 国家发改委小城镇改革发展中心内部资料《城乡动态》，2007 年 6 月第 105 期

[9] 蓝宇蕴. 都市村社共同体——有关农民城市化组织方式与生活方式的个案研究. 中国社会科学，2005（2）

[10] 李培林. 巨变：村落的终结——都市里的村庄研究. 中国社会科学，2002（1）

[11] 李培林. 流动民工的社会网络和社会地位，2002（本文为中国社会科学院重点招标课题“大城市吸纳外来劳动力的能力和对策研究”分析报告）

[12] 李强. 当前我国社会分层结构变化的新趋势. 江苏社会科学，2004（6）

[13] 联合国经济和社会事务部人口司. 世界城市化展望. 2008 年 2 月 26 日

[14] 刘传江，徐建玲. 第二代农民工及其市民化研究. 中国人口资源与环境，2007（1）

[15] 孟昕，张俊森. 中国城镇的双层劳动力市场上海城镇居民与农村移民的职业分割与工资差距，2006（载于蔡昉、白南生主编. 中国转轨时期劳动力流动，北京：社会科学文献出版社，2006）

[16] 毛丹. 一个村落共同体的变迁. 上海：学林出版社，2000

[17] 麦肯锡全球研究院. 迎接中国十亿城市大军. 2008 年 3 月，www. mckinsey. com/knowledge/mgi

[18] 裴小林. 集体土地制：中国乡村工业发展和渐进转轨的根源. 经济研究，1999（6）

[19] 杉田正明. 对未来人口分布的简单估算. 第二次中国城市群发展研讨会，2005

[20] 世界银行. 中国——全国产品和要素市场分割：经济成本和政策建议. 2005 年 6 月 13 日. http：//www. jgzyw. comp－0601 95507387. html

[21] 世界银行．2020 年的中国：新世纪的发展挑战．北京：中国财政经济出版社，1997
[22] 史建民．论土地承包经营法律关系及其保护．农业经济问题，2000（8）
[23] 田传浩．农地使用权市场：模式、影响因素及其对农地配置效率的影响，浙江大学2003 年博士论文
[24] 王桂新，沈建法．上海外来劳动力与本地劳动力补缺替代关系研究．人口研究，2001（1）
[25] 王建．大都市圈：中国空间结构的调整方向．中国证券报，2007 年 10 月 10 日
[26] 王建．城市化：扩内需保增长的战略选择．宏观经济管理．2009（5）
[27] 王美艳，蔡昉．户籍制度改革的历程与展望．广东社会科学，2008（6）
[28] 王西玉，崔传义，赵阳，马忠东．中国二元结构下的农村劳动力流动及其政策选择．管理世界，2000（5）
[29] 王晓毅．村庄内外——温州宜一村调查．社会学研究，2000（5）
[30] 袁志刚．中国的乡—城劳动力流动与城镇失业：一个经验研究．管理世界，2006（8）
[31] 袁中金．中国小城镇发展战略．南京：东南大学出版社，2007
[32] 张五常．经济解释．北京：商务印书馆，2002
[33] 赵树凯．农民流动三十年．中国发展观察，2008（1）
[34] 折晓叶．村庄的再造——一个“超级村庄”的社会变迁．北京：中国社会科学出版社，1997
[35] 周其仁．收入是一连串事件．北京：中国发展出版社，2004
[36] 周其仁．机会与能力——中国农村劳动力的就业和流动．管理世界，1997（5）
[37] 周其仁．中国农村改革——国家和所有权关系的变化．中国社会科学季刊（香港），1994（夏季卷）
[38] 朱农．中国劳动力流动与“三农”问题．武汉：武汉大学出版社，2005
[39] 朱秋霞．论现行农村土地制度的准国家——所有制特征及改革的必要性．2004 年 11 月 12 日天则经济研究所双周报告
[40] 郑秉文．改革开放 30 年中国流动人口社会保障的发展与挑战．中国人口科学，2008（5）
[41] 中国农民工战略问题研究课题组．中国农民工问题调查．中国经济报告，2009 年 4 月 23 日